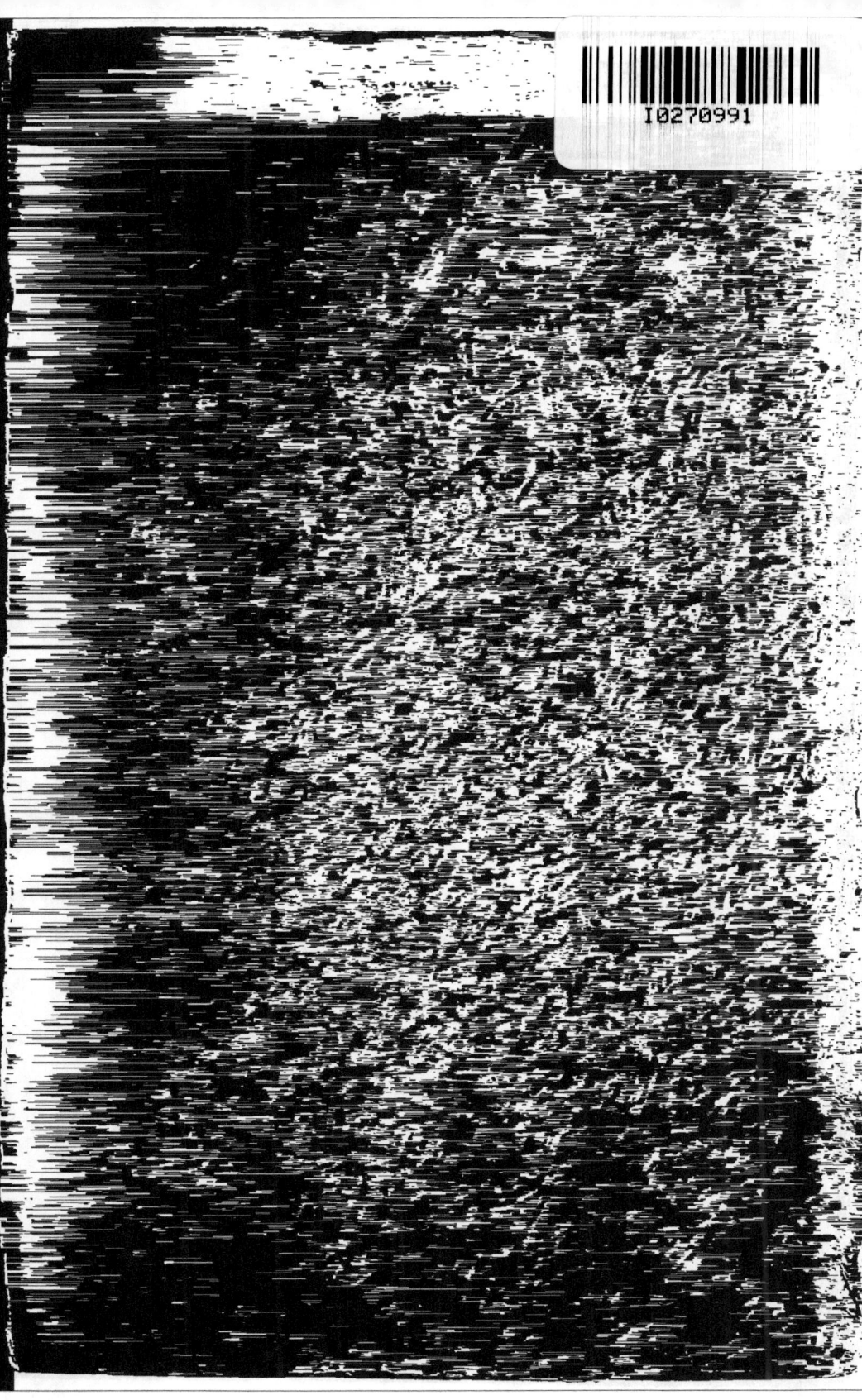

G. 1442.
3 D.-2

12750

GALERIE POLITIQUE,

OU

TABLEAU HISTORIQUE,

PHILOSOPHIQUE ET CRITIQUE

DE LA POLITIQUE ETRANGERE.

T. II.

GALERIE POLITIQUE,

OU

TABLEAU HISTORIQUE,

PHILOSOPHIQUE ET CRITIQUE

DE LA POLITIQUE ÉTRANGÈRE;

OÙ SE TROUVENT

L'apperçu des Événemens qui ont contribué à l'élévation, à la gloire ou à l'abaissement de chaque Etat; ses rapports diplomatiques; l'analyse de divers Traités, et les Portraits des Monarques, Ministres, Généraux, &c. qui ont influé sur le sort et la Politique de l'Europe, depuis 1780 jusqu'en 1800.

PAR M. A. GALLET.

TOME SECOND.

A PARIS,

Chez Fr. BUISSON, Libraire, rue Hautefeuille, n° 20.

AN XIII — 1805.

GALERIE POLITIQUE,

OU

TABLEAU HISTORIQUE,

PHILOSOPHIQUE ET CRITIQUE

DE LA POLITIQUE ETRANGÈRE.

KOSCIUSZKO,

CHEF SUPRÊME ET GÉNÉRAL DE LA POLOGNE.

CE général polonais a fixé les regards de l'Europe par une bravoure qui a peu d'exemples, par des talens militaires supérieurs, par des qualités bien plus grandes, et les seules qui ouvrent aux hommes les portes du temple de la gloire, je veux dire l'humanité, l'amour de la justice et le désintéressement (1). Kos-

---

(1) Son désintéressement fut tel que, privé de toute espérance de fortune du côté de sa patrie, il

ciuszko leur a réuni une extrême fermeté, une sagesse rare ; sa sollicitude, ses travaux et l'effusion de son sang furent les signes par lesquels il manifesta son amour pour sa patrie.

A ces qualités brillantes de l'ame, il joignit celles du caractère : hardiesse dans les vues, constance dans les entreprises, calme dans l'adversité, mépris pour les dangers, impétuosité dans l'exécution des desseins ; enfin

---

renvoya à Paul 1 la somme considérable dont cet empereur lui avoit fait don, dans le moment de bienveillance qu'il eut pour cet homme illustre, et qu'il lui avoit remise avant son départ de Pétersbourg. Kosciuszko fit triompher son désintéressement d'une manière non moins éclatante, lorsqu'étant dépositaire et arbitre de la fortune de son pays, il ne profita point d'une occasion aussi favorable pour atteindre à la richesse, et lorsqu'il se réduisit à la médiocrité dans laquelle il vit aujourd'hui.

Sans doute, une telle conduite doit être admirée dans un siècle où l'intérêt est si puissant sur les ames. L'écrivain, en présentant cet exemple et montrant quel est le prix du désintéressement, remplit sans doute un but utile : l'exemple dirige presque toujours les hommes ; s'ils s'écartent de la vertu, c'est parce qu'ils la croyent sans récompense : si la pleine conviction du contraire existoit, la terre posséderoit plus de sages et de héros.

tout ce qui constitue le grand guerrier, le gouvernant sage, éclairé et ami du peuple, se montra en lui.

Ce fut dans la situation la plus critique où une nation se soit trouvée, que les rênes du gouvernement polonais lui furent confiées. Le sort de son pays étoit déterminé; Stanislas, sans être détrôné, avoit perdu tous ses droits. Kosciuszko voulut soustraire sa patrie au joug des puissances ennemies. Alors commença cette lutte terrible, où un peuple foible par sa population osa affronter les armées les plus formidables de l'Europe (1); et Kosciuszko sut fixer un instant la victoire sous les drapeaux de ses troupes irrégulières et indis-

---

(1) Il osa attaquer à Raclawice, avec quatre mille hommes, douze mille Russes; et fit lever, avec quinze mille soldats, le siége de Varsovie par le roi de Prusse, qui étoit à la tête de cinquante mille, y compris les Russes. Enfin l'on vit la nation polonaise, commandée par ce général, soutenir le choc de près de cent cinquante mille combattans qui composoient les quatre armées ennemies, avec vingt mille hommes de troupes réglées et quarante mille paysans mal armés; ce qui paroîtroit une espèce de prodige, si l'on ne considéroit point ce que peut la bravoure, excitée par un exclusif amour de la patrie, et si la France n'avoit pas présenté un semblable tableau.

ciplinées. Cependant il voulut la créer, au milieu même des combats, cette discipline qu'il regardoit comme le garant des succès, et il sut forcer l'ame fougueuse et indomptable des Polonais à l'obéissance.

Kosciuszko résista aux appâts que lui présenta Frédéric-Guillaume, qui désespéra un instant de le soumettre : il voulut mourir ou sauver son pays. Dès-lors ce général montra une activité égale à son dévouement : il fut infatigable ; il affronta tous les périls. Administrateur unique de la Pologne, car il dirigea, d'abord, tous les travaux ; du sein du cabinet (1) il voloit au champ de bataille : la nuit ne lui amenoit point le repos ; elle

---

(1) On peut dire qu'il administra presque seul la Pologne pendant qu'il eut l'entière dictature. Il formoit les approvisionnemens ; faisoit lui-même les payemens : il ne sortit pas, pour ainsi dire, un ducat du trésor public qui ne fût délivré par lui. Il craignoit la spoliation presque inévitable dans des situations semblables ; il se sacrifia pour l'éviter. Il paroît inconcevable qu'un seul individu ait pu suffire à tant de détails, et s'opposer en même temps à la marche des ennemis. Ici l'on voit tout ce que peut un noble dévouement dans les ames ; les hommes semblent posséder des forces surnaturelles lorsqu'ils sont animés par lui.

étoit destinée aux soldats au sort desquels il veilloit en père ; la surveillance des ennemis lui étoit réservée avec ses officiers.

Kosciuszko remplit l'auguste mission à laquelle il a été appelé, et le vœu manifeste du peuple polonais, en réglant la marche de la justice dans l'instant où la confusion règne dans l'Etat ; et il montre qu'il est digne du rang qu'il occupe, lorsque, s'élevant par la grandeur d'ame au-dessus de l'ambition, il rend à ce peuple, par la voie du conseil suprême qu'il crée, le droit auguste et souverain qu'il lui a remis : ainsi se conduisirent dans l'antiquité les Aristide, les Cincinnatus, et ces autres héros qui ont éclipsé les Alexandre et les Césars. Enfin, Kosciuszko fut, à la fois, la vedette, le chef, l'ame de la Pologne et le conservateur de sa gloire : jamais période de temps ne fut rempli par le chef d'un peuple avec plus de zèle, de vigueur et de constance.

Kosciuszko succomba ; mais ce fut comme Léonidas (1). Il ne sauva point comme lui son

---

(1) Kosciuszko fut fait prisonnier à la bataille de Maceïowice, après avoir fait tout ce que la valeur et le talent peuvent attendre d'un homme, et avoir été

pays ; mais il apprit aux Polonais le secret de leurs forces, et ce qu'ils pourroient faire un jour s'ils parvenoient à secouer le joug. L'Europe et les plus cruels ennemis de son pays (1) l'admirèrent. L'infortuné général a cherché une nouvelle patrie en France, lorsqu'il en avoit une seconde en Amérique, qui lui devoit sa

laissé pour mort sur le champ de bataille. Cet événement décida le sort de la Pologne : il sembla qu'il fut attaché à la vie ou à la liberté de son chef. Un deuil général couvrit cet État, et fut le présage de sa défaite et de son asservissement. L'étranger ne rencontra presque plus d'obstacles : le centre d'unité, qui se trouvoit dans celui qui avoit la confiance de la patrie, étoit détruit ; l'harmonie ne pouvoit plus exister.

(1) Paul I à l'époque de son avènement combla de faveurs Kosciuszko. J'exposerai à l'article de cet empereur le motif vraisemblable de sa conduite. Ce fut sans doute ce motif, plus que l'estime qu'inspiroient au général des Russes les sentimens, la bravoure et les malheurs du chef polonais, qui dirigea leur souverain ; et le premier eut la douleur de voir qu'il ne devoit qu'à un sentiment bizarre les bienfaits qu'on lui prodigua. Kosciuszko eut enfin la gloire de fixer l'estime de tous les partis : tel est le fruit que trouve l'homme vertueux. On en vit la preuve la plus éclatante lors de son arrivée à Londres, où le parti de l'opposition et celui du ministère se réunirent pour lui offrir un égal tribut d'admiration.

reconnoissance : la retraite est son asyle le plus cher; l'idée d'avoir rempli son devoir fait sans doute son bonheur.

Je vais m'étendre à un certain point sur les motifs de sa conduite; et montrer de quelle manière elle a été interprétée. On le retrouvera aux articles *Pologne* et *Stanislas*, où je donnerai d'autres développemens sur la révolution dans laquelle il figura, et dont j'indiquerai les causes et les effets futurs.

Suite de l'article Kosciuszko.

On sait que Kosciuszko quitta la Pologne à la suite d'un événement qu'amena son amour pour la fille du maréchal de Lithuanie, Sosnowski. Cet événement l'ayant entraîné dans l'étranger, il vit l'Amérique comme le théâtre où l'ami de la justice et de l'humanité devoit se montrer. Il y débuta dans la carrière de la liberté de la manière la plus brillante, et y offrit à tous les yeux, dans ses premières actions militaires, l'indice de celles qu'il devoit faire dans la suite. L'amitié de Washington, la croix de Cincinnatus, la pension des Etats-Unis, et plus que cela, l'estime du peuple américain, sont les témoignages éclatans des services qu'il rendit, et de la reconnoissance de ce peuple envers lui.

La révolution des Etats-Unis venoit de se terminer, lorsque Kosciuszko revint dans sa patrie. Bientôt la guerre contre les Russes s'étant déclarée, il fut mis au rang des généraux par la diète, et dans la campagne de 1792, qui n'avoit pour but de la part du roi de Pologne que de couvrir l'usurpation des Russes, ce premier commanda comme général, sous Joseph Poniatowski, neveu de Stanislas. Ce fut dans cette campagne que Kosciuszko fixa l'estime de son pays, lorsque dans l'affaire de Dubienka, il vengea l'honneur polonais sacrifié par son roi, et lorsqu'il se mesura avec avantage contre un ennemi quatre fois plus fort. Dès-lors sa réputation militaire fut fixée et ses sentimens patriotiques connus. Kosciuszko, voyant la perte de son pays assurée, puisque le partage avoit été décidé dans la diète de Grodno, quitte de nouveau la Pologne, et n'y revient que lorsque le cri de la vengeance des siens le rappelle. Bientôt le peuple entier lui décerne le commandement absolu.

On ne peut s'empêcher d'admirer la dignité

et la noble fermeté que montra la nation polonaise en confiant ses destinées à Kosciuszko. Elle mit sa fortune et sa vie dans les mains de son chef ; mais elle n'aliéna point son droit souverain. Le pouvoir suprême fut cédé à ce premier, puisqu'il eut le droit de nommer le conseil national ; et il en jouit pendant le laps de temps qui remplit l'intervalle existant entre sa nomination et l'établissement du gouvernement provisoire. Le désespoir animoit les Polonais, et, cependant, la réflexion et le sang-froid présidoient à leurs actions. Il est très-glorieux pour Kosciuszko d'avoir vu son élévation être un effet de la confiance mesurée, et non celui de l'enthousiasme aveuglé qu'excite la terreur. La nation polonaise en le comblant du plus grand bienfait que puisse obtenir l'homme, la confiance exclusive d'un peuple, s'éleva en lui rappelant ses propres droits, et le fit ressortir lui-même. Je ferai remarquer ici que Kosciuszko accomplit la volonté de ce peuple, qu'il transforma son existence en anéantissant l'esclavage féodal, et lui donnant un instant la liberté et l'égalité civile et politique.

Kosciuszko lui laissa la faculté d'établir, à son gré, sa constitution ; et il prouva, lorsqu'il se démit du pouvoir administratif, en ne faisant aucune condition relative à ce peuple, qu'il respectoit son droit de souveraineté, et qu'il ne vouloit point abuser de l'influence que lui donnoient la confiance et l'estime générales (1). Cette réserve et la transmission du droit suprême au conseil national, démontrent, plus que tout autre objet, la pureté des intentions, la noblesse d'ame de Kosciuszko, et formeront les plus beaux traits de sa vie politique.

On est peut-être autorisé à penser que le chef suprême inclinoit pour la forme du gouvernement américain. C'étoit la seule, en effet, qui fût propre à son pays (je n'entends point une imitation exclusive d'une présidence et d'un congrès; mais un rapport avec cette forme d'administration). Une démo-

––––––––––––––––––––––––––––

(1) La preuve que Kosciuszko posséda la confiance entière de sa nation, même avant que des actions éclatantes eussent justifié sa renommée et signalé ses vertus publiques, se trouve dans le silence que garda la Pologne sur ses entreprises, lorsque les Russes et Stanislas faisoient tout pour les découvrir. Il sembla que cet Etat, divisé en deux partis, ne contînt pas alors un seul traître, ou que la vertu de Kosciuszko en eût imposé jusqu'à ses ennemis mêmes.

cratie illimitée, comme celle de la France en 1793, ne pouvoit convenir à la Pologne, puisque cet Etat étoit entouré de deux grandes monarchies absolues et de deux autocraties. D'ailleurs, cette espèce de gouvernement ne pourra jamais s'établir en Europe. On voit que l'Angleterre et la Hollande, malgré leur isolement, furent forcées d'adopter la république mixte.

Je dirai encore, à l'égard de la Pologne, qu'une représentation semblable à celle d'Amérique, ne lui auroit pas présenté les désavantages de la représentation aristocratique dont elle avoit fait la plus longue et la plus triste expérience.

Cette époque offrit peut-être un exemple unique dans l'histoire du monde. On n'avoit point vu jusqu'alors les seigneurs d'un Etat se dessaisir volontairement d'un droit aussi puissant que celui de la propriété des esclaves, qui constituoit, en partie, leur fortune, à la voix de la patrie en danger.

Les Polonais firent ce sacrifice, qui présente le trait le plus éclatant, quoique nombre d'entr'eux ne fussent dirigés que par l'intérêt de leur conservation, ou par leur haine pour les Russes. J'observerai qu'il y a de la vertu à immoler ses intérêts particuliers à la politique. Un phénomène non moins grand, surtout chez les Polonais, qu'on vit en tout temps très-scrupuleux relativement à la hiérarchie militaire qui s'offrit alors, qui sembla prouver qu'une métamorphose s'étoit faite dans la partie distinguée de cette nation, et qui indiqua que l'intérêt de leur pays étoit plus cher aux seigneurs polonais qu'au grand nombre des peuples européens, se trouva dans l'assentiment général qu'ils donnèrent à la nomination du chef suprême, et dans l'abaissement où la plupart d'entr'eux se réduisirent. Je pourrois citer, parmi nombre de seigneurs illustres, le neveu du roi, qui passa sous les ordres de Kosciuszko après avoir été son généralissime.

Kosciuszko eut besoin de la plus grande politique pour entraîner vers son but les divers partis; et pour établir la subordination chez un peuple où elle n'étoit pas pour ainsi dire connue. Sa fermeté dut fléchir quelquefois; et c'est dans ce cas où le chef suprême montra qu'il étoit propre à gouverner. Sa douceur, l'impartialité envers tous, et l'abaissement de lui-même au niveau des subalternes, furent, après l'amour de la patrie, les mobiles de cette politique. On le vit ainsi prévenir les haines, anéantir les rivalités, et empêcher l'effet du désordre qu'elles auroient enfanté.

L'ignorance de quelques hommes, qui ne pouvoient envisager les motifs de sa conduite, et l'envie qui s'attache toujours au vrai mérite, firent regarder quelques actions de Kosciuszko comme des actes de foiblesse. Mais l'analyste le plus sévère ne trouve aucun fait démonstratif, qui indique même que ce que l'on a nommé foiblesse en lui, ait été contraire soit à la sûreté, soit à la tranquillité ou à la politique de la Pologne.

L'écrivain impartial découvre dans sa conduite toute la vigueur qu'on doit exiger d'un gouvernant sage et politique dans les crises d'une révolution; j'observe qu'il est forcé d'enchaîner souvent ses sentimens, puisqu'il est asservi à la loi des ménagemens et enchaîné par tous les liens. Lors du soulèvement populaire à Varsovie, Kosciuszko sut mettre un frein à l'audace du parti étranger qui, excitant le peuple dans l'ombre, vouloit détacher les Polonais de la révolution en l'entourant de crimes : Kosciuszko montra combien le crime lui étoit odieux, lorsqu'il le comprima par la force ; et il fit triompher à la fois sa politique et ses sentimens, lorsqu'il empêcha que sa nation ne fût déshonorée par des attentats: tache ineffaçable aux yeux des peuples, quoique les événemens ne soient souvent que l'effet de la conduite de quelques particuliers: mais le silence d'une nation qui dans un cas pareil a le droit de commander, semble offrir une adhésion tacite à leurs tentatives.

Je vais m'arrêter sur l'événement qui fut le sujet d'une double inculpation à l'égard de Kosciuszko, et dans lequel ses ennemis crurent voir sa foiblesse et l'abus du pouvoir; je veux parler de l'affaire de l'évêque Skarszewski, pour qui Kosciuszko transmua, d'après la prière du légat du pape, le décret de mort en celui d'emprisonnement. On crut qu'il s'élevoit au-dessus de la loi par cet acte de clémence. L'intégrité exclusive de la loi offre chez un peuple le triomphe de la législation et le signe de sa prospérité, et elle doit être maintenue: mais, d'après la situation morale et politique de l'Europe, il n'est pas aujourd'hui un seul Etat qui puisse conserver à la loi son entière puissance. Elle peut être quelquefois atténuée à la voix de la politique; mais c'est seulement lorsqu'il s'agit du salut de l'Etat même : ici le cas fut tel sans doute. L'on n'ignore point quelle est l'influence religieuse en Pologne : il est certain que la mort de ce prélat pouvoit détruire l'harmonie qui existoit parmi les citoyens. Kosciuszko donnoit des armes à l'étranger et aux partis en la déterminant ; et sa réputation, sa conduite et ses vertus auroient pu échouer contre la prévention religieuse. La politique du chef polonais vouloit qu'il évitât, à tout prix, les rixes que pouvoit enfanter cette prévention : elle pouvoit donner à l'opinion une direction contraire à celle qui entraînoit ce peuple vers un dévouement absolu, et anéantir même la Pologne sans les armes des puissances. Je ne m'appesantirai point davantage sur cet acte dont l'effet politique est démontré par la seule indication, et qui étoit sans doute favorable au système pacifique et conservateur du chef dont je parle. Je dirai cependant encore, que ce n'est point dans les crises des Etats qu'on doit exiger l'immutabilité de la justice, quand même cette immutabalité existeroit chez toutes les nations. Enfin, si l'on regarda toujours le rapprochement des actions d'un gouvernement insurgé avec les devoirs de la justice comme un prodige, ce prodige s'étant montré sous l'administration de Kosciuszko, il n'étoit rien moins qu'attaquable de ce côté.

On vit combien il étoit jaloux de l'estime des Polonais, et qu'il ne vouloit tenir son rang que d'elle, lorsqu'il proposa de l'abdiquer lors de cet événement, après avoir prouvé, par l'acte d'insurrection même, qu'il n'avoit pas empiété sur ses attributions, puisque la ville de Varsovie étoit en état de siége. Il étoit autorisé, dans ce cas, à exercer la justice militaire, suprême. Kosciuszko, en voulant se démettre, parut avoir envisagé, que sans la confiance publique un chef n'a, dans une révolution, qu'un pouvoir idéal et incertain.

Il paroît que la douceur et l'indulgence naturelles de Kosciuszko, ont contribué aux inculpations dont je parle : mais quels rapports ont la conduite et les sentimens d'un individu dans la société (c'est seulement ici où l'on semble l'avoir jugé) avec ceux qu'il montre lorsqu'il est à la tête d'un Etat ? Les hommes qui possédèrent les caractères les plus fermes ont-ils été toujours durs et inflexibles ? L'inflexibilité n'indique-t-elle pas l'homme impuissant sous le rapport du

génie

génie et du jugement ? Dans ce cas, l'opiniâtreté prend la place de l'inflexibilité; et ce premier sentiment n'a jamais dirigé qu'une ame ordinaire. Enfin, les personnages qui ont illustré la terre, soit comme guerriers, soit comme chefs des Etats, ont été généralement distingués par leur douceur sociale; c'est un trait qui leur est propre comme la simplicité et la modestie. Je finirai cet article en citant un exemple qui appuie la vérité que je viens d'énoncer; c'est Frédéric II qui nous l'offrira. Si l'on jugeoit ce prince d'après la conduite qu'il tint dans sa société privée, où il s'abaissoit au niveau des hommes ordinaires, où il se laissoit outrager impunément par eux, où il s'occupoit des plus foibles intérêts, et où il portoit quelquefois l'indulgence jusqu'à la foiblesse, on ne le verroit que d'un côté, ou, plutôt, on ne le considéreroit pas comme monarque. Alors l'on ne reconnoîtroit point dans Frédéric ce caractère inébranlable, et cette opiniâtreté qu'il montra dans ses grandes actions de souverain, qui l'exposèrent à perdre diverses fois son trône tout en l'affermissant; l'on ne découvriroit plus en lui cette dignité qu'il sut maintenir dans les crises importantes où il se trouva, et cette inflexibilité politique, qui le porta à ne jamais désarmer la justice et à immoler même publiquement l'amitié. Que l'on mette l'homme dans les situations analogues à ses actions diverses si l'on ne veut être abusé dans les jugemens qu'on en portera.

LÉOPOLD II,

EMPEREUR D'AUTRICHE.

Ce prince, frère de Joseph II, avoit fixé les regards de l'Europe lorsqu'il gouvernoit la Toscane; et il signala à cette époque cette douce humanité, ces sentimens conciliateurs et cet extrême amour pour la paix qu'il montra dans la suite. Ces sentimens, qui sont les véritables guides de l'ame des souverains, ont illustré sa carrière aux yeux des hommes respectables; mais dans un siècle où les droits de l'humanité et les vrais devoirs des monarques étoient méconnus, ils lui firent prêter la foiblesse, qui n'est, au fond, l'apanage que de ceux qui forment son contraste, c'est-à-dire des ambitieux et des esprits turbulens.

Léopold avoit prouvé à l'Europe, lors de son règne à Florence, qu'il étoit enclin à s'écarter de la carrière d'une politique ambitieuse. Il avoit fondé son système extérieur sur la modération et la loyauté, et son administration intérieure reposoit sur la base de l'amour du souverain pour ses sujets : le bonheur dont jouit le peuple toscan, et qui fut l'effet de ce systême, démontra qu'il avoit ce principe pour fondement, et qu'il étoit le meilleur que les monarques dussent embrasser. Son penchant pour la paix le porta à établir les liens de la fraternité et de la franchise entre lui et ses voisins. Connoissant le funeste effet des préjugés, il voulut affoiblir leur empire dans ses Etats ; mais ce fut avec tant de prudence qu'il évita les dangers que son frère fit naître ensuite dans ceux de l'Autriche.

Léopold succéda à Joseph sur le trône de Vienne. Ici l'on va trouver le sage monarque : il ne se laissa pas éblouir par l'éclat d'un grand pouvoir, et il ne vit point transformer son ame en changeant de trône. Ce trait seul suffiroit à sa gloire, si l'Europe savoit mieux envisager ce qui constitue la grandeur dans les souverains, et ce qui fait sa propre splendeur.

Ce prince, maître de l'Etat autrichien, sembla devoir adopter la politique de son cabinet, et devoir faire revivre les prétentions ambitieuses de ses prédécesseurs, sur-tout celles de son frère. L'Europe l'avoit cru long-temps ligué secrètement avec lui pour effectuer le vaste plan, que j'ai indiqué ailleurs comme devant assurer à leur maison la domination exclusive de l'Italie, et ensuite celle de l'Europe : on avoit accusé Léopold d'avoir voulu favoriser ce dessein en Toscane, et l'on avoit regardé ce qu'il fit dans ce pays comme un préliminaire combiné pour opérer la réussite.

On méconnut la prudence, les sentimens et la politique de cet empereur. Il marchoit à un but différent de celui de Joseph : s'il existoit des rapports dans les bons sentimens de ces deux princes, leurs caractères, leurs vues et leurs actions offroient un contraste parfait. La conduite de Léopold envers ses peuples prouva cette vérité, et l'indépendance religieuse que Joseph avoit en quelque sorte détruite dans ses Etats, et que celui-ci rétablit, indiqua qu'il connoissoit le grand principe sur lequel repose aujourd'hui l'art de gouverner. Il montra encore par-là, que s'il détestoit les préjugés funestes aux hommes, il savoit respecter et protéger même, ceux qui sont utiles aux peuples, ou qu'on ne peut leur ravir sans causer des ébranlemens dans les empires. Léopold détruisit ainsi les préventions qui s'étoient formées contre lui, et il prit la place du monarque véritablement philosophe (1). On peut objecter que ce prince céda à la nécessité : la situation de l'Europe et celle de ses Etats purent contribuer à ses résolutions, et diriger à certains égards sa conduite; mais l'on peut observer aussi que si Léopold eût été entêté de son systême, il est probable qu'il eût résisté comme Joseph. L'entêtement entraîne à tout un potentat dans des cas semblables : la perte d'un grand nombre de trônes est émanée de l'opiniâtreté, excitée par des motifs qui sont, excepté ceux de l'orgueil et de l'ambition, moins puissans sur les hommes que ceux qui tiennent à la croyance et aux préjugés.

A peine assis sur le trône, il éteint par sa fermeté, son adresse et sa prudence, les flam-

---

(1) L'estime que Léopold avoit acquise en Italie et dans l'Autriche même auroit dû être aux yeux de l'Europe un garant des bonnes intentions de ce prince. La conduite qu'il tint alors à l'égard de la France, prouva, outre son éloignement pour la guerre avec elle, qu'il avoit modifié le systême de la cour de Vienne, qu'il avoit éteint son inimitié pour notre patrie, et même sa rivalité : elle indiqua encore que cet empereur ne fixoit point exclusivement ses vues vers l'Italie, et qu'il n'avoit pas adopté les projets de son asservissement.

beaux de la guerre qui menaçoient de dévorer ses Etats : il désarme la Prusse par sa loyauté, et à l'appui de l'estime qu'il inspiroit. Ses provinces, que Joseph avoit bouleversées, où il avoit armé les sujets contre le monarque, ne voyant point dans son successeur un maître sévère prêt à les punir des erreurs enfantées par ce premier, mais un prince raisonnable et sensible qui prend l'aspect d'un père aux yeux de ses peuples, et leur rend les droits que Joseph avoit maladroitement envahis, posent les armes et se félicitent de porter son joug. Ses Etats offrirent alors un autre aspect, et sa maison, qui étoit sur le penchant de sa ruine, reprit son ancienne existence et même sa splendeur. Cet événement manifesta ce que peut la sagesse et la véritable politique dans un monarque : elle opère des prodiges ; seule elle peut maintenir l'existence des empires.

Les sentimens de concorde et de générosité qui l'animoient se montrèrent sur-tout dans l'instant où la France transforma ses loix; et il ne vit point d'abord son trône menacé par elle. Léopold sembla avoir entrevu cette vérité immuable et trop oubliée, qu'un souverain ami de son peuple n'a point à redouter les révolutions. Que les rois fassent triompher l'humanité, en se rappelant que la nature les a rendus égaux à leurs sujets, et leurs trônes seront inébranlables; parce qu'alors ces premiers seront les respectables dépositaires du pouvoir des peuples, et qu'ils ne tiendront la place que de leurs magistrats. C'est l'oppression qui fait la tyrannie et le despotisme; les peuples seront véritablement libres sous de tels rois, et ils les respecteront lorsqu'ils verront dans les loix le garant de la liberté commune. Ce prince parut, en outre, ne point mettre en balance son trône avec le sort de ses sujets; un tel dévouement étoit digne d'animer une ame comme la sienne.

Léopold se refusa au vœu de Catherine et des autres rois qui méditoient le renversement de la France. Cet empereur, que je nommerai le Fabius moral, ne pouvoit vaincre leurs ressentimens, et arrêter les effets de leur haine par son exemple et ses conseils, puisque leur but étoit celui de l'ambition; leurs ames n'étant point en concordance avec la sienne il ne pouvoit leur faire adopter ses sentimens (1). On a soupçonné ce prince d'avoir

---

(1) La France doit beaucoup à cette temporisa-

nourri à son tour l'ambition : je crois qu'on ne peut lui prêter ce sentiment sans s'exposer à être injuste, puisque toutes les actions de son règne ont été différentes de celles qu'il enfante. Si Léopold connut l'ambition, il se couvrit de gloire lorsqu'il en triompha : il est incontestable, en politique comme en morale, que celui qui dompte les passions est plus grand que celui qui ne les connoît point, et n'a pas eu occasion de lutter contre elles : dans ce cas il montra toute la force de son caractère ; il fut convaincu que la paix fait la prospérité des Etats, que le desir des conquêtes est toujours funeste à celui qui le forme ; et il signala la profondeur de ses lumières et de sa politique. Quoi qu'il en soit de l'existence de ce sentiment en lui, on peut affirmer que de tous les princes qui sortirent du sang autrichien il fut le moins ambitieux.

---

tion : si Léopold eût secondé dans les premiers instans les vœux de notre cour et des puissances, l'élan de cette première eût pu être arrêté ; et sa destinée eût pu être compromise : je dois proclamer cette vérité, et montrer à ma patrie qu'elle doit un hommage mérité à cet empereur.

Si la conduite de Léopold envers la France fut toujours généreuse, j'accuserai avec vérité sa politique, ses lumières et sa prévoyance en quelques circonstances. Lorsque ce prince favorisa l'émigration, et exaspéra ainsi le reste des Français ; lorsqu'il crut vaincre ceux-ci par la seule terreur, et, sur-tout, lorsqu'il voulut décider par un congrès du destin de notre patrie, il ne se montra plus lui-même ; il méconnut ses droits et celui de ses pareils, et il oublia que les nations sont indépendantes par le principe naturel et politique.

Il paroît que cet empereur trembla un instant pour son trône. Cette terreur put naître de sa prévoyance même : l'aspect de la France étoit propre à épouvanter les rois ; et l'effervescence de son peuple pouvoit faire douter de sa prudence. Tout fait présumer enfin, qu'il se seroit armé contre elle si la monarchie eût été détruite. Louis monté sur le trône des Français, Léopold ne voit plus sa destinée menacée, non plus que celle de son parent ; il le juge, avec raison, mieux affermi puisqu'il règne par l'assentiment du peuple, et sa détermination est fixée.

Bravant les clameurs de nos ennemis, les reproches outrageans qu'on faisoit à sa magnanimité (1), cet empereur resta impassible spectateur des événemens de notre patrie ; et la force qu'acquéroit la révolution, et qui sembloit menacer chaque jour davantage les rois, ne le tira point de sa tranquillité. Il arrête l'élan fougueux de Frédéric-Guillaume, repousse le vœu et les amorces de l'Angleterre ; il s'entoure de plus de prudence : enfin il sembla le seul des souverains qui eût prévu l'étonnante résistance des Français.

Peut-être en s'isolant entièrement de ce prince, et en écartant le penchant qui porte à voir sous un jour avantageux les actions d'un monarque bienfaisant, pourroit-on prêter uniquement à la politique sa conduite en-

---

(1) A cette époque les hommes passionnés accusèrent ce prince de pusillanimité ; on osa même le montrer à l'opinion comme manquant de la dignité propre aux monarques ; et l'Europe partagea en quelque sorte ces sentimens. Ce trait seul suffiroit pour peindre le délire qui régna alors dans les esprits et pour signaler les erreurs de ce siècle : un prince qui hésite à allumer une guerre qui doit compromettre le sort et la fortune de son peuple est un homme foible ! Qu'on ne dise donc plus que la sagesse est utile aux rois, si l'on veut qu'ils se précipitent sans réflexion et au gré des hommes imprudens, dans les premiers abîmes qui s'offrent au-devant d'eux.

vers la France. Cependant la propension naturelle de son ame vers la bienveillance, son amour pour ses sujets qu'il avoit si bien signalé, et qui montroit qu'il se dirigeoit sur l'heureux principe, que le bon roi fait abnégation avec tout ce qui n'est point son peuple, excepté avec la justice, son affranchissement de tout fanatisme ; tout paroît démontrer que ses sentimens contribuèrent plus que sa politique à gouverner ses actions dans cette derpière époque de sa vie. Je dirai, en supposant même que la politique les ait seule réglées, qu'on doit moins rechercher dans les princes des intentions louables que des actions utiles : à quoi serviroient aux peuples les bons sentimens dans leurs rois s'ils étoient inèfficaces ? Enfin, si cet empereur n'eut pour lui que la réalité de l'action, il n'en mérita pas moins le tribut dû au gouvernant sage. La France et son pays retirèrent un avantage de sa politique ; il conquit l'estime de l'un et l'amour de l'autre.

Sa conduite dut servir de leçon à ses semblables, de modèle à celle de nos ennemis : mais le délire régnoit dans toutes les têtes, et la terreur avoit transformé l'ame de nombre d'entr'eux.

La mort frappa Léopold dans l'instant où son existence devenoit plus précieuse à l'Europe et à son pays. Je jette un voile sur ce que la renommée raconta de cette mort ; bruits que les événemens et la politique destructive de ce temps sembleroient justifier : il existe assez de forfaits à signaler sans qu'on s'appesantisse sur ceux qui ne portent point le sceau manifeste de la vérité. Ce monarque ne fut pas entouré d'une gloire brillante, c'est-à-dire, de l'auréole guerrière ; il n'en prendra pas moins sa place, aux yeux de l'équitable postérité, parmi les plus grands princes qu'ait produits l'Europe ; le plus sage est évidemment le plus grand.

Je vais m'arrêter un instant sur la conduite de Léopold à Pilnitz, et sur ses motifs relatifs à l'émigration qu'il favorisa. Ce prince, que j'ai dit être assez philosophe pour applaudir comme homme à la révolution, l'improuva comme roi, sur-tout lorsqu'il crut que le peuple français renverseroit la monarchie. La déclaration qu'il signa à Pilnitz, semble pourtant n'avoir eu, de son côté, qu'un but purement politique : il vouloit sans doute intimider la France, et non agir. Ce motif eût été sage, et peut-être utile à l'égard de nombre de nations; mais il ne reposoit point sur la connoissance du caractère français, sur qui la menace n'a presque jamais produit qu'un effet contraire à la soumission : la menace exalte la passion dans une ame effervescente; dans la passion on affronte tout, on s'expose à tout.

La conduite de cet empereur envers les émigrés reposa sur une politique favorable et funeste à la fois. Il les accueillit; sa belle ame rendit ainsi hommage au malheur ; mais Léopold manqua encore, ici, de la connoissance de nos mœurs; et ce fut la cause de sa seconde erreur. Il ne vit point que cette protection, quoique très-limitée (il ne leur permettoit point de s'armer), devoit supposer à leurs yeux une propension directe pour leur cause; et que la nation française ne pourroit savoir si c'étoit seulement pour les sauver, ou pour les protéger efficacement, que l'empereur agissoit ainsi. L'émigration dut redoubler, et par là même accroître les maux de notre patrie ; et les préventions des autres Français contre ce monarque durent augmenter à mesure que les dangers devinrent plus grands à leur vue.

Lorsque Léopold proposa un congrès, il ne connut pas non plus le penchant que montra notre nation pour l'indépendance, même lorsqu'elle fut sous le joug, penchant qui ne lui a jamais permis de laisser l'étranger s'occuper de ses mesures fondamentales : en effet, l'Europe n'a point le droit de s'immiscer dans la décision intérieure d'un Etat quelconque. Cette mesure étoit propre à soulever la nation, et elle étoit impolitique : c'étoit lui annoncer qu'elle étoit sous le joug, et lui faire entrevoir la destinée future la plus incertaine. C'est l'ignorance des mœurs des nations qui a été le fondement de presque toutes les erreurs politiques qu'on a vues sur ce continent. J'oserai dire que la connoissance de ces mœurs est le fanal de la diplomatie : lorsqu'on connoîtra mieux les peuples, on jugera plus sainement leurs sentimens et les opérations des cabinets.

LUNÉVILLE (Traité de).

Ce traité repose, en général, sur les bases de celui de Campo-Formio, dont il confirme les principaux articles, tels que ceux qui regardent l'abandon entier du Brabant à la France, et de Venise à l'Autriche : l'indépendance et la garantie de la république Cisalpine, et des quatre autres républiques alliées de cette première, la cession de la rive gauche du Rhin à la France, et celle de la Toscane et de l'île d'Elbe à l'Espagne, forment les intérêts nouveaux et le complément de ce grand pacte. Le dernier article dont je parle, fut fondé sur l'intérêt de l'Europe, qui commande impérieusement l'indépendance des États italiens : la Toscane devoit passer sous une autre domination que celle de l'Autriche, qui sembloit devoir tôt ou tard régner seule sur l'Italie, d'après sa position à Florence, et les rapports de l'État Toscan avec ses provinces limitrophes de la tête de la presqu'île.

La politique de la France relativement à
elle

elle-même exigeoit qu'elle y renonçât ; mais cette politique vouloit aussi que ce royaume appartînt à l'un de ses alliés, puisque l'harmonie des autres parties du continent sembloit dépendre de celle qui régneroit en Italie, ainsi que la tranquillité des Etats dont cette première a garanti la destinée.

L'occupation de la Toscane par la maison d'Espagne (je regarde cet Etat comme lui appartenant puisqu'elle y règne par l'un de ses enfans, comme elle le fit autrefois par Don Carlos, ainsi qu'à Naples par ses autres princes) aura évidemment un grand effet politique. Elle préservera la pointe de l'Italie, que n'auroit pu secourir la république Cisalpine, excepté qu'elle ne fût devenue entièrement prépondérante, ce que sa circonscription naturelle doit long-temps empêcher, quand même elle s'agrandiroit progressivement : la place de Mantoue qu'elle occupe, offre, il est vrai, une barrière du côté du continent ; mais à quoi sert cette barrière pour les nations maritimes, qui, d'après la situation topographique de l'Italie, peuvent l'attaquer sur tous les points de son territoire si une puissance maritime ne les en écarte ?

La Toscane se trouve presqu'au centre de

l'Italie, et forme, pour ainsi dire, un mur de séparation entre les États vénitiens et le royaume de Naples. Des ports toscans, on peut porter des forces navales dans toutes les provinces italiennes, et les protéger tour à tour. Elles peuvent être un jour menacées, puisque l'Autriche peut jeter inopinément, de Venise, des troupes sur les diverses côtes de l'Adriatique. Ce que fit cette ville est une démonstration de ce qu'elle peut faire encore. Eh! que furent jadis ses ressources, en comparaison de celles qu'elle aura désormais, puisqu'elle fera partie d'un grand État!

L'Espagne doit entretenir en Toscane une force stationnaire navale, qui mette cet Etat dans le cas de secourir, non-seulement les provinces de la presqu'île, mais la Sardaigne et la Corse, et de maintenir l'harmonie maritime dans les mers italiques.

L'Espagne ne peut plus abuser de ses droits, ni troubler ce pays comme elle le fit autrefois; cette puissance se trouve dans un état de foiblesse qui ne lui permet pas de devenir conquérante sans l'appui de la France. Je ne dirai point que les objets de l'ambition des puissances ne sont plus sur notre continent, comme il y a un siècle; leurs vues s'y reportent;

je l'ai fait entrevoir ailleurs ; tout annonce même que le midi de l'Europe va devenir le centre des prétentions nouvelles, depuis que la Russie a pris une certaine prépondérance maritime, et depuis qu'elle s'est unie avec l'Angleterre pour commander dans la Méditerranée.

L'abandon de la rive gauche du Rhin à la France, est également avantageux à celle-ci et à l'Allemagne. Ce fleuve formant une barrière entre les deux pays, il naîtra moins de divisions entre les puissances voisines, et l'obstacle qu'opposera ce même fleuve, en rendant les tentatives plus difficiles, pourra éviter des guerres à l'avenir.

L'article qui consacre cette cession, et dans lequel l'Autriche se charge des dédommagemens envers les princes allemands dépossédés, peut être commenté en faveur de la France, car sans doute l'inspiration relative à l'indemnisation émana d'elle. Dans sa sollicitude, qui se transforma en une action garante dans le traité, à l'égard de ces princes, on trouve la raison, et ce principe d'équité diplomatique, trop long-temps sacrifié aux plus foibles intérêts, qui sera l'un des plus grands mobiles de gloire pour la France régénérée. Puisse-t-elle en faire toujours le fondement de sa politique ! Non-seulement l'honneur français en recevra alors de l'éclat ; mais notre Empire en retirera le plus grand avantage : il obtiendra cette force morale que donne l'opinion des peuples, et qui est la plus solide colonne des états. On regardera sans doute cette sollicitude comme magnanime, lorsqu'on envisagera que les princes dont il s'agit furent nos ennemis, et qu'ils prirent une part directe à la guerre.

J'observerai que l'Autriche, d'après ses nouveaux intérêts, doit trouver dans ce traité une garantie pour son sort. Elle s'y est liée à l'Espagne et à la France, ses deux anciennes ennemies; et elle doit former avec elles la barrière qui fermera l'Italie aux Russes et aux Anglais. Les rapports changent, les alliances doivent prendre une autre route, et les ressentimens doivent être sacrifiés puisque l'intérêt, la raison et le salut des peuples le commandent.

MACK, Colonel et Général.

L'époque de la révolution devoit plus que toute autre présenter des phénomènes dans les hommes et dans les choses ; mais ces phénomènes, à l'égard des hommes qui prirent part à ce grand événement, soit au-dedans de la France, soit au-dehors, ne durent se montrer qu'un instant. Lorsque les passions règnent, lorsque la terreur est devenue le seul sentiment qui gouverne les ames, et lorsque les esprits sont arrachés par elle à la réflexion, qui seule fait apprécier les hommes et les objets ; celui qui a le moins droit à la gloire et à l'estime publique, envahit cette estime et se pare du laurier du grand homme. Les réputations doivent, pendant une telle tourmente, s'élever comme les flots de l'Océan, être remplacées par d'autres, et se détruire toutes lorsque le calme succède, et que le sentiment qui a tout aveuglé disparoît.

Le colonel trop illustre, dont je parle, posséda l'une de ces réputations : elle fut même portée si loin, à l'abri d'un enthousiasme aussi irréfléchi que ridicule, qu'on osa, malgré qu'aucun exploit n'eût préparé de sa part cette suprématie d'opinion, le regarder comme le héros de l'Europe, en le mettant au-dessus de Brunswick et de tous les habiles généraux de l'Autriche.

La cour de Vienne mit en lui son espoir, après que l'impuissance de Cobourg eut été prouvée. Ce colonel, qui prit alors le titre de général, dut en partie son élévation à la confiance avec laquelle il regardoit lui-même ses talens, confiance qu'il sut inspirer aux autres, comme le firent toujours ceux qui l'imitèrent : des causes qui tinrent à la politique semblèrent aussi y contribuer.

On a vanté ses talens en administration militaire et en tactique : il fallut que la persuasion relative à ces talens existât du côté de l'Autriche, pour qu'elle adoptât ses vues, dans l'instant où la perte d'une bataille pouvoit compromettre entièrement sa puissance. On crut un moment que le cabinet de Vienne avoit voulu faire de cet homme un épouvantail, comme la Russie le fit en d'autres temps de Suwarow, lorsqu'on le vit préconiser ses talens d'une manière si étonnante : les esprits prévoyans se persuadèrent qu'il cherchoit un appui chimérique lorsque l'appui réel lui manquoit; mais cette opinion, qui sembloit contraire au caractère et à la prudence réservée qu'a toujours montrée l'Autriche, fut détruite lorsqu'on sut que ce général avoit été appelé au congrès d'Anvers pour y donner ses plans : lorsqu'ensuite il fut mis à la tête de l'armée on ne douta plus qu'il ne dirigeât les opérations, et qu'il n'eût l'entière confiance de sa cour.

On a pu observer combien l'Europe et les écrivains sont susceptibles d'engouement, lorsqu'on les a vus exalter ces plans même après cette époque. Comment juger de la bonté d'une chose dont on n'a point fait l'épreuve; et, si on l'a faite, comment trouver bon ce qui a eu un effet contraire à son but? Cette dernière application s'adapte aux plans de Mack s'ils furent suivis. Qu'on crût aux talens du duc de Brunswick, ou du prince de Cobourg, cela étoit raisonnable; l'un et l'autre les avoient souvent manifestés, et l'on pouvoit établir une espérance vraisemblable sur eux : qu'on espérât dans la bravoure de Suwarow, cela étoit encore fondé; il l'avoit montrée d'une manière éclatante : mais Mack n'avoit commandé jusqu'alors qu'un régiment, et il n'avoit eu aucune illustration. L'on n'observa pas, en supposant même qu'il eût bien commandé son corps, que le talent d'un colonel n'est rien en comparaison de celui d'un général, sur-tout de celui qui doit faire mouvoir une armée de deux cent cinquante mille hommes. J'ajouterai, en reconnoissant dans Mack de grandes connoissances en tactique, que la théorie est impuissante lorsqu'il s'agit du métier de général; et il n'avoit pas la pratique: je ferai remarquer encore que le destin des combats tient autant au caractère et aux facultés morales de celui qui commande, qu'à la science de ce dernier.

Enfin si les plans de Mack furent exécutés, l'on en vit les effets par les revers successifs de l'armée autrichienne; si, contre toute probabilité, ils ne le furent point, ses vues furent reconnues mauvaises : des plans qui auroient donné une simple probabilité de réussite n'auroient pas été écartés, sans doute, dans le moment où l'on vouloit à tout prix soumettre la France, et arrêter ses progrès effrayans pour l'Allemagne.

L'on ne peut objecter que la jalousie ait étouffé en ce dernier cas le mérite de ce général; il étoit trop sur la scène pour que ses envieux osassent l'attaquer : d'ailleurs, tous les esprits et tous les cœurs se réunissant en ce moment contre la France, l'envie devoit suspendre son empire, ainsi que l'orgueil et l'ambition même ; cette époque présenta un prodige peut-être unique dans l'histoire du monde relativement au sacrifice des passions les plus suprêmes sur le cœur humain. Dans les diverses hypothèses, Mack prouva la nullité de ses moyens militaires.

Quant aux talens politiques qu'on prête encore à ce général, il n'y a que quelques mots à produire pour montrer leur nullité ; c'est que si Mack eût été politique il eût prévu la résistance et le triomphe de la France : au lieu de donner des plans guerriers, il eût donné des plans de traités, et il eût sauvé ainsi la monarchie autrichienne des dangers auxquels elle fut exposée dans la suite. Mack ne soutint pas un seul instant sa réputation. Son illustration changea d'aspect, et l'Europe, aussi mobile alors dans ses sentimens que le furent les événemens, replongea cet homme dans l'oubli, tandis que son pays le livroit à la disgrace, effet ordinaire de la non-réussite en cas pareil.

Le sort de Mack auroit dû offrir un grand exemple à ceux qui aspirent à la gloire sans avoir des droits pour la fixer. Ils peuvent briller un instant en abusant leur siècle ; bientôt l'auréole qui les entoure s'efface, et il ne leur reste que la honte d'avoir brillé : les hommes se vengent toujours par le mépris, de ce qu'on a voulu surprendre leurs sentimens lorsqu'il s'agit de la gloire.

MALTE.

L'île de Malte, située à l'entrée d'un détroit qu'elle forme en partie, est comme la porte de la Méditerranée du côté de l'Orient, tandis que la forteresse de Gibraltar l'est du côté de l'Atlantique. Elle est devenue un poste très-important, et c'est de son occupation par une puissance foible ou amie des nations, que dépend aujourd'hui le libre commerce des Echelles, et le sort de plusieurs provinces des États méridionaux de l'Europe.

Cette île fut donnée par Charles-Quint, en 1531, lors de son couronnement à Bologne, aux chevaliers de Saint-Jean, successeurs des Templiers, dont l'ordre, qui hérita des dépouilles de ces derniers, existoit depuis le onzième siècle. Ceux-ci s'y établirent, et s'y fortifièrent dans le dessein de combattre les Turcs, et de leur fermer le passage des mers d'Espagne, de France et d'Italie, où ils faisoient les irruptions les plus désastreuses et les plus fréquentes. Le motif religieux dirigea aussi ces chevaliers : l'on pourroit dire qu'ils conservèrent l'esprit des croisades en Europe, long-temps après que cette impolitique et désastreuse manie y eut été détruite dans tous ses États (1).

Du sein de leur rocher, ces chevaliers, à qui l'on doit sans doute des bienfaits, s'élancèrent chaque jour sur leurs ennemis, et combattirent avec acharnement les puissances turque et barbaresques, contre lesquelles ils eurent des succès et des revers. Ils poussèrent un instant si loin leurs victoires, que Rhodes (2), Candie, Chypre et Belgrade même passèrent sous leur domination; et ils les conservèrent, à l'appui de leur courage, malgré les efforts des Turcs pour leur ravir

---

(1) Les croisades furent contraires à la politique, lorsqu'elles apprirent aux Turcs la manière de tenter les envahissemens éloignés. Peut-être pourroit-on dire qu'elles furent cause, par l'exemple que donnèrent les croisés, des irruptions que firent Mahomet, Soliman II, etc. sur les Etats occidentaux et dans les archipels de la Méditerranée, et des attaques que les Turcs livrèrent à l'Italie, où ils furent diverses fois sur le point de s'affermir après avoir conquis plusieurs parties de son territoire.

(2) Les Maltois enlevèrent Rhodes aux Turcs, qui l'avoient ravie à leur tour aux Sarrasins : ceux-ci, les premiers, l'avoient conquise sur les Grecs.

ces places qui avoient été leur propre conquête. Les Maltois les perdirent sous Soliman II, qui les leur enleva, et les assiégea ensuite dans leur île, mais inutilement. Si la forteresse qui leur servoit d'abri étoit imprenable pour les Européens, devant lesquels presque tous les boulevards, qui n'ont pu résister à leurs moyens d'attaque, se sont abaissés, les troupes orientales, à qui ces moyens furent inconnus, pour le bonheur de l'Europe, ne purent (1) point nuire à ces premiers lorsqu'ils s'y furent renfermés.

Pendant le long règne de Charles-Quint, l'ordre prit encore de la supériorité sur ses ennemis. Ce monarque donna Tripoli aux chevaliers; mais ils ne purent le conserver, dès

---

(1) Il est certain que si les Turcs avoient connu nos moyens d'attaque et de défense, ils auroient bouleversé l'Europe. Ce peuple, en leur réunissant une bravoure que le fanatisme religieux porte souvent au plus haut point, en auroit conquis évidemment une partie, surtout avant que les grandes puissances, qui aujourd'hui garantissent sa sûreté, fussent parvenues à leur état d'accroissement et de force. Ce danger se montra dans toute son étendue, lorsqu'on les vit maîtres de toute la Grèce, de la Hongrie et du duché d'Autriche même.

que la puissance espagnole les eut laissés, sous les Philippe, réduits à leurs propres forces, époque où l'Espagne perdit la suprématie qu'elle avoit acquise en Afrique et dans toutes les mers méridionales.

La possession de ce formidable rocher par des hommes qui étoient respectables sous le rapport de l'honneur social, qui ne vivoient ni de rapines ni d'usurpations, leur fut confirmée par la politique. Les rapports de religion, de patrie et d'intérêt des chevaliers avec la France, l'Espagne, l'Italie et les Etats catholiques de l'Allemagne, leur assurèrent la protection de ces divers Etats; et la prépondérance qu'eurent long-temps les puissances catholiques fut l'égide de ceux-ci, sur-tout lorsqu'elles virent dans Malte la barrière qui contenoit les Turcs. Enfin, tant que l'ordre de Saint-Jean put occuper Malte, tant que l'Europe n'eut point à redouter que cette place, qui n'étoit rien dans les mains de l'ordre, mais qui pouvoit être tout dans celles des puissances ambitieuses qu'elle contient malheureusement en son sein, ne passât sous leur domination, elle n'entra pas même dans la garantie des traités.

L'Angleterre, dont toutes les vues étoient tournées vers les Indes, eut long-temps des intérêts plus importans que ceux du commerce des Echelles : la Russie, de son côté, occupée à affermir sa puissance dans le nord et le midi de ses Etats, à former sa marine, à détruire la barrière de la Pologne qui la séparoit de l'Empire ottoman, et à établir son administration intérieure, n'avoit pu penser à la possession de cette forteresse, qui ne pouvoit lui être essentiellement utile que depuis son accroissement.

Ce fut à la suite de la révolution française, qui amena la rupture de notre patrie avec tous les Etats d'Italie, pour lesquels penchoit l'ordre de Saint-Jean, et lorsque l'expédition d'Egypte fut décidée, que la France jeta les yeux sur Malte. Elle chercha à en faire la conquête pour assurer celle qu'elle tentoit dans l'Orient ; et elle fut effectuée par Bonaparte lorsque l'Italie entière eut passé sous le joug. J'observerai ici que la situation où se trouvoit l'Europe justifia la mesure de la France ; il n'existoit plus de système de balance politique, puisque les nations du continent avoient détruit elles-mêmes celui des ménagemens : l'ordre, d'ailleurs, ayant rompu tous ses liens avec notre patrie, elle devoit craindre qu'il ne se jetât dans les bras d'une des grandes puissances maritimes : cette crainte étoit fondée ; l'événement même en démontra la réalité ; ce fut lorsque Paul I s'en déclara le protecteur du consentement des chevaliers. La France eût méconnu ses intérêts et ceux de l'Europe, dans cette circonstance, si elle se fût conduite différemment.

Cette occupation par la France arriva dans le temps où les deux puissances qui pouvoient avoir intérêt de s'en emparer reportoient leur ambition sur ce point (1). La France, qui entrevit ensuite leurs desseins, garda cette possession, qui tomba enfin dans les mains des Anglais. Ceux-ci l'ont conservée en violant la foi d'un traité solennel qui la rendoit à ses premiers maîtres.

On peut prédire que Malte deviendra l'une des causes qui contribueront le plus aux dis-

---

(1) La Russie avoit soumis la Pologne, et elle manifestoit son desir d'effectuer son projet oriental; l'Inde étoit presqu'entièrement conquise par l'Angleterre; et celle-ci, dans la protection particulière qu'elle avoit donné à l'état de Naples, avoit signalé son desir d'avoir Malte ; enfin cette île étoit sur le point de lui être livrée lorsque les Français la conquirent.

sensions

sensions des cabinets, et ce sera sur-tout la nécessité d'arrêter les desseins de l'Angleterre et de la Russie qui forcera la France et les autres Etats européens à la ravir à cette dernière. Malte est l'un des plus grands objets de la politique actuelle, et c'est la situation des choses qui la rend telle. Plus l'Empire turc se verra menacé, plus les possessions de l'Archipel grec seront exposées, plus l'occupation de cette place deviendra importante; et plus elle portera les puissances, jalouses de maintenir l'harmonie européenne en empêchant les usurpations, à réclamer la réintégration de l'ordre de Saint-Jean, ou la destruction de cette forteresse.

Tout semble annoncer que l'Angleterre veut la conserver, et qu'elle fera pour cela les plus grands efforts : mais la France a des moyens de la contraindre à l'évacuation, non en forçant cette place, mais en dictant la loi à celle qui y commande en des lieux moins formidables: les lignes de Malte n'embrassent point tous les Etats de l'Anglais, et par-là même son sort n'est point par-tout en sûreté..... Je ferai ici une remarque frappante; c'est que la Russie, qui a le plus grand intérêt de s'établir à Malte (l'occupation de Corfou a signalé ses vues) n'a point réclamé cette place avec vigueur lorsque l'Angleterre l'a conservée. Y auroit-il un pacte secret de cession entre ces deux puissances, moyennant quelque forte indemnité ? La cause de cette conduite semble cacher un mystère ; il me semble trop important pour que l'Europe ne cherche pas à le pénétrer.

NAPLES (Royaume de).

Ce royaume, situé à la pointe de l'Italie, où il est couvert du côté du continent par les autres petits États, et isolé comme le Portugal, semble en quelque sorte détaché de l'Europe. Sa position, d'où il pouvoit influencer et maîtriser tous les États de la presqu'île, et son voisinage du canal de Malte, qui sembloit devoir en faire le comptoir méditerranéen, le rendirent précieux aux puissances long-temps avant la découverte des Indes. Sa richesse en productions principales, que possède sur-tout la Sicile, en firent aussi l'objet de l'avarice et de l'ambition des grandes nations continentales voisines; les Turcs mêmes eurent des vues sur son territoire, depuis qu'ils eurent formé le dessein de régner sur l'Europe. Ils tentèrent diverses fois de s'établir à Naples et en Sicile, pensant pouvoir, de-là, gouverner nos États méridionaux.

Les Français, les Espagnols et les Autrichiens s'y portèrent, y dominèrent, et en furent chassés tour-à-tour. La France, après avoir partagé ce royaume avec Ferdinand, le perdit à la suite du massacre nommé *Vêpres de Sicile* (1); et le reconquit pour se le voir ravir encore (2). L'Autriche lutta avec une constance inouie pour s'y affermir. Mahomet II, après avoir envahi la Calabre, sembla devoir y établir un nouveau trône ottoman. Sa mort sauva l'Italie, et peut-être l'Europe, hors d'état de lutter alors contre ce terrible et belliqueux sultan (3). Enfin l'État napolitain fut pendant plusieurs siècles la cause d'un grand nombre de guerres entre les trois grandes puissances du centre et du midi de l'Eu-

---

(1) Tous les Français qui se trouvoient dans la Sicile, en 1282, furent massacrés. Cette île fut donnée en 1294 au roi d'Arragon, tandis que Naples entra sous la domination de l'empereur.

(2) En 1386, elle passa au duc d'Anjou, fils de Louis XI, à qui elle fut ravie de nouveau. Depuis, le même prince y rentra, et y commanda encore au nom de la France, en 1440.

(3) Mahomet II conquit Otrante et la Calabre: il alloit établir les Turcs en Italie, comme les Maures le furent en Espagne, et c'en étoit fait de l'Europe, puisque les Turcs faisoient trembler alors toute la terre, lorsque cet empereur mourut à Nicomédie, en allant remettre le siége devant Rhodes, en 1481.

rope. Le sceptre des Deux-Siciles fut affermi dans les mains de l'Espagne, dès l'instant que Charles-Quint eut rendu sa puissance si redoutable : depuis, malgré l'affoiblissement de la maison espagnole, il lui est resté, et ses infans ont gouverné cet État après avoir été reconnus, par l'Europe, comme monarques indépendans.

Les guerres constantes que se livrèrent les grands États européens, l'agrandissement de la Hollande et de l'Angleterre, qui tournèrent leurs vues et leurs efforts vers l'océan, l'influence de Gustave-Adolphe et de Charles XII, l'élévation et l'affermissement de la monarchie prussienne, et celle de la Russie qui fixèrent tous les regards des autres puissances vers le Nord ; enfin l'indifférence de Louis XIV pour sa marine (1), et ses rapports de famille avec l'Espagne sous Phi-

---

(1) Je dis que Louis XIV négligea sa marine, quoiqu'il en fût, pour ainsi dire, le créateur ; cela est évident : ce roi ne fit point tout ce qu'il auroit pu faire pour l'agrandir ; sa volonté ne fut jamais assez forte pour cela ; et sa politique parut avoir un autre but, malgré que ce prince eût dû être convaincu, d'après la résistance que lui opposoient les Hollandais et l'humiliation à laquelle ils le réduisirent, que la

lippev, tout contribua à conserver la domination de cet État à cette dernière, même lorsqu'elle fut impuissante ; et cette partie de l'Italie, objet de tant de débats, fut, en quelque sorte, abandonnée, ainsi que le commerce de la Méditerranée.

Mais lorsque l'invasion des deux Indes fut effectuée, lorsque l'Autriche fut devenue voisine de l'Italie par les États que lui donna la succession de Ferdinand, et sur-tout lors-

---

marine formoit, dans les derniers siècles, la principale force des nations.

Les tentatives que fit Colbert pour donner de l'accroissement à notre marine, et le peu de succès qu'il eut auprès du monarque, la circonscription même des plans de ce ministre, qui n'embrassoient, on peut le dire, que les accessoires du grand système naval; l'inertie où restèrent nos vaisseaux, dans le temps où ils purent rendre le pavillon français respectable ; la négligence qu'on mit à ouvrir des ports, et, sur-tout, le consentement à la destruction de celui de Dunkerque, qui nous étoit si précieux dans le moment où l'Angleterre et la Hollande vouloient gouverner l'Europe, démontrent l'indifférence de Louis XIV pour sa marine: l'Angleterre, dans une situation semblable, et eu égard à une position aussi importante que celle de Dunkerque, auroit perpétué la guerre plutôt que de donner un tel consentement. La Hollande et l'Angleterre avoient vu seules, qu'elle se fut affermie dans ses nouvelles possessions ; lorsque le Turc fut abaissé comme l'Espagne, et que la Russie eut tourné ses vues vers la Méditerranée, le royaume des deux Siciles attira de nouveau l'attention des puissances.

Enfin, depuis que les cabinets ont tourné leurs vues vers les côtes de l'Europe, depuis que la marine est regardée comme le fonde-

---

à cette époque, l'étendue et l'influence du système maritime; cela est incontestable.

On ne peut dire que le monarque français sacrifiât ses prétentions et ses vues, de ce côté, à l'intérêt de la paix; on le vit, malheureusement, en nombre de circonstances, rompre avec ses voisins plutôt que de se dessaisir d'une seule place. Les guerres continentales occupèrent trop ce roi pour qu'il tournât entièrement ses vues vers la mer; et l'état des finances, que le luxe de la cour contribua à épuiser, ne le lui permit pas à la fin de son règne.

On doit observer que si Louis xiv eût mieux connu les avantages du plan maritime, et s'il n'eût point circonscrit son ambition sur le continent, il auroit abandonné d'autres projets qui furent aussi coûteux que l'eût été l'agrandissement de sa marine; et, si, vu ses ressources bornées, il n'eût pu lui donner la suprématie, il l'eût mise dans le cas d'égaler celle de ses rivales; ou, du moins, d'arrêter leurs progrès sur les continens éloignés.

ment de la prospérité des nations, et que les Etats utiles, par leur position, au commerce, se sont offerts aux yeux des grands peuples maritimes, comme les places de leurs comptoirs et les sources où ils doivent puiser; depuis que l'Anglais, redoublant d'ambition à mesure qu'il accroissoit de fortune, a voulu régner à la fois dans les mers orientales et occidentales, et sur tous les petits bassins de ce continent, le royaume des Deux-Siciles est devenu l'objet d'une convoitise nouvelle : les chocs et les désastres semblent prêts à renaître sur son territoire; l'on touche peut-être à l'instant où doit commencer la lutte dont il sera l'objet. Je dirai plus, depuis l'occupation de Corfou par les Russes, et celle de Malte par les Anglais, les États napolitains ont pris une importance plus grande relativement aux autres puissances ; c'est de ce point qu'elles pourront couvrir l'Italie : la France, l'Autriche et l'Espagne ont un égal intérêt à protéger ce royaume, et à lui donner une commune impulsion.

L'Etat des Deux - Siciles, tranquille sur son sort, qu'il voyoit protégé par l'Espagne lorsqu'elle fut prépondérante, n'eut pas alors besoin d'adopter une autre politique que celle de la cour de Madrid. L'influence de celle-ci étant détruite, et la situation de l'Europe ayant changé sous l'aspect politique, le royaume de Naples se trouva tout-à-coup sans protecteur, où n'eut qu'un protecteur impuissant.

Son cabinet, en tombant dans une espèce d'isolement, dut établir une politique fondée sur ses rapports de situation avec les grandes puissances voisines ; et elle eût dû le porter, même avant la révolution française, à rechercher un appui dans un Etat plus formidable que l'Espagne, et duquel il pût être protégé par le continent : sans cela il s'exposoit à voir ses provinces sans cesse envahies par l'Angleterre, qui avoit le moyen d'empêcher l'Espagne de les secourir en lui fermant la mer par ses flottes.

La cour de Naples ne vit point sa situation, et conserva, non son systême (elle n'en avoit point), mais sa routine d'obéissance envers l'Espagne : elle s'endormit dans une sécurité semblable à celle qu'elle eût pu montrer sans danger il y a deux siècles, lorsque celle-ci, toute-puissante, veilloit elle-même à ses intérêts : cette sécurité devoit lui être funeste à l'époque dont je parle. Elle ne changea de marche, et n'adopta un nouveau plan que lorsque la révolution française eut éclaté. Le coup qu'elle donnoit aux trônes étoit trop fort pour qu'il ne réveillât point Ferdinand. Dès ce moment l'activité remplaça l'apathie dans ce cabinet, et il eût été très-heureux pour l'Europe, et notamment pour le royaume de Naples, que ses effets eussent été limités ; en beaucoup de cas ce cabinet sortit de sa léthargie dans l'instant où elle eût dû devenir plus forte (1).

Alors le délire général qui s'étoit emparé de l'esprit des gouvernemens, régna dans toute sa force sur celui de Naples. Le systême de l'Angleterre fut adopté par ce dernier, tandis qu'une indifférence absolue, sur-tout envers cette puissance, eût dû être employée par lui. Sa

―――――――――――

(1) L'intérêt des petites puissances lors des événemens de la France, je l'ai observé ailleurs, étoit de rester passives. Les grands Etats pouvoient difficilement les contraindre alors à se déclarer, et la France, à peine armée, fut dans le cas d'offrir une égide à celles qui avoisinoient son territoire ; la conservation de la Hollande et de la Suisse l'a démontré. La neutralité de la Suède et du Danemarck a prouvé, de son côté, que toutes pouvoient établir cette neutralité sans s'exposer à aucun danger imminent.

situation, d'abord aussi critique que celle du Portugal, avoit beaucoup de similitude avec la sienne, sous le rapport du danger d'asservissement par l'Anglais. Un ministre aussi effréné qu'ambitieux, et ennemi de la France (j'ai fait connoître sa conduite et ses motifs dans son article), employa tous les moyens pour nuire à notre patrie; et l'Anglais s'établit en Sicile et dans tous les ports de ce royaume comme il l'avoit fait en Portugal. Il étoit réservé à la France de sauver Naples, comme elle sauva depuis ce premier Etat. Il étoit digne d'elle, après avoir conquis le royaume des Deux-Siciles, de le rendre à ses maîtres en signalant sa magnanimité à leur égard : il fut enfin aussi glorieux que satisfaisant pour ce peuple victorieux, de montrer à Ferdinand que son inimitié étoit plus fructueuse que l'amitié des Anglais : ce roi avoit vu ceux-ci n'employer aucun des moyens qui étoient dans leurs mains, et ne faire aucun sacrifice pour sauver son trône lors de l'envahissement de son pays par nos troupes.

Ce cabinet a changé de systême depuis lors, et l'éloignement du ministre qui occasionna principalement ses écarts et les maux de ce royaume, a annoncé à l'Europe que la cour de Naples avoit enfin envisagé ses intérêts, et qu'une politique sage et prudente la dirigera désormais. Je dois répéter aux petites puissances, sur-tout à celles qui sont exposées comme Naples par la position de leur territoire, qu'elles ne peuvent espérer, d'après l'état de force de plusieurs nations européennes, de conserver leur existence qu'en faisant de la sagesse la base du systême qui doit les diriger.

J'observerai, en outre, que la situation de l'État des Deux-Siciles devenant chaque jour plus critique, il est forcé de faire un choix. L'instant est arrivé où il lui faut un grand appui; et il ne peut le trouver que dans la nation maritime qui a la transcendance sur la presqu'île italienne; c'est-à-dire la France: toute autre protection ne pourroit être, incontestablement, que précaire pour lui; puisqu'aucune autre puissance ne peut, d'après la position territoriale des divers États, lui offrir un secours aussi prompt et aussi formidable. J'oserai dire que la tergiversation du cabinet de Naples, à cet égard, compromettroit à jamais son existence.

NELSON.

Cet amiral anglais a joué un rôle trop important dans les dernières guerres contre la France, et il occupe encore trop la scène, pour qu'il ne doive être montré à certains égards. Je dois jeter un coup-d'œil sur la gloire militaire qu'il a acquise, ou, du moins, que l'Europe lui a prêtée : peut-être en l'appréciant verrons-nous dans cet exécuteur des opérations de Pitt, la même nullité sous le rapport du talent militaire qu'on a trouvée dans le premier sous celui de la politique. On pourroit interpréter ceci comme un effet de l'idolâtrie pour mon pays ; on croira peut-être que j'entreprends une tâche trop forte, et que je ne pourrai me sauver qu'à la faveur des déclamations ; qu'on se désabuse : je ferai parler les faits, en m'isolant de mon rang de français; je tirerai des actions du baron du Nil leur conséquence naturelle, comme je le fais de tous les événemens que je décris et sur lesquels je raisonne.

Je ne m'attacherai point à distinguer particulièrement le caractère de ce général de terre et de mer, à dépeindre le vain orgueil qu'il partage avec Pitt, et qui l'a porté aux actes de jactance les plus ridicules ; actes qui l'ont présenté aux regards de l'Europe comme un vrai capitan, ou comme Barberousse dictant la loi à des esclaves (1); je ne retracerai point sa conduite à Toulon, tant envers les Espagnols qu'envers les Français, ni les avantages qu'il a procurés à l'Angleterre en enlevant les vaisseaux de toutes les nations : ici son rôle ne différa point de celui d'un chef de corsaires; le dernier de ses capitaines eût pu en cela l'égaler; il l'eût surpassé peut-être, en employant plus de réserve et de prudence,

---

(1) Si l'on signaloit la déloyauté et la perfidie que cet amiral employa souvent contre nous, il trouveroit une égide dans son gouvernement : cependant, si l'on envisageoit qu'il eut une espèce de libre arbitre, et si l'on considéroit qu'il est une infinité d'occasions où la volonté d'un chef d'armée est indépendante de celle de son cabinet, qui ne peut prévoir tous les événemens, l'on jugeroit que Nelson auroit pu éviter de prendre part à nombre d'actions funestes à la gloire de son armée, et même empêcher qu'elles n'existassent. Ses ordres, dira-t-on, portoient de ne garder aucun ménagement envers les puissances, et un général ne peut violer ses ordres : il est certain que ses ordres furent

et en servant mieux ainsi l'intérêt politique de son pays. Je ne m'arrêterai point, non plus, sur les tentatives qu'il fit pour détruire non-seulement notre marine, mais les Français sur tous les points où il commanda; je parlerai de la victoire qui a fait sa célébrité, et le montrerai ainsi dans son beau.

J'observerai, avant tout, que Nelson, chargé par l'Angleterre d'empêcher l'expédition de l'Egypte et de couvrir Malte, manqua ces deux effets malgré l'immensité de vaisseaux qu'il avoit à sa disposition pour les opérer.

Je viens à l'événement sur lequel repose la prétendue gloire de ce général, et qui n'au-

---

presque toujours rigoureux, sur-tout envers la France. On a reconnu aussi que la discipline militaire veut une obéissance exclusive : je crois pourtant que cette obéissance trouve une borne, lorsqu'il s'agit de respecter l'humanité : Turenne eût été sans doute plus grand s'il n'eût point exécuté l'ordre terrible de Louis XIV, de brûler le Palatinat. L'improbation que donna l'Europe entière à sa conduite, démontra que les nations même les plus sévères, sous le rapport de l'obéissance militaire, ont reconnu la vérité de ce que je viens d'observer. Dans ce cas, un général, qui est digne de sa gloire, dépose le commandement, et il ne viole aucun devoir.

roit eu qu'une foible influence si la flotte qu'il combattit n'eût porté Bonaparte. Nelson, qu'on a présenté comme victorieux en ce cas, fut véritablement défait. Quel étoit son but ? Celui d'empêcher le débarquement en Egypte, et non de livrer une bataille navale sans effet réel. L'enlèvement de quelques vaisseaux et la destruction de quelques autres n'étoit pas un véritable fruit de la victoire, dès que l'opération principale de l'armée française étoit effectuée. Celle-ci trouvoit en Egypte une compensation infiniment plus forte que sa perte : cette occupation pouvoit, d'ailleurs, avoir des résultats beaucoup plus funestes pour la puissance anglaise (1), si les événemens ultérieurs avoient permis aux Français de se maintenir dans ce pays.

Sous le rapport du combat même, on peut ravir une partie de la gloire de ce général. Il avoit des forces supérieures ; et, avec des vaisseaux qui ne portoient que le simple armement, il en attaquoit d'autres qui étoient

---

(1) Ces résultats n'auroient point été funestes à l'Angleterre pacifique, et desirant le bonheur de l'Europe ; mais à l'Angleterre ambitieuse et avide d'accroître ses envahissemens.

surchargés

surchargés de troupes, au point que la manœuvre ne pouvoit s'y faire, et ceux-ci ne pouvoient s'isoler ni combattre sans exposer le sort de l'armée entière. Le contre-amiral Villeneuve prouva, lorsqu'il fut dégagé, en traversant impunément l'escadre ennemie, avec le *Foudroyant* seul, quel auroit pu être le sort de Nelson si la flotte française eût été dans le simple état de combat.

On voit par ce rapprochement, auquel on ne peut répliquer avec raison, combien cette gloire fut bornée, et combien le titre de baron du Nil, donné à cet amiral, est dérisoire. Depuis, Nelson a prouvé, dans ses diverses opérations subalternes, c'est-à-dire dans le blocus de nos ports, que son talent n'égaloit point sa réputation. Si on vouloit juger moralement la gloire de ce général, on observeroit qu'elle est nulle : la menace, et les petits ressorts de la haine et de l'intrigue sont opposés aux sentimens d'un grand cœur, que doit posséder un grand guerrier.

Nelson est l'Achille maritime des Anglais envers la France. Que nos marins jettent un coup-d'œil sur ce qu'il a fait, qu'ils se considèrent eux-mêmes, qu'ils se rappellent ce qu'ils furent, et qu'ils marchent à sa rencontre sans craindre pour leur gloire.

Je dirai, en revenant sur les actions principales de cet amiral, et en remontant à la prise de Toulon, qu'on ne peut lui donner aucun honneur de cette victoire. Quelle est donc la gloire qui naît de la conquête d'une place livrée par la trahison, et où ne se trouve pas une force réelle pour la défendre ?

La tentative faite en d'autres temps sur Copenhague auroit dû être regardée par Nelson comme ridicule, eu égard à lui-même. Put-il naître un avantage honorable du combat contre la flotte danoise, dans l'état de délabrement où étoient ses vaisseaux, presque tous hors de service, et lorsqu'elle fut assaillie par les escadres les plus formidables ? S'il exista de la gloire dans cette occasion, elle fut du côté du peuple attaqué ; celui qui entre dans la lice à l'instant où il est désarmé est le seul brave (1).

En envisageant les dernières actions de ce général, que verra-t-on ? Son impuissance

---

(1) Nelson ne fit pas en personne l'attaque de Copenhague ; mais il commandoit la flotte, et l'honneur de cette opération lui revint.

militaire contre Alger, et l'abaissement entier de sa gloire devant quelques pirates. On sait que l'abord de cette place est difficile ; cependant son port n'est pas hors d'atteinte pour un marin à grandes ressources. Nelson n'a pas su employer d'une manière avantageuse, à l'égard de cette ville, la mesure du bombardement qu'on effectua contre elle avec succès dans d'autres temps.

Cet amiral a montré, à son tour, par son étonnante réputation, quel est souvent l'aveuglement des peuples à l'égard de leurs chefs guerriers ; combien leur enthousiasme a peu de fondement, et combien l'Europe est facile à se laisser abuser elle-même.

La politique du cabinet de Londres a voulu peut-être qu'il donnât cette auréole à ce général, et il a cru en imposer ainsi à son peuple et aux autres, comme j'ai dit que l'Autriche sembla le faire envers Mack, et la Russie à l'égard de Suwarow : mais l'Europe n'auroit pas dû donner dans ce piége. Qu'elle ne juge désormais les hommes que par les faits, et qu'elle ne prenne pas encore ceux du passé pour garans exclusifs de ceux de l'avenir : qu'elle se rappelle que le sort est trompeur et la gloire inconstante. Elle vit la vérité de cette maxime lorsque la réputation du duc de Brunswick reçut une si forte atteinte : enfin, qu'elle cesse de se livrer à un engouement plus funeste qu'on ne pense à son repos ; les fantômes l'ont plus souvent troublé que les objets réels.

PASSWAN-OGLOU.

Cet ancien janissaire, qui parvint au poste de pacha, et levant ensuite l'étendard de la révolte contre son souverain, fut en état de guerre avec lui ; qui fit trembler le sultan dans sa capitale, qui a conservé le pays qu'il avoit usurpé (1), a long-temps occupé les peuples et les cabinets, et il aura été peut-être très-malheureux pour certains Etats, ainsi que pour l'Europe, que ses desseins et les mobiles qui l'ont fait agir n'aient pas été bien connus. Les rapprochemens de la conduite de ce rebelle, ont fait croire qu'il étoit l'agent d'une grande puissance, qui, s'enveloppant de tous les voiles de la politique, vouloit faire par lui la révolution de la Turquie, où elle auroit été appelée ensuite comme médiatrice : la Russie est accusée d'avoir eu ce des-

---

(1) On vit Passwan près de s'emparer de Constantinople, et renoncer à ce dessein après quelques échecs : depuis, il est resté tranquille à Widdin, sa conquête.

sein (1). Un évêque grec est le conseil de ce pacha, et c'est lui qui le pousse au combat ou le retient; Passwan n'est que le manequin de cet homme habile. Si le rebelle eût succombé, un autre lui eût succédé ; c'étoit un ressort qu'eût remplacé dans la machine l'ouvrier qui la fait mouvoir (2).

Le caractère de Passwan, vu le silence qu'on a gardé, ne peut être bien connu. Quelques faits publics indiquent qu'il est plus adroit que ne le sont ordinairement les pachas. Il paroît valeureux ; ses entreprises

---

(1) On a vu par l'exemple de la Pologne et de la Suède, que le système de cette puissance tendoit à assurer son triomphe dans les états par les mains de leurs sujets mêmes. Cette politique est très-adroite et très-dangereuse pour l'Europe : elle a été celle de l'Angleterre pendant les révolutions de Hollande et de France. La puissance qui emploie ce système conserve, en apparence, ses liaisons d'amitié avec les nations, et elle les empêche de prévenir ses coups en les entraînant par une fausse confiance.

(2) On sait que le clergé grec est vendu à la Russie. Quand il ne le seroit point, le seul rapport du système religieux le lui livreroit : mais les démarches faites à diverses époques à Pétersbourg par ce même clergé, au nom des Grecs, en offrent une preuve irrévocable.

hardies semblèrent le prouver : cependant cette valeur ne s'étant signalée qu'un moment, et lorsque le pays qu'il attaquoit étoit sans défense, on ne peut conclure d'une manière directe à cet égard : on le doit d'autant moins, que la véritable valeur ne peut être prouvée par des succès peu nombreux, que le découragement et la foiblesse de l'ennemi peuvent enfanter. Ce qui est certain, c'est qu'il n'est point aussi cruel que ses confrères : il n'a point imité Dgezzar-Pacha, quoiqu'il fût dans une situation à tout affronter : sa politique n'a pu l'arrêter ; c'est par la terreur qu'on a jusqu'ici dirigé et soumis les Turcs.

La conduite de la Porte envers ce rebelle, conduite inconcevable, et qu'elle n'a gardée envers aucun de ses pareils, annonce, peut-être mieux que tout autre indice, ce que j'ai dit, que ce pacha eut quelque grand appui au-dehors : on pourroit croire que le sultan, persuadé que ce rebelle seroit satisfait de son usurpation, se crut assuré de lui, lorsqu'il le laisseroit possesseur de la province envahie, et que les ménagemens de la Porte furent fondés à un certain point sur la crainte de porter la Russie à se déclarer; enfin il semble que le divan ait redouté de faire naître un double danger, en tentant de soumettre ce pacha.

L'établissement des Russes à Corfou, et la révolte des Serviens, qui a signalé les vues de la grande invasion, et qui n'a eu lieu qu'après l'occupation des îles vénitiennes, affermissent les doutes sur les rapports de Passwan avec la grande puissance du nord. Les Serviens furent opprimés dès-long-temps par leurs beys; pourquoi ne lèvent-ils le masque qu'en ce moment? Que l'on considère qu'ils se sont attachés à Belgrade principalement. C'est un boulevard nécessaire à la Russie, d'où elle peut couvrir, du côté de l'Autriche, sa conquête orientale, et c'est Belgrade qui est attaquée. Si la Russie a soutenu les Serviens, ce que les événemens paroissent annoncer, peut-on croire qu'elle n'eût tenu la même conduite envers le rebelle turc? J'observerai que peut-être l'Angleterre, elle-même, ne fut pas étrangère aux intrigues relatives à ce pacha : il seroit aisé de prouver, d'après le systême de son cabinet, qu'elle pouvoit voir un grand avantage dans le bouleversement de l'empire ottoman, sur-tout lorsqu'elle découvroit l'impuissance maritime de la Russie.

La négligence de Passwan à réclamer l'appui de la France, dans le temps où, armée contre le Turc, elle eût pu le seconder (1), fit voir qu'il avoit déjà une protection ; et il montra qu'il étoit confiant en elle, lorsqu'il ne chercha point des partisans au sein de la Grèce, où se trouvoient tant d'hommes prêts à s'unir à lui, et lorsqu'il ne s'associa point aux Polonais transfuges, et rassemblés en corps d'armée dans la Volhynie, qui auroient pu agir en sa faveur, si leurs vues et leurs systêmes n'eussent été opposés aux siens; ils ne pouvoient l'être que dans le cas où il servoit la Russie (2).

---

(1) On a cru que Passwan avoit été dans le temps l'agent de la France. Ce qui démontre le contraire, c'est l'indifférence de celle-ci envers lui lorsqu'elle occupoit les îles vénitiennes, et lorsqu'elle pouvoit agir à découvert et impunément ; ce qui en donne encore une certitude, c'est la non-réunion de ce rébelle aux Maniotes qui avoient montré manifestement qu'ils étoient prêts à se jeter dans les bras de cette première.

(2) Le but des Polonais étant de faire une diversion en faveur de leur patrie et de la France, ils se seroient armés en ce moment contre les Turcs pour pouvoir l'opérer. J'observe que je ne parle pas ici des

Ces idées se trouvent appuyées par d'autres motifs : il auroit été absurde de la part de Passwan, de penser pouvoir régner sur la Turquie quand même il auroit conquis Constantinople. Un chef persan peut s'affermir sur le trône qu'il a usurpé, parce qu'il est éloigné de tout voisin redoutable; mais en Europe cela est impossible, depuis, sur-tout, que nombre de grandes puissances se trouvent dans son sein. Ce n'est que dans un pays policé, et où existe une force transcendante que cela peut s'exécuter : la Turquie a une nombreuse population; mais sa législation et sa politique ne lui donnent aucune force. Si le trône de Constantinople n'est point renversé, on n'y verra que celui que les puissances européennes voudront y laisser asseoir.

Ce rebelle, dira-t-on, n'eut point pour but de donner la liberté à l'Orient, et par conséquent il ne pouvoit s'unir ni aux Français ni aux Polonais : cela est vraisemblable; mais aussi cela prouve de nouveau qu'une tendance naturelle l'entraînoit

---

Polonais, regardés comme corps de nation; mais d'un rassemblement d'individus qui vouloient contribuer à sauver l'indépendance de leur patrie.

vers une grande puissance, puisque, je le répète, il ne pouvoit exécuter seul son dessein.

On observera que Passwan ne voulut que s'emparer d'un pachalick, et s'y affermir après avoir épouvanté la Porte : sa tentative sur Constantinople offre une démonstration du contraire; en signalant pleinement ses vues, elle annonça qu'il avoit un plan plus vaste : le desir de se rendre gouverneur indépendant, et celui de venger son père que le divan avoit sacrifié, qu'on a regardé aussi comme une cause de sa révolte, ne furent sans doute que ses mobiles secondaires, ou le prétexte dont il couvrit ses desseins.

On ne peut établir pour juger la conduite de ce rebelle, que deux hypothèses vraisemblables : celle où il exécuta les ordres d'une grande puissance, et celle où il espéra conquérir lui-même la Turquie, et s'y affermir. Si ce pacha étoit aussi ignorant que sont les Turcs, en général, et s'il n'avoit pas eu de conseil, cette dernière opinion seroit probable; mais il est constant qu'il fut dirigé, et qu'il sut vaincre sa fougue par la politique; sa conduite militaire l'a prouvé : dans ce cas, le premier motif exposé paroît celui qui lui a servi de guide. On peut croire encore que Passwan commença seul la révolte, et que la Russie, et l'Angleterre même profitèrent de l'occasion pour servir leurs vues en se l'attachant : ce rebelle peut, en effet, avoir marché à diverses époques sur des lignes opposées.

Il est possible aussi que ce pacha, content de régner paisiblement dans Widdin, ait renoncé à toute prétention future, et qu'il ait rompu les liaisons qu'il put avoir dans le temps avec les puissances dont je parle. Nombre de causes peuvent avoir concouru à l'écarter d'elles ; l'orgueil, l'intérêt, et sa propre sûreté qu'il a dû voir menacée s'il est prévoyant et éclairé.

Quoi qu'il en soit de ses rapports actuels, et de la conduite qu'il tient, je crois que les cabinets ne doivent pas le perdre de vue : l'ambitieux sait rarement s'arrêter dans sa route ; si les sentimens, les prétentions et les intrigues de Passwan sont encore couverts d'un voile, son ambition ne l'est point. J'ajouterai que son apathie en ce moment ne seroit pas un motif propre à détruire la suspicion ; la politique même peut lui commander la réserve qu'il garde. Qui osera avancer avec certitude qu'il ne prend pas une part, au moins indirecte, aux révoltes de Servie, et qu'il ne se déclarera point tôt ou tard ? Peut-être serois-je enclin à regarder sa tranquillité comme un simple repos guerrier, et elle me sembleroit par-là même plus redoutable.

Voilà ce qu'on peut dire sur ce rebelle fameux, et moins connu que le pacha le plus subalterne. Cartouche et Mandrin l'ont été jusque dans les continens les plus éloignés ; l'on a su ce que faisoit Dgezzar au centre de l'Asie, et l'on n'a pu être instruit sur Passwan qui est en Europe ; l'on ne raconte de lui aucun trait propre à le signaler.

Ce silence est l'un des phénomènes politiques de ces derniers temps. D'abord, l'on pût penser que les cabinets employoient à l'égard de ce rebelle la même politique qu'envers les Barbaresques : mais ce pacha étoit dans un cas différent ; il ne pouvoit être utile qu'aux puissances qui ont en vue l'expulsion des Turcs de l'Europe. Ces dernières pouvoient se taire sur lui ; mais celles intéressées à la conservation de la puissance ottomane auroient dû suivre un autre système, et ne pas rester dans l'ignorance à son sujet. On répliquera peut-être que les puissances dédaignèrent de s'occuper de ce rebelle : je répondrai, à mon tour, qu'on ne doit rien dédaigner en politique, en rappelant à tous que les empires les plus formidables sont souvent devenus la proie des hommes ignorans, qui n'avoient d'autre force que leur audace : j'observerai, enfin, que ceux dont je parle ont influencé les autres nations, et fait changer quelquefois la face d'une partie du globe: je ne citerai que Mahomet, qui ne différoit pas de Passwan, et qui, peut-être, avoit moins de mérite.

Ceci fait voir, de nouveau, combien la révolution française fit oublier aux puissances leurs intérêts, et combien la politique des cabinets européens se circonscrivit dans le moment où elle devoit prendre une direction plus étendue.

Nombre de lecteurs trouveront que je raisonne trop sur cet homme dont on ne s'occupe plus. Je leur dis d'avance que de pareils raisonnemens ont un but général ; ils offrent des points de comparaison : à quoi serviroient sans cela les applications et les observations de l'histoire? Je répète qu'il n'est pas certain que ce rebelle ne reparoisse point sur la scène : si cela arrive, on pourra mieux apprécier ses actions lorsqu'on aura fixé l'attention sur toutes les vues probables.

PAUL Ier, Autocrate russe.

Cet empereur, qui, un instant, occupa si fortement l'Europe et voulut en être l'arbitre, porta en naissant un caractère altier : il posséda un jugement sain, une grande aptitude aux lumières, et il montra des vertus dans l'âge de l'adolescence et même de la virilité. Peut-être eût-il brillé dans un rang ordinaire : mais les humiliations diverses auxquelles on le réduisit, la privation de l'amitié de sa mère, les procédés avilissans qu'eurent envers lui les divers favoris, sur-tout Potemkin (1), dont

---

(1) Nul prince n'eut peut-être des motifs aussi puissans pour faire excuser certaines erreurs que ce dernier. Il faut avoir connu l'audace des favoris de Catherine, notamment celle de Potemkin, ainsi que la grossièreté brutale de ce dernier, pour se faire une juste idée de l'avilissement auquel l'héritier du trône fut abandonné, sur-tout dans le temps où il mérita, par ses vertus privées, l'estime publique. Le sort de ce prince fut véritablement déplorable. La conduite de Catherine envers lui fera, après la mort de son époux, la plus grande tache à sa gloire. Ce que la postérité lui reprochera, ce sera d'avoir fait un tyran de son fils, en irritant pendant un quart de siècle son

l'influence

l'influence fut permanente pendant tout le règne de Catherine, l'abandon méprisable où on le laissa, l'éloignement où on le mit de ses enfans qu'il chérissoit, enfin le désastre de son père, dont le tableau étoit sans cesse sous ses yeux, et dont il sembloit devoir partager le sort, tout concourut à transformer le germe qu'il avoit reçu de la nature; et son esprit, qui ne possédoit pas une faculté propre à résister à des chocs semblables et si continus, fut désorganisé. L'exaspération ouvrit son cœur à la bizarrerie, à la méfiance, et à des sentimens plus redoutables, qui signalèrent

cœur par l'oppression. Ce ne fut point celle qu'on exerce dans les cachots, mais elle fut peut-être plus cruelle; la coupe du mépris n'a pas moins d'amertume que celle de la misère.

Paul fut dans une situation ressemblante à celle de Frédéric II, à l'égard du père de ce dernier. L'on voit, en contemplant ces deux monarques, quelle opposition se trouve entre deux hommes diversement organisés, et quels différens effets produisent les différentes facultés de l'ame. Les malheurs de Frédéric contribuèrent à sa sagesse, et ceux de Paul à ses extravagances : on doit dire, il est vrai, que les souffrances du fils de Catherine furent plus longues quoique moins vives, en apparence, que celles du prince prussien.

tous les événemens de son règne, et attentèrent à sa propre gloire.

Long-temps, on parut ignorer le caractère que les circonstances lui avoient donné. Il ne devoit se montrer à nu que lorsqu'il se verroit affranchi du système des ménagemens, que l'intérêt de sa vie et de son repos l'avoit forcé d'adopter, et lorsqu'il ne découvriroit autour de lui aucun pouvoir qui pût balancer le sien. Alors il donna cours à ses penchans; et comme s'il eût voulu se dédommager de la contrainte, et se venger sur tout ce qui l'entouroit, il s'offrit aux yeux de sa nation, en véritable despote. L'oppression enfante la tyrannie; Paul justifia la vérité de cette maxime. L'illusion du pouvoir contribua sans doute aussi à faire naître son délire : que ne dût-elle pas produire sur une ame qui avoit été portée au comble de la foiblesse et de l'avilissement, lorsque celles nées pour la magnanimité, et que favorise la gloire, se laissent quelquefois maîtriser par elle !

On le vit, s'isolant au milieu de son empire, se circonscrire dans le cercle de sa volonté, s'élever au-dessus des considérations et de toute influence particulière. Son caractère, qui devoit prendre les diverses formes et n'être mu que par les impulsions de ses caprices, courut la ligne des extrêmes suivant que les circonstances flattèrent son esprit, ou lui furent désagréables : enfin, n'agissant que d'après sa détermination, et emporté par l'esprit de démence et de bizarrerie qui le dirigeoit, il donna à l'Europe un spectacle aussi nouveau qu'effrayant et ridicule (1).

Les premiers jours de son règne présentèrent cependant quelques signes de grandeur. Il combla de faveurs Kosciuszko, que Catherine avoit persécuté, et dont il proscrivit lui-même la tête en d'autres temps, et protégea

---

(1) Paul se montra comme l'enfant le plus capricieux dans l'âge où la raison de l'homme est à son période, et où les caprices, les écarts de conduite ne sont plus pardonnables : à cet âge même ses sentimens éprouvèrent une mutation. On l'avoit vu jusqu'alors bon époux ; tout-à-coup il devient le tyran d'une femme respectable, dont les qualités douces, bienfaisantes et pacifiques auroient dû le désarmer quand elle auroit eu quelques défauts. La fureur soldatesque le saisit : cet empereur imita son père, qui avoit pris pour modèle Guillaume de Prusse, mais seulement sous le rapport de la discipline militaire. Paul se régla entièrement sur ce roi; il exerçoit, comme lui, la police dans les rues ainsi que dans ses bataillons. Son

spécialement Condé. Il sembla vouloir se venger de sa mère, en faisant contraster sa conduite avec la sienne à l'égard de ce premier, et il parut, quant au second, vouloir signaler à l'Europe l'ingratitude de celle-ci. Il se montra dur, inflexible, injuste envers son peuple et ses officiers, quoique son intérêt eût dû lui faire ménager ces derniers (1). Il méconnut cette vérité, que les militaires, dans les États autocratiques, tiennent dans leurs mains la puissance et la vie de leur souverain. Paul, en cherchant à anéantir le luxe, porta atteinte à ce qui constitue le bonheur idéal de la partie forte de

---

aspect portoit l'épouvante par-tout où il s'offroit ; ses rencontres furent le plus souvent funestes à ses sujets, et sur-tout aux étrangers. Paul étoit poli parce qu'il étoit éclairé, et il devint grossier et rustre comme le Cosaque du Don, dès qu'il monta sur le trône, où il avoit besoin d'une double politesse pour se soutenir avec dignité. Il avoit accueilli les arts en Europe; il les repousse dès qu'il est dans le cas de les protéger, et lorsqu'ils peuvent contribuer à sa gloire et à celle de son empire.

(1) Paul exerça le despotisme le plus cruel envers ses officiers et ses soldats: je ferai voir dans l'article *Russie*, combien les militaires furent toujours dangereux pour les souverains dans cet empire.

son peuple, c'est-à-dire de la classe de ses seigneurs. En établissant, par des loix, le culte d'adoration qu'il exigeoit de ses sujets, il effaça l'auréole de sa gloire, de sa puissance même, et se rendit leur jouet. Cet empereur eût dû savoir qu'un culte commandé fut en tout temps refusé ; celui que la religion même voulut faire adopter à l'homme par la violence lui fut toujours odieux. Paul n'envisagea point l'époque où il vouloit se montrer un dieu. S'il eût contemplé l'Europe d'un œil attentif, s'il eût combiné les effets des impulsions qui tendent à ramener l'homme vers un but plus rapproché de la nature, il eût découvert la barrière insurmontable que la philosophie avoit mise à ses desseins, et quel jour avoient jeté sur le pouvoir des rois les lumières de la politique. Il auroit entrevu que le flambeau de la philosophie étant allumé sur ce continent il ne pouvoit plus s'éteindre, et que s'il y exista des despotes divinisés, ce fut lorsque ses principes furent méconnus : il se seroit dit que la barbarie ne pouvoit y reprendre son empire ; il auroit reculé, sur-tout, dans sa nouvelle route, en découvrant que les Russes avoient apperçu les lueurs de cette philosophie, qui range à leur place Dieu et l'homme, le monarque et le sujet, le despote et l'esclave.

Le caractère de ce monarque éprouva chaque jour une nouvelle transformation. S'éloignant du système des derniers souverains, ses prédécesseurs, qui rapprochèrent leur politique, au moins quant aux égards diplomatiques, de celle des autres monarques du continent, Paul rejeta tout ce qui, dans leur système, étoit opposé à ses vœux, tant à l'égard des étrangers que de ses peuples. Il voulut qu'il régnât autour de lui un silence religieux, imposé par un pouvoir redoutable à tous, en oubliant que la terreur est le principe destructif des états, sous quelque forme qu'elle soit présentée, et que les monarques qui l'établissent sont toujours odieux à leurs peuples, qui finissent par appesantir sur leur tête la chaîne avec laquelle ils les ont accablés, ou par porter sur leur sein le fer qui a menacé leur vie. Il crut, à l'abri de cette puissance effrayante, pouvoir soulever son empire entier, et déborder à son gré le torrent de ses peuples sur l'Europe. Considérant les droits des autres potentats comme infiniment au-dessous des siens, et se persuadant que la force de ce continent étoit dans ses seuls guerriers, il se flatta d'opérer contre la France ce que les autres rois avoient tenté en vain, et il médita son renversement (1).

Il n'avoit pas besoin d'hériter du ressentiment de sa mère contre notre patrie ; l'idée seule de l'affermissement de son pouvoir étoit propre à lui faire desirer sa chute. Enfin, sa politique nouvelle le portant à renverser l'ouvrage de Pierre le Grand et de Catherine, et à faire revivre les mœurs de ses ancêtres et les loix qui avoient consacré et même divinisé leur despotisme, il dut naturellement devenir l'ennemi de la nation qui établissoit un système qu'on eût pu nommer l'antipode du sien.

Empiétant sur Catherine, il opprima les Polonais, ainsi que nos compatriotes : une inquisition politique fut établie par ses ordres ; dans son délire, il confondit ses seigneurs avec l'étranger qu'il proscrivoit : il n'observa point, dans ce cas, quel étoit le pouvoir de ces seigneurs, et combien ils

---

(1) Si Paul, comme autocrate, pouvoit soulever aisément ses peuples, il avoit au fond moins d'influence que ces mêmes rois, et il pouvoit moins compter qu'eux sur la bravoure de ses sujets : la férocité propre à l'esclave ne fit jamais la valeur ; moins les peuples sont rapprochés de la liberté, moins ils sont braves.

avoient été redoutables même au fondateur de la gloire et de la puissance russe : il sema le germe de la haine dans tous les cœurs, et prépara le désastre dont il devoit être victime.

Alors les puissances de l'Europe furent tour-à-tour menacées par lui : ses agens dévouèrent à la mort et à la honte les Français dans tous les pays : Paul, imitant Catherine et Pitt, et, poussant plus loin qu'eux l'audace, voulut former contre notre patrie une croisade de tous les peuples, même de ceux qu'une identité de système entraînoit vers nous. On connoît les ordres suprêmes qu'il leur dicta, et l'on sait si jamais Tamerlan parla ainsi aux nations indiennes.

La mobilité des idées de Paul donna bientôt d'autres formes et d'autres buts à ses desseins. Un instant il pensa pouvoir faire une colonie de la France; et le projet fantastique de régner à la fois sur l'Orient et sur les deux points de l'Europe devint le mobile de ses actions militaires (1). Enfin, tandis que

---

(1) Qu'on ne révoque point cette assertion, les faits l'ont démontrée. Je répète ici qu'un prince extravagant embrasse tout, et croit pouvoir tout effectuer : l'extravagance de Paul est sans doute assez reconnue.

l'Autriche, croyant que cet empereur embrassoit des vues analogues aux siennes, ouvroit à son armée le sein de ses Etats, Paul méditoit son plan d'affermissement en Italie, d'où l'Autriche devoit être expulsée à son tour si la France étoit vaincue : le mépris que montra Suwarow pour les généraux autrichiens, son obstination à combattre isolément, l'audace de ses manifestes, et leur organisation par laquelle il rapportoit tout à l'autocrate, signalèrent les vues de cet empereur de ne point partager le sceptre italique. Tout démontre que ce dernier regardoit Rome comme la place d'un nouveau trône, où il devoit établir un double pontificat. L'appel du pape dans ses Etats, l'admission de ses légats à sa cour, la protection qu'il accorda à l'ordre de Saint-Jean, l'usurpation du titre de grand-maître de cet ordre, sont de nouvelles et apparentes preuves de ses desseins.

Mais Paul devoit éprouver le sort de l'imprudent qui s'élance dans une carrière dont il n'a pas mesuré l'étendue, et qui n'a pas observé les précipices dont elle est entourée. La confiance devoit entraîner son armée aux bords de l'abîme : l'audace, si favorable lorsqu'elle est dirigée par la sagesse, mais si funeste lorsqu'elle marche sans son appui, devoit l'y engloutir. L'armée russe, cet épouvantail de l'Europe, parut comme un de ces météores enflammés qui semblent devoir dévorer la terre, et qu'un seul éclat de tonnerre fait disparoître sans qu'il laisse aucune trace de son existence : elle trouva son tombeau au pied des rochers de la Suisse dont elle sembloit imiter l'orgueil.... Là s'éteignit la gloire guerrière de ce peuple; là fut indiquée la limite de sa puissance; là fut élevé par la victoire placée sous l'étendard des Français, le signe immortel qui annonce aux nations du midi de l'Europe qu'elles ont un appui formidable en son sein, qui rendra impuissans les efforts de l'ambition des monarques du Nord.

Paul vit trop tard le triste effet de son illusion, et il rétrograda dans la carrière en renonçant à ses desseins. Il paroît que le Gouvernement français le trouva dans un de ces momens pacifiques qu'enfantent même la bizarrerie et la folie, et qui ne sont pas étrangers aux despotes les plus orgueilleux et les plus avides de conquêtes; et que la modération de ce premier fut agréable à l'autocrate russe. La terreur ne parut pas gouverner seule l'ame de Paul en ce moment; il ne réfléchissoit pas assez pour combiner les résultats de notre victoire, et il s'aveugloit trop sur la situation de l'Europe pour découvrir le champ qui s'ouvroit devant nos armées, qui pouvoient alors la conquérir, si le desir de rétablir l'harmonie dans les Etats et non de les détruire n'eût dirigé l'esprit du peuple français et de son Gouvernement. On pourroit croire, cependant, que ce monarque, retrouvant une lueur de raison dès qu'il se vit dans l'abîme du malheur, commença à douter de sa puissance exclusive, et qu'il chercha un appui dans la politique, qu'il avoit d'abord dédaigné, se croyant assez fort pour contraindre l'Europe à respecter sa volonté. Un sentiment d'admiration pour la puissance militaire de la France, depuis qu'elle avoit rendu nuls les efforts de Suwarow que Paul avoit jugé jusqu'alors invincible (1), sembla aussi avoir déterminé cet empereur.

---

(1) L'on vit combien Paul étoit entraîné par l'impulsion de sa volonté, combien peu il écoutoit son jugement, ou, mieux, combien sa raison étoit impuissante, lorsqu'il crut que Suwarow soumettroit la France, tandis que les meilleurs généraux de l'Europe avoient échoué contre elle : le triomphe de ce général étoit proclamé à Pétersbourg avant qu'il fût

Son ressentiment pour la France, et son rapprochement tardif envers elle fut l'une des causes qui préparèrent sa perte. D'abord, il contraria le vœu et la politique de ses seigneurs en envoyant ses troupes contre nous. Le motif de ceux-ci étoit naturel, et il étoit puissant : ils craignoient de voir leurs soldats porter le germe de la liberté dans leur Empire, et anéantir, par une révolution, leurs fortunes puisqu'elles reposent sur l'esclavage des sujets : rien, en effet, n'est plus redoutable que de mettre des esclaves en face des hommes libres, et de faire entrevoir aux premiers les droits et l'existence de ceux-ci. L'attrait de l'indépendance est si puissant, que tout autocrate, ou autre monarque qui tentera une pareille épreuve, s'exposera à perdre son trône, ou au moins à voir embraser ses Etats.

On sait que ce prince fut renversé par une de

---

arrivé sur nos frontières. Paul ne se rappela point qu'il avoit autrefois parcouru la France, qu'il avoit admiré dans l'histoire la vigueur guerrière de notre nation; il l'assimila en ce moment aux Turcs. Une erreur semblable devoit exciter le mépris de l'Europe ; ce qu'il y a d'inconcevable c'est qu'elle enfanta un effet contraire en celle-ci.

ces révolutions, je ne dirai point d'Etat mais de cour, qui ont été trop fréquentes en Russie: celle-ci eut cependant un aspect différent des premières, puisque le successeur du trône n'en fut point l'instrument. Elle eut un caractère distinct, et sembla, par ses effets, devoir présenter une époque nouvelle dans l'histoire de la Russie, en donnant une nouvelle forme à cet Etat. Il est certain, malgré le silence qu'on a gardé à cet égard, que nombre de seigneurs avoient médité un changement dans la constitution de l'Empire, et que ce dessein, que la tyrannie de Paul avoit montré nécessaire, servit de fondement à la conjuration qui détermina sa mort. L'adresse du parti d'Alexandre, et la mésintelligence qui régna parmi les chefs de la faction révolutionnaire, semblent seules avoir fait échouer les vues de ces derniers relatives à la transformation qu'on méditoit. Ce qui démontre que ce vaste projet fut étranger à l'empereur régnant, c'est la certitude acquise que ceux qui commirent l'attentat n'étoient pas ses partisans. Leur conduite audacieuse prouva qu'ils comptoient sur un puissant appui, et celle du sénat, en cette circonstance, fit soupçonner qu'il étoit en son sein.

PIE VI.

Pie vi parut dans l'instant le plus funeste à la puissance papale. Le protestantisme s'étoit affermi, et faisoit la force principale de l'Allemagne; l'inquisition avoit été contrainte de céder aux efforts de la philosophie en Espagne et en Italie même; la France commençoit à secouer le joug de son clergé, et Joseph II attaquoit avec une hardiesse nouvelle la puissance temporelle des pontifes, tandis que Léopold, en détruisant les préjugés en Toscane, sembloit préparer à son tour leur abaissement (1). Les ébranlemens que reçut l'opinion des peuples, et la volonté des monarques semblèrent devoir bientôt réduire les droits de Rome à ceux de la simple spiritualité, et ces derniers devoient même recevoir une vive atteinte. La puissance temporelle, que la fortune entouroit de son éclat, en imposoit aux peuples, et donnoit à la religion une pompe majestueuse,

---

(1) J'ai dit, aux articles Joseph et Léopold, quel fut le but particulier de ces souverains lorsqu'ils cherchèrent à abaisser le pouvoir de Rome.

pompe qu'on vit attachée au culte de tous les grandes nations policées, et qui étoit nécessaire pour les Européens, depuis trop long-temps habitués à n'admirer et à ne chérir que ce qui leur offre des dehors éclatans.

Manquant de cette politique profonde, qui fait découvrir dans la plus foible démarche le mystère du plus grand projet, n'étant pas animé par cette méfiance presque naturelle aux pontifes, que Grégoire III, Adrien, Jules II, Alexandre VI et Sixte-Quint portèrent si loin, Pie VI ne vit point la tempête qui se formoit autour de lui, et il s'endormit dans la sécurité. Moins avide de la puissance universelle que ses prédécesseurs, moins fanatique que nombre d'entre eux, il dut s'écarter de la carrière où l'ambition et l'ancienne politique de son cabinet l'entraînoient : peut-être crut-il la puissance de Rome inébranlable. Enfin, il ne s'occupa que de l'éclat matériel de son règne, en employant pour cela ses soins et ses trésors, tandis que l'emploi de ses trésors et tous ses travaux eussent dû tendre au but de la conservation extérieure de sa puissance.

Pie VI manqua encore du génie nécessaire à celui qui se trouve dans sa position, et qui gouverne un Etat comme le sien : d'après le double systême qui dirigeoit Rome, ce trône a toujours exigé de doubles talens de ceux qui l'ont occupé, ainsi que des vertus transcendantes ; vû l'organisation de la puissance papale il faut être plus qu'homme pour l'exercer dignement. Le grand malheur de l'Europe naquit, sans doute, de ce que l'Italie ne mit sur son trône, avant Pie VI, sauf Ganganelli, que des hommes d'un foible mérite, ou d'une vertu équivoque. Ce fut à l'époque de la révolution française que ces qualités durent briller dans le pontife, et ce fut alors qu'on reconnut son impuissance à cet égard.

Dans l'instant où la religion, déjà ébranlée, étoit attaquée avec des armes terribles, et où tout, jusqu'à l'ignorance, s'armoit contre elle, quel talent, quel dévouement, quelle magnanimité ne falloit-il pas de la part de celui qui étoit son chef pour éviter sa dégradation, et les maux qui devoient être les effets du combat qu'alloient se livrer l'incrédulité et le fanatisme! Quelle modération ne falloit-il point pour arrêter les excès chez le peuple le plus exalté dans ses idées et ses principes (1)!

___

(1) Ce pape, pour conserver au moins le pouvoir spirituel, eût dû modifier le système romain aux

Toutes

Toutes les grandes facultés humaines devoient se trouver dans le pontife, pour que les écarts et les désastres qui eurent lieu n'eussent pas existé. Il auroit fallu distinguer les vues de la véritable philosophie, de celle qui veut à tout prix le bonheur des hommes, acheté même par leurs erreurs, d'avec le fanatisme de l'incrédulité qui tend à tout renverser. On confondit tout; on proscrivit le sage, l'ignorant et le méchant; et le grand lien social fut rompu. Si la véritable philosophie, qui a montré aux nations que la paix est le bien suprême, n'eût pas fait autant de progrès en Europe; si le dix-huitième siècle n'eût pas enfin devancé la révolution, il est probable que nous serions livrés encore aux guerres religieuses ; et notre pays et l'Europe auroient peut-être été dépeuplés avant qu'elles eussent eu leur terme. C'est à la tolérance religieuse, ce digne fruit de la philosophie,

---

événemens. Ses principes devoient être mis en harmonie avec l'opinion générale, et sur-tout avec les sentimens des hommes qui dirigeoient l'Europe par l'influence de leur réputation. Ces changemens auroient montré sa sagesse, et auroient évité les impressions dégradantes qui existèrent à l'égard de lui-même et de la religion.

quoique non encore entièrement triomphante dans tous les Etats, que l'Europe doit son salut: elle affermira ses empires, si réunie à la tolérance politique elles servent de régulateurs au système des cabinets : leurs effets que les souverains ont vu utiles à eux-mêmes, semblent devoir en être les garans.

La postérité reprochera à Pie VI divers massacres au sein de sa capitale sur les Français ; mais si elle est bien éclairée sur la nature de ces événemens, elle en rejetera toute l'horreur sur d'autres personnages, et elle déplorera la fatale extrémité où se trouva celui-ci, qui, dans cette occasion, sembloit ne pouvoir arrêter le fanatisme de ceux qui l'entouroient qu'en devenant leur victime: je n'avance point trop, sans doute ; Ganganelli, succombant pour avoir détruit un seul corps religieux, a montré par son désastre quel danger entouroit Pie VI.

Les terreurs et les incertitudes de ce pontife furent extrêmes; on vit combien il étoit peu sûr de lui-même et peu confiant envers ceux qui cherchoient à l'entraîner loin de la route de la modération et de la paix. Son embarras, son peu de fixité politique furent de plus en plus manifestes. La plupart des actes de rigueur qu'il exerça au-dedans, et les mesures qu'il prit au-dehors, semblèrent être les effets d'une autre volonté que la sienne; on auroit pu croire que ses bulles lui étoient arrachées.

N'étant ni ambitieux, ni frénétique, il devoit manquer de l'audace propre à faire triompher la vengeance. Après avoir hésité longtemps, il fut entraîné par l'étranger et par son consistoire (1), trop séduit ou trop épouvanté; et le choc religieux eut l'effet le plus funeste.

Sans doute, Pie VI eût dû s'immoler comme son prédécesseur, qui prévit sa perte en signant la bulle contre les Jésuites; on devoit attendre du chef de la religion le plus noble dévouement. Ce sont de semblables person-

―――――

(1) On sait que les papes, en général, furent maîtrisés par leur consistoire, et qu'ils n'eurent en quelque sorte que leur voix dans les délibérations. Il en est de même de tous les personnages qui sont à la tête des grandes corporations; celles-ci dictent la loi en leur nom : hormis quelques papes, renommés dans l'histoire par leur caractère, qui s'affranchirent du joug des cardinaux, les autres ont été les instrumens passifs des volontés de ceux-ci; et leur sort a été d'en être responsables aux yeux de l'univers : ce malheur a été un prix bien cher par lequel ils ont acheté l'honneur de la tiare.

nages, je le redis, qui doivent enfanter les grands actes de vertu; ils en ont pris l'engagement envers la société entière. Pie VI manqua de courage, et montra plusieurs fois l'envie de se déposer lui-même; c'étoit le seul sacrifice qu'il pouvoit faire.

La conquête de Rome par les Français vint le tirer de l'embarras où il se trouvoit; la politique de ceux qui le gouvernoient, forcée de ménager le vainqueur, lui donna à lui-même une espèce d'indépendance: il montra en quittant le trône pontifical qu'il y tenoit par de foibles liens, et justifia ainsi l'idée qu'on avoit eue de son esclavage. Dès ce moment il vécut dans la retraite, renonçant à l'ostentation du luxe à laquelle il avoit été jadis si enclin; il signala encore ses vues pacifiques en refusant les offres de la Russie qui lui ouvroit ses Etats. Enfin, réduit au simple état de prêtre, il mourut éloigné des honneurs. Sa fin inspira de nobles sentimens pour lui, fit regretter ses écarts; elle prouva, d'une manière manifeste, qu'il n'étoit point fait pour son premier ministère, et que ses sentimens naturels étoient opposés à ceux qu'exigeoit l'ancienne politique des pontifes romains.

PIÉMONT.

Je vais jeter un coup-d'œil sur cet Etat, malgré qu'il ait perdu son ancienne existence. Sa position, le souvenir de ses anciens combats contre la France, l'Espagne et l'Autriche, la conduite véritablement guerrière et énergique de Charles - Emmanuel et de Victor-Amédée, fixèrent long-temps l'attention de l'Europe, et la politique ne le perdit pas un seul instant de vue : elle ne dut point le faire en effet, puisque de son indépendance et de la conduite de ses souverains dépendit pendant plusieurs siècles le sort de l'Italie (1).

Le duché de Savoie, auquel fut réuni le Piémont, qui formèrent, avec la Sardaigne, l'apanage de ses princes depuis que Louis XIV eut forcé Victor-Amédée de lui céder le duché dont je parle, fut long-temps indépen-

---

(1) La politique des grandes puissances ne fut point régulière à l'égard de cet Etat, sur-tout dans les derniers temps. Elle vouloit que la France, l'Espagne et l'Autriche le protégeassent tour-à-tour, même lorsque ses rois, comptant trop sur leurs remparts naturels et sur leurs forteresses, ne recherchèrent

dant, comme les divers Etats d'Italie, d'Allemagne et de la France, où les rois et empereurs ne possédèrent, pendant nombre de siècles, que leur titre ; et il s'opposa à l'ambition des trois grandes puissances qui régnoient au centre et au midi de l'Europe, en luttant avec continuité, vigueur et constance contre celles-ci. On regarderoit comme un prodige sa longue résistance, si l'on n'envisageoit la force que donnoit aux princes de Savoie la situation physique de leur pays. Ces souverains, qui, avec les plus grands efforts, pouvoient mettre tout au plus cinquante mille hommes sous les armes, trouvoient dans leurs défilés et leurs rochers une force quadruple : l'on pouvoit les considérer, sous le rapport de la puissance militaire, comme s'ils eussent eu deux cent mille combattans.

La position de cet Etat, qui facilitoit à la France l'entrée de l'Italie ou qui la lui fer-

---

point leur appui, ou excitèrent le ressentiment commun. Je dirai encore ici que la politique doit s'isoler au milieu des passions : l'Europe ne sera tranquille, c'est-à-dire, à l'abri des guerres extravagantes ou désastreuses, que lorsque ces passions seront sacrifiées aux intérêts de propriété ou de conservation générale.

moit, fut la cause de ses guerres contre elle. Lorsque la barrière lui fut ouverte par les armes, l'équilibre fut rompu en Italie ; lorsqu'elle le fut par la politique, cette mesure concourut presque toujours à y maintenir l'harmonie et la balance des forces. Les succès et la politique de Charles-Quint empêchèrent que cette principauté ne passât à la France ; cet empereur s'arma contre elle dès que le Piémont fut menacé essentiellement : Charles-Quint sut tout immoler au triomphe de son système secondaire (on sait que son système principal tendoit à la souveraineté de l'Europe), qui étoit de circonscrire la rivale de l'Espagne dans son territoire.... La politique des ducs de Savoie, et ensuite des rois de Sardaigne, fut de se tourner vers la puissance qui pouvoit protéger l'Italie, et dont ils espéroient séduire l'ambition par des appâts, ou la maîtriser par des événemens préparés avec art : l'on peut dire, en s'isolant au milieu des puissances, que cette maison marcha le plus souvent sur la ligne du véritable système de son Etat.

Sans cette variation politique, la France se seroit emparée de l'Italie sous Louis XIV. Ce prince avoit redouté l'opposition du duc de Savoie ; et ce fut sans doute ce qui le porta à l'alliance de famille par laquelle il crut enchaîner à son sort Charles-Emmanuel ; mais ce dernier ne fut point arrêté par ce lien : dans la guerre qu'excitèrent les affaires de la Pologne il prit parti contre son parent. Charles-Emmanuel prouva en cette circonstance combien sont foibles les liaisons de famille aux yeux des souverains politiques (1).

L'opposition constante, et invariable dans son principe, de ce petit Etat exposa ses princes aux plus grands dangers. On en vit l'exemple au siége de Turin, où Eugène sauva le Piémont en délivrant cette ville : Victor-Amédée avoit tout perdu ; sa dépossession avoit été décidée à Versailles. Enfin l'opposi-

---

(1). Des exemples pareils à celui que je cite, devroient servir de régulateurs à ceux qui croient ridiculement que deux puissances unies par les liens du sang doivent marcher toujours sur la même ligne guerrière. L'intérêt d'état étant considéré souvent comme l'intérêt personnel par les monarques, il doit avoir la même influence que ce dernier l'a généralement sur l'ame des hommes, qui lui immolent presque toujours leurs familles. J'ajouterai que, dans ce cas, la conduite des rois est sage : cet intérêt, s'il est légitime, tient au sort de leurs peuples, et ils ne peuvent l'aliéner sans oublier le plus saint des devoirs.

tion mutuelle et successive que firent tour-à-tour la France, l'Espagne et l'Autriche, (elle étoit au fond étrangère à l'indépendance absolue de cet Etat) lorsqu'il fut question d'empêcher (1) l'occupation de ce passage important par aucune d'entre elles, et les revers qu'éprouva Louis xiv à la fin de son règne, contribuèrent à conserver le Piémont à ses anciens maîtres. On chercha même à affermir cette principauté en lui donnant le titre de royaume : cette politique fut sage en ce moment.

L'Espagne ne pouvant offrir aucun appui

---

(1) Louis xiv courroucé contre les ducs de Savoie, après les avoir dépouillés de plusieurs provinces, vouloit consommer leur ruine, et occuper le Piémont à tout prix. L'instant de la chute de leur trône étoit, aux yeux de ce roi, celui où sa domination s'affermiroit en Italie, et il voyoit ainsi la suprématie de la France déterminée. En effet, si Louis eût occupé ce pays à l'époque dont je parle, la maison d'Autriche voyoit borner peut-être à jamais son influence. Le commerce oriental passoit exclusivement dans nos mains : il pouvoit naître de l'effet de cette occupation l'affoiblissement de l'Angleterre elle-même. Alors un traité mieux cimenté existoit entre la France et la Turquie : cet empire se trouvoit affermi, et la Russie seroit restée dans ses limites.

à l'Italie dans les derniers temps, et l'ambition ayant aveuglé tellement les chefs des autres grands États qu'ils agissoient totalement en sens inverse de leurs intérêts, la possession du Piémont par une puissance, qui, malgré ses efforts, ne pouvoit soutenir ceux de la France ou de l'Autriche, sur-tout depuis que la Savoie avoit été réunie à cette première, devoit être fatale au grand corps politique. Cet Etat seul devenoit une cause de divisions, et le plus beau sol de l'Europe sembloit destiné à être sans cesse ensanglanté : s'il conservoit son existence, il devoit être dans un état de guerre permanent et d'invasion successive. Il mettoit les souverainetés de la pointe de l'Italie dans le cas d'être sans cesse menacées, non-seulement par l'Autriche, mais par les diverses nations maritimes. Ces petits États ne pouvant trouver dans l'Autriche, à cette époque, que la protection du conquérant, c'est-à-dire celle du maître, et ne pouvant être secourus par la France que par la voie de la mer, tomboient dès-lors sous l'oppression des Anglais.

La France, en réunissant ce pays à son territoire, a sauvé le sort du peuple piémontais, et a rendu l'existence de l'Italie mieux affermie ; je l'ai observé ailleurs. De ce point elle peut protéger les divers Etats qu'elle a pour ainsi dire formés. L'on ne peut redouter son ambition, puisqu'elle pouvoit conserver toute la presqu'île sans obstacle ; elle avoit imposé la loi de la victoire à l'Autriche au point que celle-ci auroit consenti à l'entière occupation. La France a servi ainsi l'Europe en détruisant le germe de la rivalité. L'on peut prévoir que les guerres seront moins fréquentes en Italie; et que les États du centre du continent recevront moins de secousses: si l'Angleterre et la Russie, qui ont eu si long-temps pour but d'affoiblir la France par l'Autriche, et celle-ci par la première, voient par la destruction du trône sarde disparoître l'occasion des ruptures, ces puissances éviteront à leur tour d'être entraînées dans des guerres générales, dont la possession de l'Italie a été souvent la cause, et dont les résultats ont été toujours funestes à elles-mêmes. Ces guerres se seroient renouvelées tant que la même cause auroit existé.

J'ai montré dans l'article Victor-Amé comment cet État se conduisit envers la France pendant la révolution, et j'ai parlé de la noble générosité de celle-ci.... J'ai dû m'arrêter sur les avantages que trouveront le Piémont et l'Europe à cette réunion. Que les peuples de cette contrée envisagent leur sort futur avec moins d'effroi ; ils sont devenus les enfans d'une patrie formidable : ils jouiront, au moins, des fruits de leurs sueurs et des biens que la Nature leur a départis, dès l'instant que le théâtre de la guerre sera éloigné de leurs frontières.

PITT.

Pitt, fils de lord Chatam, premier ministre de Georges II, hérita des sentimens de son père, c'est-à-dire de son ambition, de son égoïsme et de son audace. Ce premier lui transmit ses talens secondaires et non sa politique; il eût fallu pour cela qu'il lui transmît son jugement; et cette opération est l'ouvrage de la nature.

Imitant son père, Pitt se rangea parmi les Whigts en entrant dans la carrière. On pourroit croire qu'à cette époque il existoit en lui des intentions différentes de celles qu'il a montrées depuis, si l'on ne connoissoit sa vanité et cet esprit de domination, qui naît pour ainsi dire avec l'homme, puisqu'il est l'effet de l'ambition, qui lui fait enfin franchir toutes les bornes, le force à étouffer son cœur et sa raison, et le livre aux excès les plus funestes.

On eût lieu de penser que son ambition étoit satisfaite, lorsque ses talens oratoires lui eurent donné une influence marquée dans le parlement et le suffrage du public, et, sur-tout, lorsqu'on le vit se conduire avec prudence : mais le rang de ministre lui étant offert par la cour, il l'accepta, ne mettant pas en balance les applaudissemens de la tribune et les éloges du peuple avec le droit de premier ministre, qui, en Angleterre, est prépondérant, et qui donne, auprès d'un roi comme Georges III, une puissance suprême à celui qui l'occupe.

Pitt entre au cabinet, son hypocrisie populaire est dévoilée, et il ne reste plus de doute sur ses sentimens dominateurs. Dès ce moment, commence cette série d'actions imprudentes, contraires à la gloire et à l'intérêt de l'Angleterre et des nations, qui ont signalé son ministère.

Je vais montrer sa conduite envers la France, puisque c'est elle qui a préparé, à-la-fois, son illustration et son opprobre. L'opposition qu'il a faite envers notre patrie a presque occupé tous les périodes de son administration ; et il a manifesté par elle les sentimens qui servent de fondement à son système. En mettant quelques traits de ce grand tableau sous la vue, on entreverra ses actions diverses ; et l'on jugera que toutes les nations foibles ont dû être spoliées et écrasées par ses ordres. On verra alors en lui l'auteur de la chute du grand Nabab Indien, de l'oppression du Danemarck, de l'Espagne et du Turc; celle envers ce dernier, quoique moins apparente, n'est pas moins réelle et moins destructive de l'harmonie continentale; enfin l'on découvrira dans ce ministre l'artisan de l'alliance monstrueuse des Anglais avec les nègres, qui doit donner le contrecoup le plus fort à la puissance européenne en Amérique et par-là même à celle de son pays.

Je parlerai plus amplement ailleurs des talens, des vues et du systême de Pitt, en les comparant avec ceux de lord Chatam, que je mettrai en parallèle avec lui.

Dans les annales d'aucun peuple, on ne vit un ministre qui ait offert un spectacle semblable à celui que ce dernier a mis depuis quinze ans sous les yeux de l'Europe. Il s'empare de l'esprit de son roi, au point de l'aveugler jusques sur lui-même; il séduit par des discours mal-adroits et des promesses puériles un peuple raisonnable; il paralyse, comme par un prestige, les efforts d'un parti puissant, énergique et éclairé, opposé à son systême, même dans l'instant où il accumule les fautes, où il épuise à-la-fois la population, le trésor de l'Etat et la bourse des commerçans. Bientôt, aussi despote que Richelieu et Louvois, il ne leur ressemble que sous le rapport de l'ambition et de l'audace envers les peuples. Il ne s'arrête pas à cette borne ; il ose dicter à l'Europe la loi de détruire la France pour faire régner l'Angleterre sur ses débris. On voit, à l'égard de ce ministre, combien l'audace en impose aux hommes; les nations, étonnées par la sienne, ne s'occupèrent pas à analyser son génie et ses moyens, et adoptèrent ses vues.

Alors la destruction de la France devint l'unique objet de la politique européenne (1). Une croisade, non moins absurde dans son principe que celle qui attira les chrétiens sous les murs de Jérusalem, exista : les trésors furent prodigués ; les populations détruites ; et bientôt divers princes se virent dépossédés: tel fut l'effet, relatif à l'étranger, du système et des talens de Pitt : la croisade qu'il arma imprudemment n'eut pas même le sort de

---

(1) Le plan de démembrement dont j'ai parlé à l'article *Angleterre*, fut annoncé jusqu'au sein du parlement par ce ministre (l'analyse simple de ses discours peut le démontrer), et il le fut, matériellement, dans l'acte de partage qui fut proclamé à Varsovie par ordre de Kosciuszko.

celle de la Judée, dont les guerriers occupèrent au moins un instant cette Sion qui les attiroit. On trouvera dans l'article *Angleterre* le tableau des actions politiques de Pitt dans celles de son gouvernement.

On tomberoit dans la plus grande erreur, si l'on pensoit que ce ministre n'ait été funeste qu'à la France; c'est à l'Angleterre qu'il fait sentir, en dernier ressort, la destructive influence du pouvoir qui lui fut imprudemment confié et si opiniâtrément conservé. Ici l'écrivain, qui devient cosmopolite lorsqu'il s'agit de l'oppression des peuples, sera rempli de l'indignation la plus vive, et il ne gardera aucun ménagement envers cet homme, qui cherche à plonger dans l'abîme, non-seulement les rivaux de l'Angleterre, mais sa nation, qu'il eût dû conduire dans une route moins désastreuse, ou dans les mains de laquelle il eût dû déposer les rênes de l'État, qu'un roi trop foible lui avoit remises, s'il ne se sentoit pas la force de les soutenir, et assez de lumières pour être son guide. Mais, pour cela, il auroit fallu que Pitt portât une ame différente.

M'isolant au milieu des préventions étrangères à la justice, et étouffant un instant le sentiment de ma patrie qui m'invite à tonner contre son ennemi, je dirai qu'une fatale habitude, l'état des mœurs européennes, et la politique des puissances, trop fondée sur l'intérêt particulier, avoient malheureusement donné, avant l'époque de la révolution française, qui devoit rappeler à l'Europe le droit des gens et des nations, le désastreux pouvoir à un ministre d'employer la ruse et la perfidie, même, pour faire triompher la cause de son pays, en divisant l'opinion chez les peuples ennemis de son gouvernement, pour affoiblir leur force qui se trouve dans la centralisation de cette opinion. J'ajouterai qu'on pourroit en ces derniers temps excuser un ministre, en regardant sa conduite comme l'effet du système dont je parle, si ses intrigues n'avoient rapport qu'à cette opinion : mais on se soulèvera avec l'humanité entière contre lui, si on le voit, sortant de la route de la politique ordinaire, et employant toutes les ressources du crime, dévouer un peuple à sa rage, et si, poussant jusqu'au terme la barbarie, il met à-la-fois sur son sein le glaive de l'étranger et le poignard dont il a armé son propre frère. Si on le voit enfin, calculant le degré d'abaissement où réduit la misère, son influence sur la volonté des individus, jusqu'au désespoir qu'elle excite, pousser un peuple vers son gouffre, et présenter à ses yeux, dans l'instant où l'espérance s'est éteinte en son cœur, l'or mobile de l'illusion, et son préservateur contre le besoin, et lui faire mettre en balance son amour pour la patrie et sa vertu contre ce mobile ; si l'on pense alors, que peut-être des hommes faits pour être des héros de vertu, mais que la misère a privés un instant de leurs facultés, se sont livrés à l'avilissement, même au crime, et ont trahi leur patrie séduits par l'appât funeste que leur offroit le ministre dont je parle, on sera rempli d'horreur, et l'on frémira en entendant répéter son nom.

Pitt s'est montré dans la révolution française tel que celui dont je viens de présenter les traits. Il n'a cessé de souffler le feu de la discorde dans nos cités et dans nos campagnes : là, sont d'éternels monumens de son opprobre ; ces monumens affreux sont des monceaux d'ossemens humains ; ce sont ceux de nos frères, qui, s'entr'égorgeant à sa voix, y ont fait reculer la nature d'épouvante. La guerre intestine qui dévoroit notre population sur tous les points de notre territoire, étant impuissante pour faire triompher le dessein de ce ministre, qui tendoit à nous ranger sous la chaîne de l'esclavage par la main du malheur, il rendit notre nation entière sa victime, et ce fut la famine, ce fléau souvent plus redoutable que la mort, qu'il arma contre elle. . . . Je m'arrête sur ce tableau ; que seroit le récit des séductions employées envers les dépositaires des loix de la France, et de ceux qui pouvoient influer sur le sort de son peuple après de telles horreurs !

Il paroît inconcevable que la nation anglaise n'ait point vu qu'elle alloit partager la honte de son ministre aux yeux des générations futures, et qu'elle ait laissé souiller sa gloire et son nom en montrant un front impassible. Ne devoit-elle pas, au moins, portant ses regards dans son propre sein, voir sa fortune entière engloutie par ce premier dans le gouffre de la guerre ? Son indifférence, je le redis ici, formera l'anéantissement de sa prospérité et de sa gloire.

Quel exemple a donné Pitt aux nations ! Qu'elles voient tout ce que peut un ministre pervers : qu'elles frémissent en considérant que le sort de plusieurs États peut dépendre d'un seul homme, qui sera ignorant, perfide ou scélérat.

Chatam et Pitt.

Suite

Une ambition extrême, un égoïsme excessif de gloire, si je puis parler ainsi, une opiniâtreté inconcevable, furent les fondemens du caractère particulier de Chatam : ses sentimens politiques eurent pour base la domination maritime de l'Angleterre, et par une modification naturelle l'abaissement de la France.

Il avoit appris dans la méditation de la retraite à combiner les effets de la politique relative à soi-même, et l'art de déguiser ses motifs. Nul ne porta cet art aussi loin que lui; il en imposa jusqu'à sa mort à l'Angleterre, sur ses principes et ses desseins: il sut soutenir le double rôle de patriote et de partisan ministériel qui présentent les deux contrastes. Les Anglais, éblouis par ses talens oratoires, et trompés par son étonnante adresse, qui leur montra en lui un dévouement absolu à l'intérêt du peuple, le regardèrent comme le plus puissant et le plus heureux soutien de tous les partis, et, par conséquent, comme la colonne de l'Etat et de la liberté. Ici l'on trouve le but politique de Chatam: connoissant l'influence du parti des Whigts, qui avoit transformé l'Angleterre, qui étoit alors dans toute sa force, et jugeant que celui-ci dicteroit toujours la loi à ce royaume, Chatam se mit dans ses rangs, dirigé par l'espoir de le gouverner, à l'appui de son éloquence aussi énergique que profonde (1), et de sa politique, talens dont nul homme n'eut jamais une idée plus avantageuse : l'esprit de domination l'attacha enfin à ce parti. Cet homme ambitieux et hautain qui ne pouvoit voir aucun individu au-dessus de lui, ne sembloit pas encore à sa place, quoiqu'il influençât par son opinion celle du parlement ; il ne devoit s'y croire et se montrer lui-même, que lorsque le brillant sentier du ministère lui seroit ouvert ; alors il devoit se transformer, et changer de conduite en changeant de vues et de mobiles.

---

(1) Chatam connoissoit si bien l'art du discours et celui du débit ; il développoit tant de force à la tribune, qu'il écrasoit ses adversaires. Ceux-ci ne furent souvent vaincus que par l'audace et l'impassible fermeté de ce premier.

Appelé au rang de premier ministre, par la cour, qui vouloit flatter le sentiment du peuple en élevant aux dignités son coryphée; ou qui, peut-être, ayant apprécié le caractère et les sentimens de Chatam, l'avoit jugé nécessaire à ses desseins, ce dernier prend en maître les rênes du gouvernement, et bientôt il règne au nom de son roi.

La plupart des desseins et des motifs de ce ministre furent gigantesques, extravagans; et ils parurent souvent raisonnables. Il voulut abaisser la France, qu'il voyoit comme la seule puissance en Europe qui pût disputer l'empire de la mer à l'Angleterre; et il osa prononcer l'abaissement maritime de cette première en plein parlement. Il parvint réellement à l'affoiblir, soit par les guerres qu'il lui fit faire par l'Angleterre, soit par celles qu'il lui suggéra du côté des autres puissances. La marche de Chatam fut cependant mesurée à beaucoup d'égards; il chercha à faire triompher l'ambition de l'Angleterre, et à masquer en même temps l'intention de celle-ci: on découvre cette vue dans le soin qu'il prit pour envelopper ses actions politiques; et l'on s'apperçoit qu'il avoit entrevu, que si l'ambition de son pays étoit signalée d'une manière trop manifeste (1), le sort de l'Angleterre seroit menacé, parce qu'alors aucune nation ne verroit son existence assurée, et n'auroit aucune garantie de ses traités avec elle : en effet, le grand but du cabinet anglais (c'est celui de tous les cabinets ambitieux), étoit de cacher le secret de ses motifs, même aux yeux du peuple de la Grande-Bretagne. Chatam parvint à aveugler non-seulement ce dernier, mais les nations (2) ; et c'est en ce cas où il montra une adresse véritablement politique : il la développa dans toute son étendue, lorsqu'en agitant la Hollande et

---

(1) Le discours qu'il tint au parlement, où il dit qu'il ne falloit laisser que le cabotage à la France, annonçoit sans doute son but de domination exclusive. On regarda ces mots comme l'effet de l'emportement oratoire, et l'on chercha son secret dans les négociations politiques ; mais ce fut là où il se rendit impénétrable, du moins aux yeux de la majorité.

(2) Le grand art de Chatam fut de cacher à l'Europe et aux siens les vues de sa cour, et de conserver leur estime. Sa mémoire est en vénération chez le peuple anglais, qui, par un de ces écarts trop familiers aux nations, regarda comme son défenseur celui qui avoit accru le pouvoir de ses rois, et préparé sa perte en lui applanissant la carrière de l'ambition.

préparant sa ruine, il sut cacher la main qui lui portoit atteinte.

Mais l'occasion où Chatam fit connoître son grand talent diplomatique, ce fut lorsqu'il élança les puissances dans la carrière des combats, et n'y fit entrer l'Angleterre que la dernière. Il le montra encore, lorsqu'il sut en imposer aux nations ennemies par des insinuations menaçantes secrètes, et par des apparences d'armemens que son intention n'étoit point d'effectuer. Ces mesures furent cause de nombre de rapprochemens causés par la crainte, et la guerre fut souvent évitée par ces simulacres politiques. Chatam paroissoit avoir senti qu'en multipliant les guerres, il ouvriroit le gouffre sous l'Angleterre même.... Si on a à lui reprocher de n'avoir travaillé peut-être qu'au maintien de sa propre gloire, c'est-à-dire, à celui de sa réputation ministérielle; si on le vit troubler l'Europe par ses intrigues; s'il apprit à son fils à bouleverser l'intérieur des Etats, il évita au moins, par une conduite souvent prudente, que l'indignation et le mépris des peuples se soulevassent contre l'Angleterre. Enfin l'on ne peut refuser au lord Chatam le titre de grand homme d'État, lorsqu'on envisage qu'il sut mettre une certaine borne à l'audace de l'ambition.

Que l'on compare ses mesures ministérielles avec celles de son fils, et l'on verra que si les mêmes sentimens les animèrent, leurs plans et leur conduite furent différens. Pitt, au lieu de cacher l'ambition de sa cour, la signala aux yeux de l'univers ; et il crut faire triompher son système en excitant l'indignation commune. Au lieu de retarder la guerre, ou de la faire en menaces comme lord Chatam, ou de la réaliser aux dépens des ennemis, il solde avec les deniers anglais toutes les puissances, et il entraîne son pays au combat avant même d'avoir négocié ses traités offensifs. Pitt n'envisage pas le principe qui doit diriger le ministre véritablement politique, et que son père connut sans doute, qui porte ce premier à maîtriser souvent ses propres sentimens lorsqu'il s'agit des grands intérêts des états ; et celui, non moins utile aux cabinets, qui consiste à faire renoncer à des projets avantageux momentanément, mais dont les résultats peuvent être funestes dans l'avenir : Pitt, guidé par l'opiniâtreté de l'amour-propre, ne put faire plier son ame, et son peu de lumières l'empêcha de voir les effets du dernier principe cité, que son intérêt le forçoit d'adopter.

Si Pitt fut inférieur à son père dans les grandes vues, dans les moyens d'envelopper ses motifs et ses projets, de déguiser ses sentimens en cachant la tyrannie sous le masque de la popularité; si, ignorant les véritables maximes d'Etat, il n'a pas su entrevoir que les actions diplomatiques sont relatives ; s'il ne considéra point comme ce premier, que, vu l'organisation de l'Europe, nulle puissance ne peut s'affranchir entièrement du joug commun (1); s'il n'a pas apperçu les conséquences de la dégradation d'un peuple, qui est la cause la plus directe de sa perte, comme parut l'avoir fait Chatam, lorsqu'il chercha à couvrir les actions de sa cour du voile de la moralité, pendant qu'elle violoit toutes les loix de la justice ; si Pitt ne développa point ce grand talent à l'appui duquel un ministre, du sein de son cabinet, préside aux délibérations des autres, influence jusqu'à ses

---

(1) Chatam n'auroit pas enlevé des galions sans déclaration de guerre, comme vient de le faire son fils : il auroit craint d'exaspérer les nations, et de compromettre ainsi le sort de l'Angleterre: en effet, où celle-ci puiseroit-elle ses moyens nutritifs et de défense si les nations européennes se déclaroient contre elle ?

ennemis, et les force de marcher à son but, talent qui fut principalement celui de son père; ce premier, dis-je, surpasse lord Chatam, sous le rapport des souplesses, des petites intrigues, des séductions que l'ancien ministre n'adopta qu'avec réserve. Pitt n'observa pas que l'astuce, agissant dans un chef de cabinet sans l'appui d'un grand art politique, et ne s'attachant qu'à des projets fantastiques et destructifs par leur principe, est semblable au Protée de la fable : après s'être montrée sous cent formes différentes, elle reprend tout à coup sa première figure, et signale la fourbe et l'insuffisance de celui qui l'a fait mouvoir. Pitt, en employant ces moyens, qui sont toujours funestes à leurs auteurs, a dévoilé ses actions et ses sentimens les plus secrets.

Enfin, si Willams Pitt eût eu le génie de lord Chatam, il eût su que non-seulement chaque siècle, chaque règne, ou chaque période de règne amène des changemens dans le corps politique, qui rendent, à des époques diverses, les mêmes plans avantageux ou funestes ; et il n'auroit point suivi un système qu'on peut dire n'être point fondé sur le principe de l'ambition même de l'Etat qu'il administre. On a vu ses erreurs lorsqu'il a cru renverser la France régénérée. L'ambition, je le répète, a une borne aux yeux mêmes du ministre le plus effréné; ses plans doivent reposer sur la vraisemblance et la possibilité de l'exécution.

D'après les succès surprenans de la France, la possibilité de son démembrement, que Pitt médita dans les premiers jours de notre révolution (1), et dont il reproduit tacitement l'idée, ne peut sans doute exister. Le ministre anglais eût dû prévoir que quand le crime seroit parvenu à détruire la dernière constitution que cette première s'est donnée, son peuple, qui avoit su se défendre et se gouverner, opposeroit à l'asservissement étranger un obstacle insurmontable : c'est une vérité d'expérience que je crois utile de rappeler.

En s'arrêtant sur ces rapprochemens circonscrits, l'on découvre que Pitt n'a hérité que des accessoires du talent de son père, c'est-à-dire, de celui d'orateur, qui est souvent

---

(1) Outre les inductions relatives à ce démembrement, que j'ai citées ailleurs, je n'aurois qu'à produire les manifestes des grandes puissances, pour y trouver la démonstration de cette vue générale, et destructive de la tranquillité européenne : la Prusse, seule, parut ne pas adopter ce plan; je l'ai dit à l'article *Frédéric-Guillaume*.

si futile, si emprunté (1), et qui pour être utile ne doit point se montrer dans un homme ambitieux. J'ajouterai que lord Chatam, malgré sa haine pour la France et malgré son ambition, dans une circonstance semblable à celle où étoit son fils, eût calculé la force d'un peuple qui proclame son indépendance. Ses lumières politiques, qu'il auroit puisées dans l'exemple de la prospérité ou de la vicissitude des Etats, lui auroient montré de quoi est capable l'enthousiasme qu'enfante la liberté; et il auroit découvert dans les premières actions de ce peuple, les signes de celles qui devoient succéder. Dès-lors l'intérêt de son pays, celui de sa propre ambition, de sa fortune, de sa vie même, l'auroient rapproché de la nation qui pouvoit renverser un jour le trône

---

(1) Ce talent ne peut être précieux dans un homme d'Etat, et lui donner une illustration légitime, que lorsque la nouveauté et la profondeur de vues, les lumières de la politique et celles d'une sage philantropie, utiles dans toutes les circonstances à tous les peuples, font la base de ses discours, et non lorsque des idées subversives du système qu'on exalte ou qu'on défend le constituent. Il est possible de prouver que les trois quarts des discours de Pitt sont opposés au véritable système de l'Angleterre.

anglais, et il auroit fait un pacte inébranlable avec elle. J'ai dit qu'un ministre peut compromettre sa vie s'il expose le sort de son pays: l'exemple de l'amiral Binck le prouva en Angleterre; un ministre est dans un cas pareil à celui du général, puisqu'ils ont également dans leurs mains les intérêts de leur nation.

Je demanderai ici, en m'adressant à ces êtres irréfléchis, dont rien ne peut éclairer le jugement, qui assimilent sans cesse Pitt à lord Chatam, et qui prêtent à ce premier le génie, quel est l'effet principal du génie dans l'homme ? d'agrandir la sphère de la raison, de ne faire que ce qui peut être avantageux à sa gloire ou à celle de ceux qu'il veut protéger : Pitt n'a point rempli ces conditions suprêmes qu'impose le génie; donc Pitt n'a point mérité ce titre, et il ne peut être assimilé à son père sous le rapport public.

J'observerai qu'il est étonnant que Raynal, en parlant de lord Chatam, l'ait présenté comme un grand homme : c'est ici le mot que je vais combattre. Ce titre n'est point dû au plus grand politique, excepté que ses vues et ses actions n'aient tendu au but de la conservation commune. Je crois qu'on ne peut trop s'attacher à distinguer ce mot, dont on a longtemps confondu l'attribution ; ce qui a été cause des erreurs les plus graves: l'ambition même a trouvé un appui dans cette manie. Le ministre, ennemi de la paix, qui bouleverse tout, peut être reconnu comme politique profond, on peut lui prêter même du génie (j'ai fait entrevoir dans quelles circonstances); mais il ne méritera jamais le titre de grand homme ni les éloges relatifs. Il paroît extraordinaire que l'historien n'ait point tonné, en parlant des desseins de Chatam, contre le système de destruction adopté par ce ministre; l'intérêt de sa patrie, celui de l'humanité, la tâche qu'il s'étoit imposée, tout sembloit l'y contraindre. Il seroit né évidemment un heureux effet de la diatribe de l'écrivain; il eût fait reculer l'audace du successeur de ce ministre, qui peut avoir pensé, d'après ce ménagement, qu'on ne perd point ses droits à la gloire en employant tous les attentats politiques; Chatam, mis à sa place, auroit été le juge précurseur des actions de son fils, et l'Europe n'auroit pas eu à gémir, peut-être, sur tant de malheurs enfantés par ce dernier.

Je ferai considérer encore, en parlant des deux Pitt, que leur système fondamental, quant au principe maritime, et à celui de
l'isolement

l'isolement des nations par l'Angleterre, n'est autre que celui de Cromwel. La domination sur toutes les mers, et par-là même celle de l'Amérique et de l'Inde en formèrent la base. Chatam, à force d'art et de modifications, rendit cette domination supportable à l'Europe, et son fils suivit exactement le vœu de Cromwel, qui eût modifié lui-même en ces derniers temps son systême, parce que Cromwel en eût mieux senti la nécessité. Tout annonce que le tyran des Anglais vit dans la fortune le véritable fondement de la puissance de son pays; et qu'il voulut établir sa suprématie, par elle et par la force maritime; mais tout indique qu'il ne conçut point l'idée de bouleverser les Etats par des intrigues particulières. La désunion diplomatique qu'il eut l'intention d'opérer se trouva dans son systême d'isolement de l'Angleterre : il parut dédaigner les autres moyens. Enfin, les deux Pitt n'ajoutèrent que des vues accessoires et des intrigues au plan du protecteur; et l'on ne peut dire, sur-tout à l'égard du dernier, que ces moyens l'aient élevé à son niveau sous le rapport du grand talent politique.

POLITIQUE.

Cet ouvrage ne formant point un système régulier, je n'étois pas astreint à donner les articles fondamentaux ; cependant j'ai cru devoir m'arrêter sur quelques maximes relatives à l'intérêt principal, et signaler ainsi la cause de nombre d'erreurs politiques qui ont existé dans ces derniers temps.

Je ne m'étendrai point sur la définition entière et isolée de la diplomatie, ni sur le plan et le but des fédérations générale et particulière ; bientôt je présenterai ce système dans un ensemble général, où j'établirai ses principes comme le fit Rousseau, à l'égard de ceux de la politique intérieure, dans le Contrat social. Je m'attacherai seulement à faire entrevoir, que les maux de l'Europe, l'épuisement de ses flottes, de ses armées et de ses trésors, sont émanés de l'abandon ou de fausses interprétations que les puissances ont faites des véritables principes ; c'est-à-dire, de leurs intérêts réciproques, et de la persuasion qu'ont eue nombre d'hommes de les avoir bien envisagés. Si les nations n'avoient agi que d'après leurs intérêts, elles auroient marché au but commun, et auroient acheté à tout prix la paix continentale, qui peut seule affermir ces intérêts et les rendre immuables. Le système diplomatique, dont on ne conserva que le nom pendant les quinze années dont je parle spécialement, a été transformé, ou plutôt, ses élémens constitutifs ont été dénaturés. Chaque puissance a cru marcher en sens direct de son système naturel, et par conséquent nécessaire, tandis qu'elle s'en éloignoit; d'après cela, on peut dire que l'Europe a eu pendant quinze ans une fausse politique extérieure : je crois l'avoir indiqué particulièrement dans les articles relatifs aux divers États.

A chaque époque où un grand changement se fait dans le corps politique et social, le système accessoire des cabinets change indubitablement. Alors l'homme d'Etat doit recréer ses idées, ses vues et ses moyens d'exécution, en se calquant, s'il est sage, sur le principe fondamental : c'est du centre de ce cercle qu'il doit courir, si je puis parler ainsi, sur tous ses rayons et toutes ses tangentes, sans sortir de sa circonférence, qui représente les bornes du grand corps politique dont on ne doit point se détacher.

Nombre d'hommes ont cru faussement (cette opinion est assez générale), que la science diplomatique consistoit dans la connoissance des rapports des nations, que l'exécution de ce système se bornoit à de simples rapprochemens ou éloignemens d'après les circonstances ; et qu'il suffisoit de découvrir l'intérêt d'un Etat pour lui opposer l'intérêt contraire. Mais on n'a pas envisagé qu'aucun intérêt principal n'est immuable ; et que les intérêts secondaires, qui constituent en partie ce premier système, peuvent changer de direction et même d'objets. L'on n'a pas observé que le grand intérêt est presque toujours subdivisé dans son rapport fondamental, c'est-à-dire, qu'il tient à la fois au système de plusieurs nations, et que ces subdivisions, formant des rapports divers et souvent éloignés, doivent être mises en harmonie. L'on n'a pas considéré encore, que le système diplomatique étant fondé à beaucoup d'égards sur les mœurs et le caractère des peuples, comme le sont les bonnes constitutions des Etats, la connoissance de ces mœurs et caractère, et la sagacité pour en suivre les variations successives sont indispensables lorsqu'il faut établir ou modifier les plans des cabinets.

D'après ces idées, on jugera que la science de la diplomatie est presque sans bornes, comme la politique en général (1), et que leur action créatrice est permanente : les changemens doivent être successifs puisque les passions des hommes sont dans une perpétuelle oscillation. En effet, un intérêt qu'on n'a pas apperçu, ou qui en heurte d'autres, un événement qui blesse l'orgueil d'une puissance, une prétention de famille, sans compter l'ambition des princes, tout peut renverser en un instant le système le mieux affermi ; et l'intérêt du grand corps politique veut qu'un nouveau remplace aussi-tôt celui-ci et rétablisse l'harmonie.

---

(1) D'après l'exemple de l'histoire, d'après le rapprochement des principes avec les actions des cabinets, et en citant le petit nombre des ministres qui approchèrent du but depuis la naissance de la politique, on pourroit démontrer combien cette science est difficile : je dois ajouter qu'elle seroit la sauvegarde de l'Europe même démoralisée, si elle étoit bien connue par tous ceux qui sont chargés d'en faire l'application.

Il semble que les Gouvernemens ont circonscrit trop long-temps leur diplomatie ; et tout annonce qu'ils ont conservé des systêmes particuliers, étrangers à leurs rapports actuels. Je demande ici à ceux qui connurent la politique de Richelieu, de Louvois, et celle de l'Autriche lorsqu'elle dominoit en Italie, si leurs systêmes sont en concordance avec ceux de cette époque. Des Etats puissans se sont affoiblis, d'autres ont été métamorphosés, des puissances nulles sont devenues influentes, les barrières naturelles ou artificielles des Etats ont été changées : qu'on suive les plans et les vues des ministres cités, l'on tombera dans toutes les erreurs, et l'on bouleversera le corps politique. Divers cabinets ont paru le faire pendant la révolution, notamment celui de Londres : il a voulu traiter la France belliqueuse, qui n'a plus de limites que celles du Rhin, qui possède l'entrée de l'Italie, qui ne voit dans la Hollande, la Suisse et l'Espagne que des amies, que l'intérêt de leur conservation lui attache, et dont tous les sujets sont devenus soldats ; comme la France impuissante, circonscrite autour de la double ligne de forteresses qui l'entouroient sans la mettre à l'abri ; qui, sous Louis XVI, avoit tout à redouter de la maison d'Autriche, qui ne pouvoit compter sur la neutralité de celle de Brandebourg, de l'Espagne et de la Hollande; qui étoit enfin sans énergie, sans alliés. L'Angleterre et les autres Etats auroient dû considérer que l'alliance et l'amitié de la France étoient utiles à tous. Ils auroient dû voir que la force de protection que présente aujourd'hui la Russie, n'est pas équivalente à celle de cette première; la grande monarchie du Nord n'est pas plus formidable, sous le rapport de ses moyens, en général, qu'elle l'étoit il y a un demi-siècle: la prépondérance qu'elle a acquise est celle que lui donne sa position.

La diplomatie de l'Europe ayant changé avec les intérêts des nations, des plans nouveaux ont dû exister. D'après cette transformation, des puissances ennemies se sont rapprochées et ont formé des liaisons d'amitié, telles que la France et l'Espagne, Naples et cette première, &c. Les anciens systêmes de ces puissances, les plans qui en formoient les développemens, et les sentimens qui en étoient les conséquences n'existant plus, il a fallu prendre de nouvelles routes, sacrifier les ressentimens, les préventions, &c. Tel est l'effet de la politique fondée sur la diplomatie: elle métamorphose l'opinion et les vœux des peuples. Si l'Angleterre perdoit demain son influence maritime, si elle se trouvoit circonscrite sur son territoire, soit par sa volonté, soit par les événemens, l'Angleterre, demain, ne devroit pas être regardée comme l'ennemie des nations ; et si elle étoit affoiblie au point de ne plus être redoutable, elle auroit droit à l'appui même de la France. Cette dernière s'armeroit avec elle contre la puissance qui voudroit dominer, et maintiendroit ainsi le grand intérêt sur lequel repose l'équilibre de force générale, l'harmonie et la fortune des Etats.

J'ajouterai, enfin, qu'il s'est fait un changement dans les esprits des Européens depuis quinze ans, qui nécessite une transformation secondaire, c'est-à-dire, dans les formes ou sentimens qu'on nomme diplomatiques. La révolution française ayant mis à nu le grand nombre de motifs des cabinets, et éclairé les peuples sur leurs intérêts généraux, ces premiers ont dû abandonner à un certain point leur conduite mystérieuse et souvent équivoque. La loyauté semble être devenue une loi politique nouvelle pour eux ; aujourd'hui ils sont régulièrement observés et souvent devinés : on s'est habitué à s'occuper de leurs actions, à les approfondir et à les comparer. La marche des ministres et des ambassadeurs sera désormais plus difficile, et les grands talens seront chaque jour plus nécessaires dans ceux qui occuperont les emplois. Enfin, on peut prédire que les puissances qui tiendront à l'ambition, trouveront dans les esprits des obstacles qui n'existoient pas il y a vingt ans : on ne peut trop les leur faire entrevoir : puisse la conviction qu'elles pourront en avoir les rendre désormais plus sages et plus pacifiques.

POLOGNE.

Cet Etat, l'un des plus anciens du Nord, subsista jusqu'en 1795, époque où son trône fut renversé à la suite d'une révolution terrible, et glorieuse pour ceux qui en furent les agens, qui vouloient éviter le partage, commencé dès long-temps par les trois grandes puissances septentrionales, qui le consommèrent à cette époque.

La Pologne, par ses mœurs, par le caractère impétueux et indompté de ses habitans, et sur-tout par la bizarrerie qu'offroit son gouvernement, qui constituoit, on pourroit dire, une aristocratie absolue, puisque les seigneurs y maîtrisoient le peuple et le monarque, montroit un peuple étranger à l'univers transplanté au sein de l'Europe: les Tartares, qui auroient pu lui être comparés sous certains rapports de caractère, et sous celui de l'indépendance, ne pouvoient l'être sous celui de l'honneur, dont ce peuple fit, pour ainsi dire, son dieu et son guide.

Les Polonais, sauf quelques changemens opérés dans leurs loix, dans leurs habitudes et dans leur religion, faisoient revivre en Europe les Sarmates dont ils descendirent. C'est un prodige sans doute qu'une telle immutabilité dans les mœurs et les sentimens d'un peuple, sur-tout lorsqu'il est entouré de nations vivant d'une autre manière, et qui semblent devoir l'influencer. La Chine a offert ce prodige; mais la Chine a redouté la communication étrangère, et n'a pas été soumise à la même épreuve : cette constance honore les Polonais, et a signalé leur grand caractère.

Cette république gouverna long-temps le Nord en maîtresse, et elle établit sa domination jusqu'à Moscou même. Réunie à la Suède sous Sigismond, elle marcha de victoire en victoire : sous Sobieski, son illustration s'accrut, et elle eut la gloire de devenir la libératrice de l'Europe (1).

La Pologne eût conservé, peut-être, le sceptre du Nord, si Gustave-Adolphe,

---

(1) Sobieski fit lever le siège de Vienne à l'armée de Soliman II, qui, après avoir conquis la Hongrie, s'étoit emparé du duché d'Autriche. Sans la victoire de Sobieski l'Allemagne étoit la proie de ces barbares : la France et les autres Etats méridionaux seroient ensuite passés sous leur joug.

Pierre 1 et Charles XII ne fussent point nés ; et sur-tout si, mieux administrée, elle eût fait un meilleur emploi de ses forces (1). La discipline eût rendu en tout temps invincible son peuple qui étoit conquérant par nature : il auroit pu porter très-loin ses armes, et s'affermir dans ses conquêtes : il auroit arrêté

---

(1) Que l'on considère ce que peut la discipline, et l'effet d'une bonne administration sur un peuple. Pierre triomphe de tous les obstacles, dompte ou rend impuissans ses voisins belliqueux, les Suédois, les Turcs et les Polonais, avec des barbares qui n'avoient ni la valeur de ceux-ci, ni l'idée d'une gloire antique pour guide, (mobile si puissant sur l'esprit des nations, qu'il soumet au frein de l'obéissance civile et militaire). Il est évident que les peuples braves dont je viens de parler auroient vaincu les Russes sans cette conduite de Pierre, qui donnoit à ses armées une force décuple. Cet empereur n'auroit jamais osé former des entreprises contre leurs Etats, ni leur disputer la victoire, s'il n'eût envisagé leur foiblesse sous ce rapport. Qu'on voie, d'un autre côté, Frédéric II, avec moins de moyens que les Polonais et les Suédois isolés, donner par la discipline une force inconcevable à son royaume menacé de toutes parts, et faire trembler les puissances les plus formidables après les avoir vaincues. Si Gustave-Adolphe fut redoutable à l'Europe, ce fut lorsque ses soldats adoptèrent cette tactique qu'il créa, qui paroît

l'extension de la puissance moscowite avant qu'elle fût devenue formidable, et fait passer même les ducs de Russie sous son joug, après que ceux-ci eurent secoué celui du kan des Tartares : enfin, l'électeur de Brandebourg n'auroit pu s'affranchir de la domination polonaise, et la monarchie prussienne formeroit

---

avoir été le fondement de celle du grand monarque prussien, et lorsque la discipline régna par-là même dans ses camps. L'on voit ce que lui a dû la France dans les dernières campagnes; elle a soutenu les prodiges de la valeur. Si le prince Charles eut des succès contre nos troupes, il les dut à l'avantage de sa discipline autant qu'à la tactique française qu'il employa dans les derniers temps (je l'ai dit dans son article). Il balança alors l'effet du courage par cette force d'inertie qui est souvent toute puissante : une armée disciplinée peut être comparée, à l'égard de la valeur de l'ennemi, au rocher affermi contre lequel les flots viennent se briser en vain. L'indiscipline nous fit perdre nombre de fruits de la victoire dans les premières campagnes de la liberté, et compromit souvent le sort de nos soldats. L'ordre et la subordination règnent aujourd'hui dans nos armées; on peut prédire qu'elles seront plus fortes, même étant moins nombreuses : ces moyens suppléeront à cette effervescence d'enthousiasme que les événemens d'une révolution pouvoient seuls enfanter.

sans doute aujourd'hui l'une des provinces de l'Etat que ses rois ont contribué à détruire.

Essayer de dépeindre les diverses révolutions intérieures que la Pologne éprouva, les nombreux bouleversemens que montra son gouvernement, enfantés par l'indocilité et l'humeur belliqueuse de ses seigneurs, idolâtres de leurs loix, et qui en étoient à la fois les protecteurs et les violateurs, ce seroit vouloir débrouiller un chaos : les élémens politiques se heurtèrent en tous les temps dans cet Etat, avec effort ; aucun de ses rois ne fut affermi, sur-tout depuis que la Russie voulut présider à leur nomination. Par une singularité inconcevable, on vit presque toutes les puissances de l'Europe former des prétentions sur son trône ; la France même chercha à y placer l'un des Valois, et plus tard le prince de Conti : mais l'influence étrangère n'a pu jamais rien sur ce peuple, ou plutôt sur ses seigneurs, qui gouvernoient par leur énergie et leur despotisme toutes les volontés. Le droit que donnoit à ceux-ci la constitution de la Pologne, d'aspirer à la suprême puissance, dut leur rendre odieuse l'intervention étrangère, et isoler cet Etat de l'harmonie politique beaucoup plus que tous les autres Etats de l'Europe. On vit combien cet isolement diplomatique étoit grand, lorsque les princes étrangers voulurent s'asseoir sur son trône : ils furent tour-à-tour trahis et abandonnés par ces seigneurs.

La Russie qui, plus qu'aucune autre puissance, étoit contrariée par la position de ce royaume, limitrophe de la Baltique et de la Turquie, et qui connoissoit la tendance des Polonais à empêcher ses envahissemens en Orient, tendance qui avoit pour base la haine que ceux-ci lui portoient, et ensuite un honneur pour ainsi dire national, qui les faisoit se considérer eux-mêmes comme les soutiens de l'équilibre européen ; la Russie, dis-je, médita de les asservir lorsqu'elle pourroit maîtriser ses autres voisins intéressés à maintenir l'indépendance de ces premiers. Elle crut voir dans une partie des Polonais des agens de ses desseins ; sa politique lui montra, enfin, dans l'anarchie qu'elle pourroit nourrir dans Varsovie, à l'appui de son or, un moyen qui pourroit peut-être, sans les armes, déterminer la chute de cette république (1).

---

(1) J'ai parlé dans d'autres articles des intrigues que le cabinet de Pétersbourg entretint dans Var-

L'appât de posséder les riches provinces qui appartenoient à celle-ci dans le midi et le nord de son royaume, séduisirent la Prusse et l'Autriche : l'équilibre de prépondérance, je l'ai dit ailleurs, dirigea sans doute, aussi cette première. Après que Catherine eut essayé en vain de rendre la Pologne tributaire, par l'élection de Poniatowski, et dans l'instant où elle alloit s'emparer de ses provinces, les deux puissances négocièrent avec elle le partage. L'Autriche eut, de son côté, pour but, sous Joseph II, sur-tout lorsque ce prince eut embrassé les vues de Catherine, de ravir au Turc cet allié toujours prêt à le secourir, et placé de manière à pouvoir le faire en tout temps avec succès.

Alors commença l'oppression militaire et politique par les Russes; alors la haine et la vengeance animèrent les deux nations. L'irritable Polonais, voyant, dans la résistance seule, l'appui de ses droits et de sa destinée, prit les armes contre ses ennemis, et osa lutter

---

sovie ; elles agirent jusque sur le roi Stanislas même : jamais puissance n'employa contre un peuple autant de moyens de destruction que le fit la Russie envers celui de la Pologne.

contre

contre ses plus implacables ennemis. Ses efforts furent inutiles, ceux-ci triomphèrent enfin, la Prusse et l'Autriche, accomplirent le pacte fait avec Catherine, et le premier partage fut consommé.

Le zèle presque inconcevable des Polonais qui s'armèrent à cette époque, et qui soutinrent pendant sept ans les efforts des Russes, et leurs diverses actions firent présager les prodiges de dévouement qu'ils dévoient enfanter par la suite (1); rien n'égala l'énergie, la valeur et l'adresse des confédérés, qui, par leur manière de combattre en petits corps, surent rendre nulles les tentatives des armées russes. Ce fut contre cette confédé-

---

(1) L'élection de Stanislas Poniatowski fut la cause directe de cette confédération, parmi les chefs de laquelle figurèrent Krazinski, évêque de Kaminiez, et le comte Michel Krazinski, son frère. L'écrivain doit un éloge aux sentimens de ces deux hommes généreux, qui, ayant vu dans la nomination du favori de Catherine l'indice de l'asservissement de leur patrie, et s'immolant pour elle, bravèrent l'échafaud ou la Sibérie que Catherine peuploit de leurs illustres compagnons. Les succès s'attachèrent à leurs armes; ils gagnèrent la fameuse bataille de Breszcia : sans la trahison, la Russie auroit peut-être été forcée de regarder alors l'Etat polonais comme indomptable.

ration que Suwarow fit ses premières armes comme général; et ce fut chez les Polonais qu'il prit la leçon de l'audace qu'il montra depuis.

Les événemens de la révolution française, qui portèrent Catherine à s'unir aux deux autres puissances, furent cause sans doute qu'elle les admit à un nouveau partage de l'héritage polonais : elle s'y prêta, redoutant de voir échouer son dessein contre la France dont celles-ci devoient être les principaux instrumens. Sans le dessein qu'elle eut d'asservir notre pays, il paroît certain que la Russie eût conservé seule le reste de l'Etat polonais; elle se seroit exposée à la guerre la plus meurtrière plutôt que d'en abandonner la possession.

Malgré l'affoiblissement extrême où la diminution de son territoire et de sa population réduisit la Pologne, son peuple ne perdit point l'espérance; il se conféderá de nouveau en 1792 sous les auspices de son roi : il lutta un instant avec honneur; mais trahi par son monarque, il fut forcé de céder à la Russie : celle-ci, accroissant d'audace à mesure que ses succès contre les Turcs augmentoient, avoit commandé l'entière servitude à

Stanislas. Bientôt Catherine voulut consommer sa perte et celle du royaume dont elle l'avoit investi.

Au même instant une révolution terrible éclata; ce ne fut plus une simple confédération; la nation, irritée par la tyrannie russe, et poussée par la vengeance et le désespoir, se souleva, et la partie entièrement insurgée vola au combat. J'ai fait connoître dans un autre article le dévouement, l'étonnante résistance de ce peuple, et ses brillans exploits.

Cette nation, trop foible pour soutenir le choc qu'on lui livroit, cernée sur tous les points de son territoire, et n'ayant pu développer tous ses moyens dans l'instant où elle fut assaillie, enfin, sans autre appui que celui de sa force, puisque nulle puissance au-dehors ne faisoit diversion en sa faveur, succomba; mais sa chute fut héroïque: la Pologne, qu'on avoit vue trop long-temps dans une espèce d'avilissement, fut réellement digne d'elle-même dans l'instant où elle fut écrasée par le malheur (1).

---

(1) L'affaire du faubourg de Varsovie, nommé Praga, où neuf mille Polonais périrent, et que Sowarow prit d'assaut, fera un honneur éternel à leur

Suite de la Pologne.

Cet Etat, depuis que le Brandebourg se fut agrandi, après s'être soustrait à sa domination, depuis son propre abaissement, et depuis que la Russie fut devenue prépondérante, n'avoit sur le continent d'allié naturel et nécessaire que la France. L'Autriche, voisine de son territoire, comme les deux autres grandes puissances du Nord, lui étoit redoutable à son tour. Les liens les plus étroits unissoient cette république à la Turquie ; leurs rapports reposoient sur leur commune conservation, puisque leurs possessions étoient également menacées par la Russie et l'Autriche ; mais la Turquie, trop éloignée de la Pologne, ou,

pays ; elle sera assimilée dans les fastes guerriers du monde aux défenses les plus éclatantes qui aient existé. Cet évènement, où le dévouement se signala d'une manière si surprenante, relevera aussi aux yeux de la postérité les sentimens de la nation qui en a donné l'exemple. Celle-ci sembla vouloir se faire détruire entièrement : elle refusa de se soumettre lorsqu'elle fut sous le fer des ennemis ; ses guerriers périrent tous, ou se firent jour, par la force, à travers les armées étrangères.

plutôt, trop impuissante elle-même depuis un siècle, ne pouvoit offrir à son alliée que le foible moyen de diversion ; encore la Pologne ne pouvoit compter sur l'efficacité de ce moyen, puisque ses provinces pouvoient être envahies et son trône détruit avant que la Porte eût connoissance des attaques du territoire de celle-ci : la disproportion des forces étoit trop grande entre la Pologne et les puissances voisines, lorsque ces premières développeroient toutes leurs ressources, pour que cette dernière pût, en employant une résistance formidable, attendre sans danger les secours étrangers.

La France étoit le seul Etat qui pût, par son influence militaire, et son activité diplomatique, prévoir les invasions de la Pologne, et présenter des obstacles réels à ses ennemis, en les leur opposant du côté de la terre et de la mer. Un intérêt majeur portoit cette première à prévenir l'envahissement des provinces de cette république par aucune des trois grandes puissances du Nord ; cet intérêt reposoit sur la nécessité d'empêcher qu'elles ne prissent une prépondérance plus grande, en augmentant par cette conquête leurs populations et leurs territoires : elle devoit éviter enfin que la barrière qui sépare les royaumes du nord de l'empire turc, et que formoit l'Etat polonais, ne fût détruite. L'intérêt maritime contribuoit encore à décider la France, puisque la Pologne occupoit nombre de positions importantes dans la Baltique. D'après les progrès de la Russie sur la mer, la France devoit, ainsi que les autres nations, redouter de les voir occupées par cette grande monarchie : sous ce point de vue, la fédération entre elle et la Pologne avoit un fondement général.

Le commerce polonais attachoit par un nouveau lien la France à cette République: la première devoit trouver dans les ports d'une petite puissance, qui attendoit d'elle la protection, des avantages qu'elle ne pouvoit attendre dans ceux des grands Etats, ou des nations qui auroient moins besoin d'elle.

Tout portoit donc la France à soutenir la Pologne, et à cimenter son union avec celle-ci: l'on peut dire que les sentimens de ce peuple étoient favorables à ses vues et à ses intérêts: de toutes les nations du continent, la nôtre étoit celle qui eut les plus grands rapports moraux avec lui : mais les oscillations de notre ancien cabinet à l'égard de ses plans diplomatiques, son peu de fixité et d'énergie dans les négociations, l'apathie militaire où tomba diverses fois la France, après le règne le plus glorieux au-dehors, tout contribua à rendre les liaisons peu stables, et à former l'éloignement mutuel des deux Etats.

La Pologne, de son côté, se rappelant trop de son antique gloire et de son influence; trop confiante dans une bravoure que la force devoit rendre nulle; trop indocile à recevoir l'impulsion étrangère, et trop encline à l'isolement; n'envisageant pas assez sa situation et celle de ses voisins, sous le double rapport de population et de territoire; ne considérant point que depuis que les forces des trois puissances voisines s'étoient si fort accrues, son peuple ne pouvoit vivre entièrement indépendant, en s'affranchissant du grand joug politique sous lequel se courboient même les grands Etats, avoit fait trop peu pour opérer son union diplomatique avec la France; enfin l'on pourroit penser qu'elle n'en avoit pas senti le besoin, puisqu'elle ne voyoit pas son danger : elle ne parut le connoître réellement, et pressentir le partage, que depuis la nomination de Poniatowski.

La France ne forma point la même crainte à l'égard de ce démembrement, et n'en supposa pas même la possibilité avant que le premier partage ne fût effectué : on sait qu'elle n'en fut instruite en quelque sorte que par les bruits publics. Si le cabinet de Versailles eût prévu cette usurpation, il eût adopté sans doute une autre conduite à l'égard de cette République : alors, si elle n'avoit pu maintenir en Pologne une force stationnaire assez formidable pour la protéger, elle auroit, par une diversion active, et en manifestant une volonté forte ; empêché sa perte.

Je citerai, pour prouver combien notre cabinet fut aisé à tromper à cette époque, la quadruple alliance consentie par la Russie, qui supposa vouloir garantir par elle l'existence de la Pologne. La France crut à la bonne-foi de Catherine, et ne vit pas le double dessein de celle-ci, qui tendoit à se montrer à l'Europe comme la protectrice de cette république pour aveugler cette première sur ses vues futures, et à arrêter la Prusse par qui elle craignoit d'être devancée dans l'occupation. Les cabinets n'apperçurent point que la conduite de la Czarine dans le passé, à l'égard de cet État, démentoit le principe de cette bizarre alliance. L'avenir démontra comment Catherine se jouoit de la politique des nations, et combien son ministère étoit plus adroit que celui de la France.

La protection militaire de cette dernière, fut presque toujours impuissante envers la Pologne : on en vit la preuve lorsqu'après le premier partage, Louis xv, décidé par les sollicitations pressantes de l'évêque de Kaminiez, qui avoit été député vers notre cour par les confédérés de Bar, voulut leur accorder des secours : les lenteurs que mit le ministère à envoyer les troupes que commandoit Dumouriez, et la circonscription de ces forces, empêchèrent les Polonais de secouer entièrement le joug des Russes.

Tel fut le foible effort que fit la France dans le moment où elle eût dû déployer toute sa puissance militaire : on peut dire que le divan de Constantinople connut mieux alors l'intérêt diplomatique que le cabinet de Versailles, et qu'il vit mieux dans l'avenir. Il voulut employer tous ses moyens pour conserver l'intégrité du territoire polonais ; mais sa tentative fut sans effet lorsqu'il ne fut point secondé par la France.

J'observerai que ce qui parut retarder dès long-temps l'envahissement de la Pologne, ce fut la rivalité constante qui exista entre Frédéric II et Catherine, et entre ce premier et Joseph II; mais l'on peut ajouter, que si la perte de cette république fut retardée elle fut préparée avec soin; je l'ai fait entrevoir ailleurs. Bedsborodko, Hertzberg, les princes de Kaunitz, même, entretenoient le feu de la division en son sein; ils fatiguoient la nation par leurs intrigues, par les agitations qu'ils excitoient; enfin, ils la disposoient dès long-temps par la politique à recevoir la loi qu'ils devoient lui dicter bientôt les armes à la main.

Après le premier partage, la Russie exerça son despotisme ouvertement : l'oppression fut telle à l'égard de ce peuple qu'elle le força de se jeter dans les bras de la Prusse; il espéra conserver au moins l'existence de son Etat s'il perdoit sa grande indépendance politique. Le gouvernement Prussien, je l'ai dit à l'article Frédéric-Guillaume II, trompa son espoir en violant ses promesses; et dès-lors l'altière Catherine, qui regarda comme un outrage ce qui n'étoit que l'effet de la volonté légitime d'un peuple, hâta la perte de cette république. L'on a vu ailleurs quels événemens succédèrent à cette fatale décision, et quelle fut la gloire dont se couvrit la nation polonaise dans l'instant où elle perdoit sa fortune et sa liberté.

L'indifférence qu'avoient montrée la France et les autres puissances lors du premier partage, avoit paru inconcevable, et tout sembloit faire présager qu'elles tiendroient la même conduite lors du démembrement total : cependant il paroît impossible que le danger auquel se trouvoit exposé le corps politique n'eût point réveillé notre cabinet, si les agitations n'eussent pas existé dans notre patrie. On peut regarder, ce me semble, la révolution française comme une cause indirecte de la destruction de la Pologne : un intérêt que la Prusse et le Turc regardèrent comme plus grand que celui qui les attachoit à cet Etat, malgré qu'il leur fût également avantageux de conserver son existence, les porta à s'armer contre leur allié naturel, c'est-à-dire la France, et leur fit rompre le lien qui les unissoit à ce premier. Sans la guerre de la coalition, fatale aux intérêts de tous les peuples européens, la Turquie, la Suède et la Prusse même, que la politique auroit forcée de renoncer au partage, se seroient fédéralisées avec la France, et l'entier envahissement auroit été évidemment empêché.

J'ai dit dans d'autres passages que la destruction de la Pologne seroit funeste à l'Europe, et que ce démembrement avoit montré la nullité de son système politique fondamental : je ferai encore entrevoir, qu'avec cet État s'est anéanti le double système de balance de forces qui existoit dans le Nord, qui présentoit un double contre-poids favorable à l'équilibre général, et que formoient la Pologne, la Suède, le Danemarck, et ensuite ces royaumes confédérés avec la Prusse. Ces deux balances étoient, dira-t-on, sans effet, puisque ces petits États furent presque toujours désunis, et puisque la Prusse ne se mit de bonne foi à leur tête qu'au commencement du règne de Frédéric-Guillaume III. Il est trop vrai que cette désunion eut lieu ; mais ces États jouissoient de leur existence politique ; la confédération pouvoit être formée lorsque l'intérêt de la conservation commune le commanderoit : tous se seroient réunis, même les villes de la Anse, en 1788, contre la Russie, si Frédéric-Guillaume II se fût prononcé plus directement dans cette circonstance.

Aujourd'hui, la sûreté et la tranquillité du Nord dépendront en partie de la sagesse et de la fermeté de la Prusse. Du côté de l'Orient il n'existe aucune ressource politique pour former l'équilibre ; la balance est emportée, il n'y reste plus aucun poids. J'ajouterai, enfin, que la destruction de la Pologne doit être une nouvelle cause de guerre sur le continent ; et qu'elle amenera infailliblement les plus grands changemens dans ses parties septentrionales et orientales.

PORTUGAL.

Ce royaume qui s'éleva, ainsi que l'Espagne, sur les débris de ceux des Maures, après s'être signalé long-temps par la valeur de son peuple dans les guerres contre eux, tant en Afrique qu'en Europe, et après s'être affermi, comme l'Espagne, par les armes, fut conquis par Ferdinand. Il reprit son indépendance sous Alphonse VI. Il jouit de sa pleine indépendance sous Emmanuel, et il étonna l'Europe par la splendeur que lui donnèrent ses brillantes conquêtes dans les Indes, où ses sujets s'établirent les premiers. Sortant alors de la sphère étroite dans laquelle la nature l'avoit circonscrit en Europe, où il n'occupe pas plus d'espace qu'une grande province, il montra une puissance maritime telle qu'il balança l'influence des plus grands Etats, comme le fit en d'autres temps la Hollande. Après s'être vu dépouillé par les puissances qui suivirent ses pas dans l'Inde, des possessions par lesquelles il s'étoit formé la plus brillante fortune, il rentra en quelque sorte dans son néant. Son influence fut entièrement détruite dès que l'Espagne, maîtresse de l'Amérique, et possédant une force imposante, présenta en elle un colosse formidable, et lorsque, sous Charles-Quint, elle se montra prête à dicter la loi aux peuples Européens.

Alors le Portugal, quoique non conquis, fut regardé par elle comme une de ses provinces; bientôt Philippe II, aussi turbulent que son père, mais moins politique et moins magnanime, soumit par la force cet Etat, et lui fit sentir tout le poids de son joug (1).

Le Portugal, que la haine animoit contre les Espagnols, et qui ne pouvoit supporter leur domination, essaya de s'y soustraire: il n'y parvint que lorsque le duc de Bragance, soutenu par les Français, souleva ce royaume contre la puissance qui l'opprimoit; et lorsque la bataille de Villa-Viciosa, où les Portugais combatirent réunis à nos troupes, eut été gagnée par eux.

Cet Etat resta indépendant en apparence;

---

(1) Le Portugal passa à l'Espagne après la bataille où le duc d'Albe, commandant les troupes de Philippe II, vainquit don Antoine, fils de Louis, l'aîné des enfans d'Emmanuel.

mais il subit la loi de l'Espagne, qui le gouvernoit par la menace, et le retenoit par l'appareil d'une force puissante toujours prête à envahir son territoire. L'Espagne l'auroit conquis de nouveau, et l'auroit mis au nombre de ses provinces, si les grandes puissances, qui la regardoient comme encore trop prépondérante, ne se fussent opposées à l'usurpation.

Le Portugal sentant la nécessité de chercher des appuis contre son implacable ennemie, qui, malgré l'espèce d'opposition que formoient les cabinets en faveur de ce premier, ne renonçoit point à l'asservir, avoit vu dans le Gouvernement français un protecteur formidable et son allié naturel, comme grande puissance maritime et continentale. Il lui resta attaché tant que celle-ci fut la rivale déclarée de l'Espagne, et il s'écarta de l'Angleterre, qui étoit la seconde puissance avec laquelle il eut des rapports directs : mais dès que la France eut formé le pacte de famille avec l'Espagne, le Portugal, ne pouvant plus compter sur l'appui de cette première, se vit forcé par sa politique de se rapprocher de l'Angleterre.

Bientôt, épouvanté par la prépondérance maritime de celle-ci, il craignit de trouver dans

dans sa protection la cause de sa perte. Cette appréhension étoit fondée ; l'Anglais, d'après son système de domination absolue, étoit un nouvel ennemi que le sort avoit armé contre lui. Le Portugal dut le regarder comme très-redoutable, sur-tout depuis que ce premier, s'étant habitué à tout méconnoître, avoit signalé ouvertement son dessein de s'emparer de toutes les possessions européennes du continent et archipels indiens (1).

Plus l'Angleterre prenoit de force et de suprématie, plus le sort du Portugal étoit menacé, et plus sa politique le portoit à se jeter dans les bras de celle-ci pour sauver sa fortune du dehors ; plus, enfin, il couroit le risque de la voir abuser de la protection qu'elle lui donnoit (2). D'un autre côté, cet Etat étoit arrêté par cette même politique, qui lui montroit son existence près d'être détruite en Europe, par un prompt envahisse-

---

(1) Si la France eût succombé, le Portugal passoit sous le joug de l'Anglais, ou le Brésil, le Chili et le Paraguay auroient été le prix de son existence.

(2) La protection maritime forme le principal intérêt du Portugal envers l'Angleterre : les ménagemens relatifs à ses possessions lointaines, la prépon-

ment de son territoire de la part de l'Espagne, s'il s'unissoit plus étroitement à l'Angleterre. Le Portugal se trouvoit entouré d'écueils, et toute la prudence et la sagesse possibles ne pouvoient les lui faire éviter; il falloit pour cela un de ces évènemens qu'on peut regarder comme des phénomènes dans le corps politique, qui, en changeant la direction des vues de l'Europe, lui procurât le moyen de se soustraire à l'imminent danger auquel il étoit exposé.

Cet événement fut la révolution de la France. L'extrême affoiblissement de l'Espagne après les premières campagnes contre nous, et l'union de celle-ci avec les Anglais, facilita le Portugal à se mettre sous leur protection directe, sans donner des soupçons à son ennemie, qui marchoit en ce moment au même but, et sans avoir à redouter sa vengeance. Le Portugal, soulevé comme tous les autres États contre la France, avoit perdu tout espoir d'appui de sa part : il vit, sans retour, la

---

dérance de la première dans les mers de l'Europe, l'isolement de ce royaume de toutes les nations continentales, sauf l'Espagne; le voisinage de Gibraltar, qui rend, en quelque sorte, les Anglais les sentinelles des côtes portugaises, sont les causes secondaires des rapports des deux États.

puissance suprême maritime dans les mains de l'Angleterre ; cette erreur fut alors le guide de sa politique.

Pendant les premières années de la guerre de la coalition, ses ports et ses arsenaux furent ouverts aux Anglais ; et ceux-ci commandèrent un instant en maîtres dans la ville où Emmanuel avoit cru jeter le fondement d'un empire puissant, en y établissant le grand comptoir oriental, et d'où il influença lui-même l'Europe. (Lisbonne jouit un instant de ce brillant avantage.) L'Anglais, croyant que la France seroit long-temps hors d'état de réclamer efficacement l'indépendance du Portugal, et voyant l'Espagne sous son propre joug à cette même époque, s'établit dans cet Etat, et se flatta de pouvoir s'y affermir.

Le Portugal crut, à son tour, que l'Angleterre se rapprocheroit de notre patrie, et qu'il pourroit reprendre son indépendance : il reconnut trop tard qu'il l'avoit mise dans des mains non moins funestes que celles des Espagnols, sur-tout lorsqu'il reçut l'ordre de l'Anglais de soutenir la guerre contre la France victorieuse sur tout le continent et amie de l'Espagne; ordre qui faillit déterminer son invasion par celle-ci, unie à la première.

Le système de modération de la France sauva cet Etat. La nécessité détermina son rapprochement avec elle, et l'Anglais ne put s'y opposer : le Portugal tenoit à la terre-ferme, cela suffisoit pour qu'il l'abandonnât à sa destinée, et qu'il renonçât à se maintenir par la force sur son territoire (1). Alors Lisbonne et ses autres ports furent évacués par les flottes britanniques.

Le Portugal, dégagé de sa nouvelle chaîne, fit un traité avec la France, qui lui garantit son existence; et son sort semble mieux assuré depuis. L'Espagne n'osera point se montrer ambitieuse à son égard (2), si une fausse politique ne fait perdre à celui-ci l'amitié de la France, et s'il n'incline point pour les Anglais, ce qui pourroit arriver; le desir de conserver ses Etats d'Amérique, doublement menacés

---

(1) C'est seulement dans des pays où l'on ne peut arriver qu'avec des vaisseaux que l'Angleterre bravera la France : mille exemples ont prouvé quelle supériorité ont nos guerriers de terre sur les siens.

(2) Tout annonce que l'Espagne a adopté le système que sa situation et celle de l'Europe lui montroient nécessaire. Conserver son existence et son reste de suprématie, par sa prudence et sa sagesse, tels doivent être les fondemens de ses projets et de sa

depuis l'occupation de la Trinité par ces derniers, pourroit l'y porter de nouveau : les puissances, comme les hommes au particulier, tombent souvent dans le délire lorsqu'il s'agit de la perte de leur fortune. Mais le mal seroit infiniment plus grand pour le Portugal, parce que son trône seroit évidemment détruit en Europe.

---

nouvelle politique. Sa conduite franche, loyale et réservée dans les dernières époques, où l'Angleterre l'a opprimée si cruellement, semble avoir démontré qu'elle marche au véritable but. Quant au Portugal, la situation des choses le force de se rapprocher non-seulement de cette première par des traités, mais de sacrifier son ancienne haine : il semble que s'il veut conserver son existence, il doit se regarder aujourd'hui comme formant partie de l'Espagne.

POTEMKIN.

Ce Russe offre dans l'histoire de l'Europe un phénomène marquant : la grandeur et la bassesse, l'audace et la lâcheté, tous les sentimens qui forment les deux contrastes dans les caractères des hommes, auxquels il faut ajouter la bizarrerie, et enfin l'orgueil et l'ambition qui les poussent à tous les excès, semblèrent s'être réunis pour former celui de Potemkin. Le tableau de sa vie présente ces sentimens divers agissant en tous les temps sur son ame : sous ce rapport, on peut dire qu'il n'eut presque point d'égal dans l'univers (1).

(1) J'entrerai dans plus de détails sur cet homme que sur nombre de ses pareils : un caractère semblable, outre la curiosité qu'il inspire, est utile à montrer. Il peut faire voir aux nations à quels personnages elles confient souvent leurs intérêts : un tel tableau retrace la politique et les mœurs d'un peuple entier. Il peut faire sentir à tous la nécessité d'apprécier ceux qui ont un mérite réel, et à ne pas les confondre avec des êtres impuissans ou malfaisans, comme on l'a fait si imprudemment pendant tant de siècles, aveuglement qui a été funeste au mérite dont il a borné la carrière, et qui l'est devenu au bonheur

Le sort sembloit l'avoir destiné à courir dans la carrière vulgaire, étant né de parens obscurs, c'est-à-dire, d'un gentillâtre russe (1), et ayant été placé comme bas-officier dans l'un des régimens des gardes; mais l'ame audacieuse et entreprenante de cet homme, qui devoit dompter le sort toute sa vie, rompit la barrière placée devant elle : Potemkin vit l'appât qu'offre la puissance: du sein de la condition la plus basse, il porte ses vues jusqu'au trône, et bientôt il ose s'y asseoir (2).

Ici le génie ne le seconda point; aucun service signalé, aucun acte éclatant de vaillance,

---

des nations : le mérite, envisagé sous le rapport des talens et des vertus, à l'égard de ceux qui occupent le trône ou qui en approchent, est le principal mobile de la prospérité de ces premières.

(1) On appelle famille obscure en Russie celle dont le chef n'a que le titre de Boyard.

(2) Ce fut sa hardiesse qui le porta à se présenter à Catherine : son ton, ses manières, tout en imposa à celle-ci ; elle reçut la première le joug sous lequel se rangea ensuite la Russie entière. Cette impératrice prouva, à l'égard de cet homme, que si elle avoit pu s'élever dans la sphère de son sexe, elle n'en étoit point sortie, et qu'elle avoit conservé la foiblesse qui lui est naturelle.

ne lui servirent de titres pour obtenir la faveur ; l'amour même de Catherine ne contribua pas seul à l'élévation de Potemkin dans le premier instant, quoiqu'il fût le principal ressort de ses espérances : ce fut une politique adroite par laquelle il en imposa à celle-ci, sur son caractère et sur les facultés de son génie. Cette politique n'étoit point fondée sur une connoissance approfondie du cœur humain : (Potemkin n'avoit pu étudier l'homme ; son âge, sa dissipation inconcevable , son éducation bornée s'y étoient également opposés) (1) : elle étoit l'effet d'une aptitude naturelle qu'avoit cet individu à découvrir les penchans les plus secrets des ames. Il paroît qu'il avoit découvert le desir formé secrètement par l'impératrice de trouver un appui contre ses ennemis, et qu'il le lui montra en lui-même. Enfin il triompha, à l'appui de l'adresse, de l'audace et de l'amour.

Placé sous le dais des Czars, où il se présenta comme si la naissance l'y eût appelé, il

---

(1) La connoissance du cœur humain ne peut être l'étude d'un instant : il paroît même impossible qu'un homme qui n'a vu qu'un seul peuple, ou qui, au moins, n'a pas lu l'histoire avec le plus grand fruit, puisse la posséder entièrement.

s'empara des rênes de l'empire : bravant la haine et les clameurs de la nation, il s'ouvrit le trésor public sans qu'aucun obstacle lui fût offert. Il dicta aussi-tôt des loix à ce peuple; et força les seigneurs les plus puissans et les plus respectés à s'abaisser devant lui. Dédaignant l'héritier du trône (1), dont il sembloit se regarder comme le père sous le rapport du pouvoir que ce titre donne aux monarques absolus, il montra ses sentimens et son but aux yeux de tous. Son ambition qui ne devoit point se circonscrire dans le seul empire russe, quoiqu'il embrasse un espace aussi grand que l'Europe, le porta à s'emparer, dans la Courlande, de l'héritage de Biren. La Prusse, ayant fait échouer son dessein, qu'il paroissoit ne regarder, au fond, que comme un accessoire à ses vues, il les tourna vers la Pologne, que Catherine avoit donnée à Poniatowski, et dont ce premier sembloit avoir dédaigné long-temps le trône, ne le mettant point en balance avec

---

(1) Potemkin traita toujours Paul avec la hauteur d'un maître; en présence même de Catherine, il manquoit des égards que lui imposoit le rang de ce premier : on auroit dit que Potemkin ne voyoit en lui que l'être le plus subalterne, ou le dernier des sujets russes.

la possession du pouvoir en Russie. Enfin, son ambition se porta vers l'Orient ; dès ce moment, les États du Croissant devinrent son partage dans sa pensée, et l'abaissement de l'Europe, que Catherine desiroit, fut déterminé à ses yeux.

Ne pouvant servir ses desseins que par les armes, il se mit à la tête du collége de la guerre, lorsqu'il crut avoir atteint à la gloire politique, et lorsqu'il se sentit entièrement affermi ; et les généraux durent être, non des chefs indépendans, même ceux qui étoient étayés de leur gloire, mais ses esclaves ou les passifs instrumens de ses volontés (1). Bientôt il aspira lui-même à commander, pensant que

---

(1) Les généraux furent réduits par ce prince au plus grand degré d'abaissement ; il ne considéra point leurs services ni leur gloire. Le fameux Romanzow, qui portoit en son ame la fierté naturelle au grand guerrier, encourut sa disgrace pour lui avoir résisté. Repnin dut s'abaisser pour conserver la faveur. Si on vit celui-ci braver Potemkin, ce fut lorsque ses succès brillans contre les Turcs lui eurent donné une prépondérance que le favori n'osa heurter : mais Repnin repassa bientôt sous le joug ; il perdit même, sous le règne de Catherine, les droits que lui avoient acquis ses services.

le respect qu'on porte à celui qui gouverne est presque toujours l'effet de la gloire militaire. Il sentit qu'il n'étoit point né brave ; mais il se dit qu'il se feroit un bouclier de son armée, que ses profusions et son pouvoir devoient lui attirer et lui soumettre (1).

Il déclara diverses guerres aux Turcs sous les plus vains prétextes, et s'approcha de l'Orient, espérant pouvoir franchir, à la fin, la barrière qui l'en séparoit : Catherine, dont il vouloit exécuter le dessein favori, et qui ne résistoit à aucune de ses volontés (je l'ai dit ailleurs) donna les mains à toutes ses tentatives.

---

(1) Sa lâcheté fut telle, qu'il soudoyoit des spadassins, auxquels il donnoit le titre d'aides-de-camp, pour se battre à sa place si le duel lui étoit présenté. La peur lui fit oublier lorsqu'il prit ce parti qu'il étoit en Russie, où les seigneurs n'ont point adopté le moyen de vider leurs différends par l'épée. Il pouvoit craindre l'étranger ; mais sa toute-puissance et la Sibérie étoient son égide de ce côté. Cependant il arriva qu'il fut provoqué. L'occasion où il montra à découvert sa lâcheté, fut celle où le comte d'Anhalt, parent de Catherine, homme aussi estimable par ses qualités privées que par sa bravoure, qui égaloit celle d'un ancien Germain, lui proposa le combat.

L'ostentation et le faste dont Potemkin étoit idolâtre, qu'il avoit montrés avec tant d'éclat dans les deux capitales, auxquels il allioit les habitudes et les manières de l'ancien Scythe, parurent dans ses camps (1). Cet homme qui sembloit avoir le pouvoir de féerie, créa les fêtes les plus brillantes au sein des déserts ; les rives du Bog et du Niéper le virent opérer ce prestige (2) ; tant il est vrai que la force et l'argent peuvent tout : de-là, il influença toutes les décisions que Catherine prenoit à Pétersbourg.

Le sort qu'il sembloit avoir rendu bizarre à son égard, lui donna bientôt, sinon le signe réel de la gloire du moins l'apparence. Les

---

(1) Il manifesta en tout temps et en tous lieux son penchant pour le faste ; et tandis que Catherine, retirée dans son hermitage, sembloit plutôt dans la retraite qu'au sein de sa cour, ce prince traînoit toute la pompe et le fracas de la royauté après lui.

(2) On vit tout ce que pouvoit son génie fantastique et créateur lors du voyage de l'impératrice en Tauride. Potemkin développa dans ce cas toutes ses ressources : il parvint à fasciner les yeux de Catherine elle-même, en lui montrant, dans les lieux où regnoit la misère, l'image de la richesse et du bonheur.

barrières formidables, et presque les seules que le Turc eut du côté de la Russie, s'abaissèrent devant lui ; il revint dans la capitale en triomphateur, étonner les Russes, à la majorité desquels il n'en imposoit point sous le rapport guerrier ; et mit un nouveau fleuron à la double couronne qui couvroit le front de Catherine et le sien. Il avoit atteint alors au période de la grandeur humaine ; la politique lui avoit prodigué toutes ses faveurs (1); les rois du Nord l'avoient assimilé, pour ainsi dire, à eux en lui partageant leurs titres les plus distingués.

Telle étoit la brillante situation de Potemkin à l'époque de la paix de Jassy, et lorsque la révolution française eut éclaté. Cet homme irritable, qui étoit devenu par système et par ambition l'ennemi de la France, pour laquelle il avoit manifesté en tous les temps le plus grand mépris, pâlit à l'annonce de cet événement. Il auroit voulu déchaîner ses soldats

---

(1) Tout s'étoit réuni pour l'entourer d'éclat : les divers monarques du Nord, par condescendance pour Catherine, qui ne cessoit de leur montrer son favori comme le dispensateur de son amitié, s'étoient empressés de le décorer de leurs ordres : l'empereur d'Autriche lui avoit donné le titre de prince de l'empire romain.

contre nous ; mais ses projets sur l'Orient l'arrêtèrent. Tout annonce même, que, faisant céder Catherine à son ascendant, il suspendit un instant ses résolutions relatives à notre patrie. L'on pourroit croire aussi, qu'il avoit pressenti que la victoire ne s'étoit attachée aux troupes russes que sur le territoire ottoman.

La destinée de ce prince prend bientôt un autre aspect ; l'auréole brillante qui l'entoure va disparoître ; ses sentimens et ses facultés, que l'illusion avoient transformés à tous les yeux en les couvrant de son voile, se montrent à découvert; l'apathie, les dégoûts, le découragement, paroissent remplir son cœur et gouverner ses actions. C'est ici où l'on apperçoit un trait distinctif de l'ame de Potemkin : il présente un grand caractère lorsqu'il a en main le pouvoir, et lorsque ce pouvoir lui échappe, ou qu'il redoute qu'il lui soit ravi, il montre une foiblesse inexprimable.

Enfin cet homme, qui annonçoit par sa constitution robuste, devoir survivre à tous ses contemporains, et dont la confiance en lui-même paroissoit inébranlable, tombe tout-à-coup dans un abattement absolu, et meurt comme privé de toute espérance.

Ce fut dans l'instant où l'Europe crut que Catherine, n'espérant point lui survivre, lui préparoit le partage du trône avec son petit-fils, au détriment de Paul ; projet aussi impolitique qu'insensé s'il exista, qui auroit réduit quatre lustres après sa mort, la Russie à l'état de barbarie et de dépopulation où elle se trouvoit avant Pierre Ier!

Voici en résumé le portrait de Potemkin :

Courtisan adroit, sale dans ses actions et dans ses discours ; avide d'honneurs autant qu'aucun homme ; portant la politique de l'ambition au dernier terme ; s'oubliant lui-même pour triompher ; réduisant les grands de l'empire au néant, et faisant des individus les plus obscurs des hommes recommandables ; enchaînant la fortune à son char d'une main aussi confiante qu'audacieuse ; y attachant sa souveraine elle-même, cette Catherine qui épouvantoit à la fois l'Europe, et en étoit l'admiration, et qu'il avoit appris à trembler à son aspect, comme on voit le lion, à qui rien ne résiste, recevoir la loi de celui qui a su le maîtriser ; tel s'offre d'abord Potemkin. Souverain, général et marchand à la fois, il crée, renverse et vivifie tout : il reproduit tour-à-tour Gengis-Khan et Pierre I. On le voit prodigue et avare, actif et indolent, hardi et pusillanime; il est le plus vain et le plus bas des hommes. La grossièreté et la brutalité ne trouvent en lui leur contraste que lorsque son intérêt lui commande les égards et la politesse : la mauvaise foi est son guide constant. Fastueux à l'excès et avec art, il donne souvent à son luxe l'aspect de la plus extrême simplicité, et lui fait prendre parfois la livrée de la misère des Tartares. Il posséda de l'esprit, mais ce fut celui qui marche sans le jugement. Il eut quelques talens circonscrits dans le cercle de l'intrigue et de la politique de son pays. Trop occupé de ses plaisirs pour être éclairé, il ignoroit l'art des combats ; mais il connoissoit celui de la séduction, qui supplée souvent à ce premier, et assure à son tour la victoire. Il étoit si lâche qu'il auroit supporté les affronts d'un enfant s'il n'eût été entouré de son armée ou de ses satellites. Son vœu fut pour le trône, et il ne put y atteindre, quoiqu'il eût été près de quatre lustres maître des trésors et des volontés de l'empire russe : il sembla, en accumulant ces trésors, vouloir acheter l'empire lui-même; nul favori ne parvint à ce degré de faveur dans aucun pays, et n'eut une telle permanence de pouvoir.

Ce

Ce prince fut enfin l'un de ces êtres étonnans par leur bizarrerie, qu'il étoit réservé au dernier siècle de produire et de mettre sur la scène. Il étonna, séduisit et subjugua tout ; peut-être pourroit-on dire, que parmi les individus qui entouroient les trônes, Potemkin fut celui qui connut le mieux ce qu'il falloit pour en imposer aux peuples, et qui par-là même saisit mieux l'esprit de son siècle: le faste, la confiance en soi-même, l'extrême arrogance, tels sont, en effet, les véritables élémens de cet esprit.

Quelle puissance semble avoir maintenu si long-temps Potemkin à la tête de l'empire russe ? L'univers semble s'étonner qu'il n'ait pas déterminé la chute de Catherine d'un trône déjà si chancelant (1). Les sentimens et

___

(1) On a semblé croire que l'influence de Catherine pouvoit seule maîtriser son empire : l'exemple d'Anne semble démontrer le contraire. Catherine n'avoit ébloui les Russes qu'à un certain point, je l'ai dit dans son article. Il est probable que sans Potemkin, elle ne se seroit pas soutenue si long-temps sur le trône : il l'est encore, que si celui-ci eût été aussi impuissant et aussi barbare que Biren, et qu'elle eût voulu l'étayer de sa puissance, elle seroit tombée avec lui.

la conduite particulière de ce favori furent son égide, et évitèrent ce désastre. Différent de Menzicow et de Biren, qui eurent aussi l'influence la plus despotique, il n'employa point comme eux la cruauté pour affermir son pouvoir : il se rendit redoutable aux seigneurs, fit trembler l'empire, et il punit très-rarement. Voici encore une bizarrerie de sa destinée, et peut-être la plus grande: il gouverne l'empire pendant dix-huit ans par la terreur, et cette terreur n'est excitée que par l'aspect, le ton et les menaces de cet homme. C'eût été le plus grand acte de politique de sa part, si cette conduite eût été un effet de son système ; c'est le comble de l'adresse d'un monarque absolu (Potemkin doit être toujours considéré comme l'autocrate lui-même, ou celui qui gouverne en son nom,) de forcer l'obéissance par la crainte, et de ne point ensanglanter l'échafaud. Tout dans l'histoire de ce prince, sert à démontrer que ce fut par caractère, par indolence même, et par la persuasion qu'il avoit que sa toute-puissance ne pouvoit être ébranlée, qu'il ne se livra pas au soupçon et à la cruauté. . . . Quel exemple et quelle leçon la vie politique de Potemkin a donnés aux souverains ! Ce prince, qui est plus funeste à son pays que Menzicow et que Biren, puisqu'il épuise plus long-temps qu'eux ses trésors et sa population, ne voit point son existence menacée dans l'instant où le Russe est devenu plus éclairé, et, d'après cela, plus redoutable : cet homme, haï, méprisé d'un État entier, conserve enfin sa puissance parce qu'il n'est pas cruel. Ceci sert à démontrer ce que l'histoire a prouvé diverses fois, que les peuples peuvent sacrifier leur fortune, voir compromettre et même humilier leur gloire, mais non supporter les atteintes de la férocité. On a vu encore, à l'égard de Potemkin, combien les nations sont enclines à la générosité et à récompenser les plus foibles actions dans ceux qui les gouvernent : il avoit su rendre quelquefois ses trésors utiles à l'empire ; un seul bienfait équivalut aux yeux des Russes à cent actes de déprédation.

Suite de Potemkin.

Je répéterai, relativement à la politique particulière de Potemkin, qu'il eut de grands desseins toute sa vie. La possession de la Courlaude, l'occupation du trône de Pologne, de celui de Constantinople, et ensuite le partage de celui de Catherine avec Alexandre, furent les quatre grandes vues de cet homme, qui étoit digne, comme on le voit, de s'assimiler à celle-ci sous le rapport de l'ambition. On ne sait si cette impératrice chercha à abuser son favori, ou si elle fut de bonne foi lorsqu'elle lui promit le partage de l'empire russe avec son petit-fils: ce qui sembleroit prouver en faveur de la première supposition, ce seroit la connoissance des sentimens de la czarine, qui préféroit évidemment Potemkin à sa famille; l'influence qu'elle lui avoit donnée sur ses volontés l'avoit prouvé. Cependant le refroidissement qui exista entre ces deux étonnans amis sur la fin de leur commun règne, l'apathie dans laquelle Potemkin étoit tombé tout-à-coup, et qu'on pourroit croire un effet du dépit, et même de la crainte, que l'exemple des favoris les plus puissans renversés de tout temps par les monarques russes avoit pu faire naître en lui, laissent supposer un mécontentement commun qui avoit sa source dans l'ambition même. Enfin, tout indique qu'il s'étoit opéré un changement dans les sentimens et les projets de cette souveraine à l'égard de ce prince. On croit découvrir la vérité de cette idée, lorsqu'on la voit, à cette époque, se tourner avec plus de complaisance vers Alexandre. Quoi qu'il en soit de ces opinions, il est certain que Potemkin fut plus réservé, moins audacieux et moins confiant en sa puissance dans les derniers temps de sa vie.

Si Catherine lui promit illusoirement le partage du trône russe, elle lui destina réellement celui de la Pologne, après avoir échoué lorsqu'elle voulut lui donner la Courlande. Tout ce qu'avoit fait ce prince pour établir des rapports particuliers entre lui et ce second état semble le démontrer à son tour (1).

Je dirai que Potemkin fut le principal auteur du système d'oppression exercé envers les Polonais: il étoit réservé à un homme que j'ai dépeint si ambitieux, si entreprenant et si audacieux, lorsqu'il pouvoit l'être sans danger, qui portoit enfin l'adresse à un point extrême, d'ourdir ces trames di-

---

(1) Les acquisitions immenses faites par Potemkin, dans la partie de la Pologne qui avoisinoit la Russie-Blanche, indiquent ses vues sur la domination de ce pays, où il cherchoit à prendre des droits comme grand propriétaire.

plomatiques. Il trouva un mobile propre à exciter son activité; ce fut son desir de régner sur cette république. Tout annonce, je l'observe de nouveau, que le dessein qu'il en avoit formé dès long-temps ne concourut pas moins à l'envahissement de ce pays par la Russie, que celui de la czarine, de détruire une nation qui avoit osé toujours la braver, et qui avoit arrêté sa marche vers l'orient.

Potemkin tourna ses regards vers la Pologne, jusqu'au moment où les conquêtes d'Ockchakow, d'Ismaël, Bender, &c. eurent accru ses espérances et ses prétentions. Il paroît qu'alors il regarda le trône oriental comme seul digne de lui, et qu'il dédaigna celui de la Pologne, regardant son monarque comme suzerain de la Russie, puisqu'il étoit sans cesse exposé à être écrasé par le poids de la puissance de celle-ci.

Ce dernier projet étoit encore propre à celui qui étoit habitué à commander à un grand empire, qui n'avoit que des idées et des vues extraordinaires, et aux yeux de qui il n'existoit point d'obstacles.

J'ajouterai, à l'égard de cet homme gigantesque et bizarre, que des établissemens utiles rappellent, en Russie, des souvenirs qui semblent devoir rendre sa mémoire chère, tandis que l'histoire de ce pays, où sont déposés les monumens de son arrogance et de son ambition, le montre au dernier rang de ceux qui en tous les temps vécurent auprès des trônes. Il s'y trouve cependant un trait de gloire, qui rejaillit aussi sur Catherine : je l'ai indiqué ailleurs, en disant que ce prince n'exerça point une tyrannie sanguinaire envers le peuple russe. L'impartialité veut qu'on le fasse entrevoir ; et l'ami de l'humanité, en improuvant les erreurs des deux personnages dont je parle, leur doit à cet égard une espèce d'hommage.

Il ne peut s'établir le plus foible doute sur les grandes vues de Potemkin, ni sur l'influence étonnante que je lui prête. Qu'on me dise si l'on ne jouit point de tous les droits de la souveraineté, lorsqu'on dispose des trésors d'un empire, lorsqu'on fait la guerre ou la paix, qu'on élève ou abaisse les individus à son gré, lorsqu'on se met enfin au-dessus des loix et des ménagemens ? ce prince réalisa tout ce que je viens d'exposer. Peut-être pourroit-on dire que le plus grand nombre des actions importantes de Catherine furent inspirées par lui : il n'existe pas un seul exemple public, pendant le long règne de cette souveraine, qui ait signalé sa résistance aux vœux de ce premier ; on sait qu'il porta son influence suprême jusqu'à déposséder les autres favoris, ses successeurs : s'il trouva de l'opposition en Catherine, ce fut seulement dans ce cas : il eut, pour ainsi dire, carte blanche du côté de la politique ; il dicta toujours la loi au-dehors de l'empire, et bouleversa tout au-dedans lorsque ses vues ou ses caprices l'y portèrent. La conviction de sa toute-puissance étoit si forte en Russie, que sa protection étoit reconnue plus efficace que celle de l'impératrice ; on n'auroit osé briguer celle-ci ouvertement, avant de s'être assuré de celle du grand favori : on l'avoit vu, en cent circonstances, renverser ceux qui avoient été élevés à son insu....Quant à la prétention de ce prince sur les deux trônes dont j'ai parlé, il ne faut qu'envisager son excessive ambition pour être convaincu de son existence. On en trouve des preuves dans ses actions relatives, et opposées à ses penchans et à son caractère : son étonnante opiniâtreté à l'égard des Turcs, ses travaux, ses fatigues offrent des faits démonstratifs à l'égard de ce que j'ai dit, sur-tout, d'après la connoissance qu'on a de son égoïsme et de sa paresse. S'il n'eût eu pour but que de servir Catherine, son zèle eût été sans doute plus lent; on est même autorisé à croire qu'il n'eût point pris dans ce cas le commandement.

Toutes les preuves d'induction, et même de fait, se réunissent pour attester les desseins de Potemkin, l'étendue et la longue immutabilité de son pouvoir. Je me suis arrêté sur ces rapprochemens, que j'ai cru propres à donner des points de lumière sur les véritables causes de la conduite de Catherine : on jugera plus sainement les diverses actions de son règne, relativement à elle-même, et l'on appréciera mieux ses intentions lorsqu'on verra qu'elle a été rarement maîtresse de ses sentimens.

J'observerai à ceux qui regardent l'influence de Potemkin et la permanence de son pouvoir comme invraisemblables, que nous avons eu un pareil personnage dans notre patrie. Sans doute, madame de Pompadour, gouvernant la France, décidant la guerre ou la paix, dictant les conditions des traités, détruisant nos alliances (elle détermina la rupture de Louis XV avec Frédéric II), nommant nos généraux, et épuisant nos finances à son gré, exerça, à son tour, les principales prérogatives du pouvoir suprême, et ne différa guère de Potemkin.

PRUSSE.

Cet État, que Frédéric-Guillaume avoit affranchi du joug de la Pologne, dont il étoit feudataire direct comme vassal, lorsqu'il n'étoit lui-même qu'électeur de Brandebourg (1), montra un autre aspect lorsque Frédéric I eut pris le titre de roi avec le consentement de l'Autriche. Une nouvelle destinée sembla naître pour la Prusse : son influence politique et militaire s'accrut, même sous son premier monarque. Guillaume prépara son influence militaire; il étoit réservé à Frédéric II, son fils, de fixer l'existence de ce royaume. Si l'on observe la situation formidable de l'Autriche à cette époque, la circonscription et presque la nullité des moyens de la Prusse, comparés aux siens, on regardera comme une espèce de prodige cet affermissement, sur-tout lorsque l'Autriche, désabusée sur cet État, qu'elle avoit cru pou-

---

(1) Ce fut en 1657, que le grand-électeur Frédéric-Guillaume affranchit son pays du joug de la Pologne, par le traité de Velham.

voir tenir éternellement sous son joug (1), employa la force pour le réduire à sa première impuissance. Frédéric prouva, par ses étonnantes et longues victoires, que le peuple le moins nombreux peut être quelquefois indomptable. Ce prince répandit sur son royaume le plus grand éclat, et garantit sa destinée en lui donnant la force intérieure, qu'enfante une bonne administration. Il avoit vu dans celle d'un État le fondement invariable de sa stabilité et de sa puissance militaire : en effet, c'est une bonne administration qui procure

---

(1) Lorsque l'empereur permit à Frédéric 1 de prendre le titre de roi, on regarda ce consentement comme une dérision de l'Autriche. Il est probable que celle-ci crut qu'il ne pourroit en soutenir la dignité, et qu'elle regardoit toujours la Prusse comme tributaire : l'orgueil de cette maison étoit trop grand pour qu'elle pût se livrer à la crainte, et soupçonner des dangers futurs. On voit, par cet événement, combien le cabinet le plus adroit et le plus politique peut s'abuser, et combien sont souvent puissantes les conséquences du plus petit objet. L'Autriche eût dû connoître l'influence des titres ; elle eût dû savoir ce que peut un homme doué d'un caractère fort lorsqu'il a devers lui la légitimité du droit. Son imprudence politique forma, on peut le dire, cette monarchie nouvelle qui a tenu dans ses mains son propre sort.

la population et les trésors, causes directes des succès guerriers, et par-là même de la prépondérance des empires.

Ce royaume est devenu très-formidable : il met aujourd'hui un grand poids dans la balance politique de l'Europe ; et il a influé sur les opérations guerrières et diplomatiques dans ces derniers temps.

Il forme, par sa position, une barrière à l'ambition des deux autres grandes monarchies du nord, et est ainsi le conservateur du pacte politique européen. Depuis son affermissement, on l'a vu arrêter les desseins de la Russie dans la partie occidentale du continent, où celle-ci a tenté diverses fois de pénétrer ; il a empêché l'Autriche de s'étendre plus au Nord, et l'a forcée de tourner ses prétentions vers la partie méridionale de ses royaumes. C'est à l'existence de la Prusse qu'a tenu celle de la Suède et du Danemarck : leur alliance, soit manifeste soit secrète avec elle, a été leur sauve-garde. Si les nations du midi et du centre de l'Europe voyagent librement dans la Baltique, en payant un foible tribut au Danemarck, elles le doivent principalement à cette première : la Russie maîtresse du Sund, leur eût présenté les plus grands obstacles, ou plutôt, elle eût fait seule le commerce de cette mer; et peut-être ses possessions s'étendroient aujourd'hui jusqu'à la Hollande. Enfin si l'Allemagne possède encore des électeurs, et si ce vaste pays n'est pas gouverné par un autocrate, c'est à la Prusse, défenseur déclaré des princes de l'empire, que l'Europe et l'Allemagne en sont redevables: elle a sauvé leurs divers Etats de l'influence exclusive de l'Autriche, et a borné les vues que la Russie auroit pu avoir à leur égard.

L'Etat prussien prit la place qu'occupoit la France dans le cercle Germanique; c'est-à-dire, celle de protecteur. Dès-lors, cette dernière perdit une partie de son influence en Allemagne. Elle y auroit partagé la suprématie d'opinion avec la Prusse, si sa politique eût été plus ferme et plus constante dans les derniers règnes. A l'époque de la révolution, cette influence étoit entièrement détruite; si elle eût existé, la guerre contre elle eût pu avoir une autre direction.

Le système de la Prusse vouloit que l'existence de la Pologne fût conservée: en permettant son anéantissement et y prenant part, la cour de Berlin oublia son principe diplomatique, et sembla préparer son propre asservissement. La Pologne formoit la première ligne de la barrière européenne du côté de la Russie et du Turc : un double motif devoit porter la Prusse à la conserver, pour se couvrir elle-même, et pour empêcher qu'il ne se fît des irruptions, soit du Nord à l'Orient, soit de l'Orient au Nord (1). Cette première ligne détruite, elle restoit à découvert sur une grande partie de son territoire. Sa nouvelle situation nécessitoit de sa part une force plus imposante sur pied ; et elle mettoit son sort et celui de ses alliés dans une incertitude continuelle.

J'ai dit à l'article Frédéric-Guillaume, que

---

(1) Les irruptions des Turcs sur l'Europe paroîtront aujourd'hui impossibles : mais qui peut prévoir les événemens ? qui osera avancer qu'un seul monarque ambitieux, tel que Gengis, Scha-Nadir, Mahomet II, Soliman, Sélim, Bajazet ou Amurath, s'élevant au sein de l'Asie, ne puisse faire une irruption à l'Occident, en y entraînant des peuples innombrables ? On sait que l'audace et le génie d'un seul homme peuvent relever le courage de la nation la plus avilie. L'Asie contient des peuples nombreux, c'est assez pour qu'elle puisse être redoutable ; et l'on ne peut dire que la Russie, quelque formidable qu'elle paroisse, soit toujours à l'abri de toute atteinte, et qu'elle ait le garant de la victoire en ce cas. Si les

le démembrement de cette république accuse sa politique et celle de son prédécesseur.

Les dangers auxquels l'Autriche et la Russie avoient exposé Frédéric II, lui avoient fait sentir la nécessité d'étendre sa puissance territoriale pour balancer celle de ses deux ennemies, et le mirent dans le cas de songer au partage de cet Etat : mais quel avantage déterminé auroit-il retiré de ses possessions en Pologne, si le dessein oriental eût été effectué? Dans ce cas, la Russie et l'Autriche, accroissant leurs forces de toutes celles du midi de l'Europe, et acquérant ainsi une immense suprématie, pouvoient les porter au fond du Nord et lui dicter la loi. La possibilité de l'évé-

---

Turcs ont pu si long-temps lui résister seuls; la réunion d'autres peuples, qui auroient d'autres mobiles et d'autres moyens d'attaque, pourroit rendre nuls ses efforts. Cette hypothèse est vraisemblable; la regarder comme absurde, ce seroit révoquer les faits authentiques de l'histoire. Les Romains furent aussi puissans, relativement aux autres nations, que le sont les peuples les plus formidables de l'Europe; cependant leur Empire fut renversé par des barbares. Je crois qu'en politique on doit supposer et redouter tout ce qui porte le signe de la probabilité : le dédaigner, c'est oublier ses principes qui reposent sur la plus extrême prudence.

nement,

nement existoit, cela suffisoit pour que Frédéric renonçât à son dessein. La politique de son Etat lui en faisoit d'ailleurs une loi ; par cette mesure il aliénoit à jamais la France et le Turc ; elle l'isoloit entièrement du corps politique, et le laissoit sans alliés.

Ce prince, au lieu de préparer la chute de la Pologne, ou de se réunir à ses ennemis, devoit se montrer au contraire son défenseur contre la Russie: alors s'il n'avoit point régné sur cet Etat, il y auroit exercé l'influence du protectorat, qui, dans une situation semblable à celle où se trouvoit la république menacée envers lui, équivaloit à la domination. La Prusse l'auroit gouvernée indirectement, et l'auroit enfin contrainte de marcher au but de sa politique. Cette première se seroit conservé une plus grande force à elle-même, puisque les deux parties de la population de la Pologne qui ont passé à la Russie et à l'Autriche restant intactes, lui auroient offert autant d'ennemis de plus pour opposer à ces deux puissances, qui ont trouvé des soutiens dans les Polonais réunis, et dans leurs territoires des trésors qu'on auroit employés contre elles.

Quels qu'aient été les motifs du cabinet de Berlin envers la Pologne, ce premier fit une démarche contraire à la Prusse et à l'Europe. L'illusion se dissipa; la conduite qu'il a tenue depuis a semblé l'indiquer d'une manière indubitable. La Prusse, voyant le mal sans remède, paroît avoir voulu s'emparer de l'esprit de la partie du peuple qui lui est échue; et préparer depuis lors, dans cette province formidable, les élémens de la résistance qu'elle pourra faire à l'avenir, si son sort est menacé par la Russie, et si cette dernière compromettant celui de l'Europe, cherchoit à sortir des bornes déjà trop étendues de son empire.

La Prusse, sans cesse menacée par les deux grandes monarchies du Nord, qui avoient intérêt de l'abaisser, a dû chercher un appui au-dehors, dans une grande nation voisine et continentale : la France s'offroit seule; elle étoit par le système de son cabinet, et sa situation relative à l'Autriche et à la Russie, son alliée naturelle. Le grand intérêt de conservation réciproque se trouvoit dans cette liaison, même lorsque leurs frontières n'étoient point limitrophes; depuis qu'elles le sont, les rapports sont plus grands entre les deux Etats; ils doivent se conserver tels, tant que la balance politique recevra les grands poids de la Russie et de l'Autriche, et tant que les premières puissances existeront sur le pied où elles sont aujourd'hui.

Aucun motif, aucune considération, n'eussent dû porter atteinte à cette union, si propice pour les deux Etats en particulier, et pour toutes les nations du continent en général : cependant le lien fut un instant détruit ; et cette destruction fut l'effet de l'ébranlement que la révolution française avoit donné au corps politique, et de la terreur qu'elle inspira aux princes. Mais ce mouvement terrible et subversif, qui faillit engloutir l'Europe, avoit à peine fait sentir ses premières secousses, que ce lien se reforma, et tout annonce qu'il ne sera pas rompu de long-temps. L'intérêt des deux puissances devient tous les jours plus fort, et leur union plus nécessaire, puisque la Russie prend chaque jour un aspect plus redoutable : j'ai dit dans d'autres articles les raisons qui appuient ces idées.

J'ai fait connoître aussi dans celui de Frédéric-Guillaume III, quelles espérances on peut fonder sur la prudence et sur la conduite future de ce monarque ; j'observerai ici, que son Etat s'affermit à mesure que sa population s'accroît et que son agriculture se perfectionne : le nouvel élan qu'il a donné à son commerce annonce que la Prusse aspirera bientôt au partage de la grande richesse maritime. Je dirai à l'Europe, qu'elle doit fonder le plus grand espoir sur cette puissance. Sa force concentrée la rend formidable ; tandis que la Russie, en disséminànt la sienne sur un immense territoire, ne l'est souvent que d'une manière fantastique. Tant que la Prusse sera dans le même degré de concentration et d'activité militaire, elle n'aura rien à redouter de la Russie ni de l'Autriche même.

J'ai déjà fait entrevoir combien son existence étoit utile au continent et au grand équilibre politique, lorsqu'elle a préservé celle de toutes les petites puissances du Nord. L'on peut avancer qu'elles auroient passé sous le joug comme la Pologne, si elles n'eussent eu l'appui de la Prusse; et l'on peut prédire que si elle reçoit jamais atteinte, l'Europe se trouvera partagée en trois monarchies, qui dévoreront tous les petits États, et se détruiront ensuite entre elles, jusqu'à ce qu'une seule garde le sceptre européen.

La Prusse, que ses succès, son agrandissement, son opposition au système oriental de la Russie, et à l'oppression de la Suède et du Danemarck par celle-ci, avoient rendue dès long-temps son ennemie, l'est devenue doublement depuis que la barrière de la Pologne a été imprudemment détruite, et depuis qu'elle se présente seule pour arrêter ses desseins sur le centre de l'Europe. La position nouvelle de l'Etat prussien depuis le démembrement de la Pologne, qui lui donne une influence marquée dans la Baltique, dont il possède une grande partie des côtes et des ports, et où il semble devoir se montrer un jour d'une manière prépondérante, ajoute aux causes d'inimitié de la Russie, et expose ce premier à être attaqué par elle toutes les fois qu'elle croira pouvoir le faire avec succès. L'on peut dire qu'il seroit difficile de juger laquelle, de l'Autriche ou de la Russie, est aujourd'hui la puissance la plus jalouse de son abaissement. Ceci montre à l'Europe, combien le système de protection générale seroit nécessaire envers la Prusse, si elle étoit jamais fortement menacée par ses deux redoutables ennemies.

Je vais m'arrêter sur la conduite que tint la Prusse dans les derniers règnes à l'égard de ses alliances; et chercher à découvrir les causes naturelles de son isolement pendant la plus grande partie de celui de Frédéric II. Ce règne fut la seule époque où sa diplomatie pût s'établir, puisque le sort de la Prusse fut alors seulement fixé : peut-être, dans ces rapprochemens, trouverai-je à justifier, à certains égards, la politique de ce roi, relative à cet isolement qu'on a regardé comme un effet de son égoïsme politique.

La situation de son Etat, qui, par la manière dont il est entouré, est, comme je l'ai fait remarquer, celui de l'Europe le plus menacé, vouloit que ce prince établît une fédération puissante qui fût le garant de sa destinée et le soutien de ses desseins. Ne pouvant trouver un appui assez formidable dans les trois Etats secondaires du Nord, depuis que l'Autriche et sur-tout la Russie eurent pris sur eux une si forte supériorité, il ne resta que la France, l'Angleterre et le Turc avec lesquels Frédéric pût former des alliances importantes : l'Espagne n'avoit point de rapports directs avec la Prusse, et la puissance bornée de celle-ci ne pouvoit lui offrir aucun avantage.

De son côté, l'Angleterre étoit presque impuissante à son égard, puisque la protection que devoit attendre la Prusse ne pouvoit se trouver que dans les forces agissantes sur le continent, et l'Angleterre ne pouvoit en aucun cas opérer une diversion qui ne fût précaire, puisque l'Autriche n'étoit point puissance maritime, et que la Russie étoit inattaquable au fond de ses mers isolées. L'Angleterre pouvoit seulement lui être utile par ses subsides; mais malgré qu'elle ait soudoyé diverses nations en tous les temps, on sait qu'elle ne prodigua point son or dans le passé comme elle l'a fait dans les derniers lustres.

Quant au Turc, il ne pouvoit agir en faveur de la Prusse que lorsque les autres puissances seroient réunies. Ses forces étoient trop affoiblies pour que sa diversion pût être essentiellement utile à cette première; il ne pouvoit occuper l'Autriche et la Russie à la fois. On vit en 1788 quels dangers il courut lorsqu'il fut assailli à la fois par celles-ci : en outre, il n'y avoit que le cas où son propre sort seroit menacé, comme il le fut à cette époque, qui pût le porter à développer l'énergie qu'il montra.

Il ne restoit donc d'allié véritablement favorable à la Prusse que dans la France; mais la nature des choses, le système des deux cabinets, et le peu de rapports dans les sentimens des souverains et des deux peuples, l'isolement des deux territoires, rendoient, en quelque sorte, ce lien sans consistance. Le motif de l'équilibre, qui, malheureusement, a été presque toujours impuissant (1), rapprochoit seulement les deux Etats. L'on vit combien ce grand intérêt fut foible à leurs yeux, et même combien il fut méconnu, lorsque la France se réunit avec l'Autriche contre cette première, et, ensuite, lors de la quadruple alliance.

Du côté de Frédéric, son alliance avec l'Angleterre eut aussi pour but d'écraser la France; mais peut-être la situation où ce

---

(1) On pourroit comparer l'indifférence qu'ont montrée long-temps les souverains pour maintenir l'harmonie politique, qui les forçoit à rester fidèles au système d'équilibre fondé sur les intérêts réciproques, à celle des habitans d'un Etat, qui détruisent sa force et son harmonie en violant les loix. Ils ne voient point le tout ; ils n'envisagent pas que de sa conservation dépend l'existence commune, que les avantages qu'ils retirent ne sont que momentanés, et qu'ils sont souvent la source d'une infinité de maux. J'aurois un bel exemple à citer et à développer ; la révolution française me l'offriroit ; mais ceci est étranger à mon sujet.

prince se trouva peut justifier cet écart diplomatique. Voici ce qu'on peut dire, je crois, sur l'éloignement où ce monarque se tint en d'autre temps, et sur son système à cet égard.

Il est impossible que Frédéric eût pensé qu'aucune puissance pût exister sans alliance effective, et qu'il eût voulu s'isoler au milieu de l'Europe (1). Ce roi connoissoit trop bien ses forces; il avoit vu de trop tristes effets de son isolement pour qu'il le perpétuât de son gré. D'après la connoissance du caractère de ce prince, d'après ses lumières, qui lui faisoient découvrir qu'aucune puissance ne peut compter sur une permanence de succès, ce que son expérience et ses revers lui avoient mieux appris encore (2) ; enfin, d'après l'intérêt

---

(1). Si, contre toute probabilité, Frédéric crut pouvoir s'isoler sans danger des autres Etats, il s'abusa. D'après l'organisation du système européen, et la situation topographique des royaumes, aucune puissance ne peut exister aujourd'hui sans alliés. L'Angleterre seroit peut-être la seule en Europe qui pût s'isoler si elle circonscrivoit ses vues ; que dis-je ? il faudroit pour cela qu'elle fût la seule puissance maritime.

(2) Sans la victoire remportée à Rosback, qui tint

qu'il portoit à son Etat, l'on pourroit conclure que ce fut la France qui prépara son éloignement d'elle, et sur-tout l'isolement du territoire prussien de celui de cette dernière.

Frédéric ne fit pas, sans doute, tout ce que son intérêt lui commandoit pour décider la France à former le rapprochement diplomatique : il paroît qu'en beaucoup de cas la grande considération politique fut sacrifiée par lui à des intérêts secondaires. Le monarque prussien, naturellement méfiant, sembla ne point compter sur notre cour : quel fond, en effet, auroit-il pu faire sur elle, lorsqu'il la vit s'exposer à passer sous le joug de l'Autriche, après lui avoir donné une suprématie illimitée s'il eût été abaissé lui-même? L'orgueil enfin, et des vues subalternes contribuèrent à écarter les deux cabinets, et l'on peut dire qu'il exista des imprudences des deux côtés.

On vit, sous Frédéric-Guillaume, étendre les liaisons entre les deux États; ce fut depuis que la France fut voisine de la Prusse par le

---

à une espèce de prodige, le royaume de Prusse étoit infailliblement détruit.

Brabant. La situation de cette dernière en Pologne forma de nouveaux rapports entre eux du côté de la mer. En rapprochant ces divers intérêts, on voit que l'union diplomatique, à leur égard, a aujourd'hui toute la force qu'elle peut acquérir ; et c'est ce qui assure à l'Europe la bonne intelligence entre les deux puissances. La Prusse a pris un nouvel aspect sous le point de vue de ses rapports; la politique de Frédéric II ne peut donc être comparée à celle de Frédéric-Guillaume III, et elle ne peut servir de base solide aux jugemens.

J'ajouterai ici, relativement à l'intention ambitieuse qu'on prête à la Prusse d'avoir voulu dominer l'Europe lorsque Frédéric-Guillaume s'unit à l'Angleterre ; (je répéterai une partie de ce que j'ai dit dans son article) que la conduite de ce prince à l'égard de la Hollande détruit seule cette assertion. Il avoit conquis cette république ; il pouvoit la conserver, vu l'impuissance et l'apathie de la France qui pouvoit seule lui en disputer la possession. Si le monarque prussien eût prétendu à la domination européenne, l'occasion la plus favorable s'offroit à lui, puisqu'il pouvoit écraser l'Autriche: il ne lui restoit d'obstacles réels que du côté de la Russie; et l'on sait si dans l'instant de cette alliance avec l'Angleterre Catherine pouvoit faire une grande résistance. Hertzberg put avoir formé ce plan ; il put être entré un instant dans la tête de Frédéric II; mais les faits, que détermina uniquement la volonté du monarque, démontrent qu'il ne fut point celui du cabinet prussien sous Frédéric-Guillaume.

ROME.

Je vais jeter un foible coup d'œil sur le système et la conduite de l'ancienne Rome catholique. Je ne parlerai de la spiritualité que relativement à ses rapports politiques dont elle fut le fondement ; toute autre discussion est étrangère à mon sujet.

La nouvelle Rome avoit hérité en quelque sorte de l'influence de la cité des Césars, et sembloit devoir obtenir une puissance encore plus grande, puisque son pouvoir reposoit sur une base, qui eût éternisé peut-être celui des premiers habitans du Tibre, s'ils eussent entièrement établi sur elle leur systême : cette base étoit celle de la religion.

Les papes la possédèrent en partie, cette puissance temporelle dont jouit le sénat Romain, lorsqu'ils gouvernèrent, avant et après le règne de Charlemagne, les volontés des monarques chrétiens, qui tinrent long-temps seuls le sceptre de l'Europe. Rome ne vit abaisser sa suprématie que lorsque divers potentats de ce continent s'affranchirent de son joug, entraînés par les schismes de Luther et Calvin, qu'une politique plus prévoyante et plus modérée de la part des pontifes eût empêché de naître. Dès-lors, les vues et les droits des papes furent circonscrits. L'Espagne, la France et l'Autriche, qui restèrent attachées à l'église romaine, parmi les grandes puissances, imitèrent à certains égards l'exemple commun : l'ébranlement religieux ayant dérangé le système politique, elles se virent forcées aux ménagemens envers les nations du Nord qui avoient secoué le joug de Rome ; la politique les tint même dans une espèce d'isolement de cette dernière. Bientôt les écrits qui sortirent des divers Etats schismatiques, en mettant à découvert la conduite de divers pontifes, et en montrant les bases sur lesquelles reposoit la puissance temporelle, opérèrent une métamorphose dans l'esprit des peuples ; l'idolâtrie pour Rome cessa d'exister, et son droit suprême fut affoibli.

La politique romaine vouloit que les papes concentrassent leur influence dans la chrétienté : il falloit qu'ils détachassent la puissance spirituelle de la temporelle, puisque l'Europe, en changeant de mœurs, de penchans et d'intérêts, s'en étoit détachée elle-même : le système pontifical ne devoit plus avoir pour fondement et pour appui que la religion. Alors Rome auroit reconquis sa transcendance d'opinion, et elle auroit régné sur les cœurs si elle n'eût point gouverné les empires.

Les grandes puissances chrétiennes avoient signalé vers le milieu du dernier siècle, d'une manière plus manifeste qu'elles ne l'avoient fait jusqu'alors, leur vœu politique, qui tendoit à reconnoître l'influence de l'opinion religieuse; mais non ce droit de souveraineté exclusive qui rendoit les papes les distributeurs des couronnes et les arbitres du sort des Etats (1). Ces puissances en conservant le chef

---

(1) La politique, en se détachant de la religion, et ravissant à celle-ci son influence sur le sort des empires, ne dut pas détruire ses liens particuliers avec eux, c'est-à-dire ses rapports purement moraux avec leur administration intérieure. La morale des peuples européens n'étoit point assez transformée, et n'avoit pas assez de force pour qu'elle pût se soutenir sans un appui extraordinaire : les monarques en maintenant la religion agirent politiquement; et ils marchèrent mieux au but que les écrivains qui avoient voulu la remplacer simplement par la philosophie. Ces premiers avoient entrevu, avec raison, que la paix sociale seroit sans

de la religion, et en isolant en même temps leur pouvoir de la suprématie de Rome, marchoient vers le grand but politique (1). Elles sentoient que la morale des peuples ne pouvoit se soutenir sans un appui étranger : en effet, d'après la dépravation des

cesse troublée si on ôtoit à la société le frein qui pouvoit seul arrêter les passions.

(1) Il est très-heureux pour la gloire de Rome, pour le bonheur de l'Europe et l'honneur des peuples que les rois aient détaché la puissance spirituelle de la temporelle : les siècles futurs devront un grand bienfait à ceux d'entre eux qui ont préparé ce changement. La religion leur devra, à son tour, sa splendeur ; elle reprendra sa pente naturelle et sa direction favorable dès l'instant que l'ambition ne l'entraînera point hors de sa route. Elle sera alors respectable aux yeux du philosophe même ; on verra ses effets, et l'on ne discutera plus sur ses principes. De l'importante détermination des rois sur le droit religieux, sont nés de grands avantages pour l'Europe en ces derniers temps. Si l'Espagne et l'Autriche eussent considéré la puissance de Rome comme le firent leurs anciens rois, les divers Etats seroient encore dans un bouleversement total : une guerre funeste, excitée par le protestantisme opposé naturellement au parti de la catholicité, existeroit au centre et au nord de l'Allemagne : l'empereur auroit peut-être perdu son sceptre, l'Espagne seroit détruite : enfin si un pape

peuples,

peuples, la religion ne peut leur être ôtée, et la philosophie est malheureusement impuissante pour la remplacer, comme elle l'a été depuis que les sociétés existent (1).

Rome voyant sa puissance menacée dès que l'intérêt politique dirigea les souverains, redoubla de prudence et de ménagemens,

---

comme Sixte-Quint, Jules II, ou Borgia, eût régné à Rome, au lieu de Pie VI, on ne peut calculer quels eussent été les désastres.

(1) La révolution française a prouvé que les institutions bienfaisantes de la philosophie ne peuvent agir efficacement sur les peuples corrompus. Il faut que la vertu devance ces institutions, et qu'elle s'allie avec elles pour que la philosophie puisse opérer des effets utiles. Lorsque cette vertu n'existe point pour lui servir de base, les droits qu'elle donne peuvent avoir les résultats les plus désastreux. J'observerai, à l'égard des puissances que j'ai dit avoir entrevu le grand but politique relatif à la morale, que plusieurs d'entre elles tendirent à la destruction totale de la religion, sinon par leur volonté du moins par leur indifférence : la France fut de ce nombre ; et cette indifférence, qu'on ne peut nommer philosophique, ce qui la justifieroit si elle eût été un effet de ses principes, et si toutefois un Gouvernement peut être philosophe lorsque l'intérêt public l'entraîne vers un autre système; cette indifférence, dis-je, prépara la révolution.

sans cependant changer, ni même modifier son systême. Ganganelli sembla avoir eu la transformation de ce systême en vue, lorsqu'il chercha à détruire une société qu'on accusoit d'avoir nourri l'ambition romaine.

Sous le règne de Pie VI, la cour de Rome suivit une politique contraire à son systême et à ses propres intérêts, en maintenant des prétentions que l'usage avoit rendues ridicules, et qui, blessant l'orgueil des rois, devoient les aliéner d'elle (je citerai celle de la haquenée exigée du roi de Naples); en résistant d'une manière trop directe, trop passionnée et trop peu réfléchie, à un prince aussi ferme dans ses principes et sa volonté que Léopold, et à un monarque aussi ardent et aussi opiniâtre dans ses vœux que Joseph II. Le consistoire romain eût dû prévoir, que dès l'instant que ces princes qui, à cette époque, dictoient la loi à l'Italie, trouveroient dans Rome un obstacle à leurs desseins, ils s'affranchiroient de son joug, et lui raviroient, en eux, ses plus fermes appuis. Il eût dû voir l'Espagne impuissante; la France le devenant pour elle, et pressentir que cette dernière ne feroit point désormais la guerre pour défendre l'influence politique des papes.

Enfin cette cour, par ses fausses mesures, par ses condescendances pusillanimes, par son obstination déplacée, prépara son abaissement. Dans tous les actes politiques qui émanèrent d'elle, ou auxquels elle prit part pendant quinze ans, il ne s'en trouva pas un seul qui eût des résultats avantageux pour sa puissance, ou, plutôt, qui ne nuisît à sa dignité; qui ne détachât de Rome quelque prince ou quelque Etat, ou ne la privât de quelque prérogative. La conduite du sénat de Venise, qui, au sujet de la juridiction d'une église grecque, lui enleva nombre d'immunités, auroit dû lui faire entrevoir que les puissances, en général, ne cherchoient qu'un prétexte pour détruire son droit temporel (1), et que son système devoit éprouver un changement total.

Sa fausse politique se montra sur-tout pendant la révolution de la France. Dans le moment où la puissance spirituelle et temporelle de Rome étoit menacée d'être anéantie à jamais, il restoit une ressource au cabinet ponti-

---

(1) Les Cantons suisses catholiques, le duc de Modène, enfin les plus foibles des principautés cherchèrent à affoiblir l'autorité pontificale.

fical, c'étoit de devancer par une grande résolution les décrets de notre assemblée nationale. L'instant étoit arrivé où il falloit que Rome montrât avec éclat cette politique adroite et profonde qui l'avoit si long-temps maintenue. Transigeant avec le peuple français, elle devoit adopter son nouveau système politique, et l'enter en quelque sorte sur le sien. Si la cour de Rome eût reconnu la constitution de la France, au lieu de lancer des bulles qui enflammèrent l'Etat entier, et excitèrent la crainte et l'indignation de la moitié de l'Europe, cette première triomphoit. Alors elle eût mis de son côté les véritables amis de la philosophie, qui auroient vu une foule de maux évités; par cet accord la religion n'eût point été avilie; et Rome eût évité le coup terrible qui lui fut porté, et dont elle se ressent encore. Toute politique fut enfin oubliée par elle, et son consistoire ne différa point alors des cabinets les plus imprudens et les moins éclairés.

Rome sans soutien, car l'Autriche ne fit rien pour elle, tomba en notre pouvoir, et la chute éternelle de la puissance pontificale parut déterminée lorsque l'Etat romain fut érigé en république.

La politique de la France, plus que la

volonté et l'intervention de l'Autriche, releva le trône pontifical. Cette dernière qui, à cette époque, n'avoit point renoncé sans doute à son ancien projet de domination en Italie (1), redoutoit également l'existence des papes et celle d'une république; cependant le rétablissement pontifical lui parut moins contraire à ses vues ; en effet, une république à Rome rendoit l'Italie entièrement indépendante, et ses espérances à son égard étoient alors entièrement détruites.

Cet Etat, d'après son rétablissement sous son ancienne forme, n'est aujourd'hui qu'une

---

(1) Les deux branches de la maison d'Autriche avoient voulu régner à la fois sur l'Italie, et maîtriser Rome qui occupoit la suprématie. La branche d'Allemagne y tendoit d'une manière directe depuis la mort de Charles-Quint, depuis qu'elle possédoit le Milanez et la Toscane, et, sur-tout, depuis le règne de Joseph II, dont j'ai indiqué le plan dans son article. Les empereurs voulurent dès-lors abaisser les papes pour les maîtriser. L'Autriche, en se montrant presque indifférente dans les derniers traités à l'égard de ceux-ci, sembla signaler ses anciennes vues. Elle montra qu'elle étoit satisfaite de l'abaissement de Rome ; et l'on crut découvrir qu'au milieu de ses défections en Italie, elle regardoit cet abaissement comme avantageux pour sa puissance.

principauté italienne, et ses rapports politiques sont les mêmes que ceux de la Toscane et de Naples. Rome doit s'attacher à la France, par une alliance qui est devenue naturelle depuis que celle-ci occupe, soit par elle soit par ses alliés directs, la tête de l'Italie. Lorsque l'Autriche possédoit la Toscane, et se trouvoit limitrophe par le territoire de cet Etat, de celui de Rome ; lorsqu'elle commandoit dans Milan, d'où elle gouvernoit l'Italie par son influence ; lorsqu'elle formoit enfin une barrière entre elle et la France, la protection de l'Etat romain étoit du côté de l'Autriche : par la même raison elle est aujourd'hui de celui de la France, puisqu'elle a pris dans l'occupation la place de cette première (1).

Puissent les souverains de Rome envisager désormais leur véritable intérêt politique, en s'attachant directement à la fédération générale, et renoncer au projet de domination

---

(1) La France, sans régner en Italie, y a pris évidemment la prépondérance, et si elle la perdoit, ce qui n'est pas probable, ce ne pourroit être que lorsque l'Autriche seroit devenue formidable à Venise, et l'époque en est reculée, ou dans le cas d'une invasion subite du côté de la mer. Mais cette invasion

universelle qui trop long-temps les occupa, dont un grand événement (la révolution française), que précédèrent d'autres non moins déterminans, mais moins désastreux pour leur pouvoir, leur a démontré l'impossibilité! Puissent-ils, à l'exemple de la France régénérée, et qui tend sans doute à la pacification européenne, adopter le même système et se montrer ainsi les bienfaiteurs des nations !

---

n'auroit qu'un effet momentané. La France, d'après sa position dans le Piémont, d'après le rapprochement de son territoire, commande militairement à la presqu'île entière. La cour de Rome se trouve donc sous sa protection immédiate, et sa politique qui l'écarta de nous si long-temps, et l'arma contre la France, l'entraîne aujourd'hui vers elle.

RUSSIE.

CET empire, le plus vaste de ceux qui existent sur les divers continens, semble avoir été formé pour être l'effroi, ou au moins l'épouvantail de l'univers. Il étend à la fois ses limites, jusqu'au centre de l'Asie et jusqu'à l'Amérique (1), et il est voisin de la Chine. Il réunit sous sa puissance vingt peuples différens, dont les mœurs, les caractères, et la religion de la plupart d'entre eux sont opposés. Son territoire est composé de pays fertiles, de marais et de déserts. Il possède des peuples belliqueux, et d'autres (2) que l'apathie de leur caractère, leur humeur ou leur lâcheté natu-

---

(1) La Russie est limitrophe directe de la Perse, depuis qu'elle occupe la Géorgie, et divérses autres possessions ravies à ce premier État, situé au midi de la grande chaîne du Caucase : par le Kamschatka, elle touche presqu'au continent américain, qui n'est séparé de cette province russe que par un foible bras de la mer septentrionale.

(2) Les peuples septentrionaux de la Russie ne sont point doués d'une bravoure naturelle, étant avilis parce qu'ils sont sous le double joug de l'autocrate et des seigneurs qui sont autant d'autocrates

relle, ne rendent propres qu'à la paix. Il contient dans son sein d'immenses trésors, surtout ceux qui servent à la conservation de l'homme (1).

---

eux-mêmes. Ces peuples ne peuvent jouir de leurs facultés, comme les Cosaques et les Tartares du Midi, qui sont presque encore indomptés, et avec lesquels le gouvernement a été obligé de transiger à l'égard de leur liberté. Ceux-ci sont les hommes belliqueux de l'empire par sentiment et par habitude. Les autres deviennent soldats, et se montrent souvent plus utiles lorsqu'ils sont dirigés par les préjugés et la nécessité. Les nations qui occupent les parties tout à fait septentrionales sont stupides, et n'ont ni l'activité, ni l'ardeur, ni les sentimens propres à déterminer la valeur, qui est autant un effet de l'effervescence du sang, à l'envisager généralement dans le soldat, qu'un effet de la force du caractère.

(1) La Russie offre les plus grandes richesses territoriales. Ses provinces du Midi, notamment l'Ukraine, qui est la plus considérable de l'Europe, et qui seule pourroit former un riche Etat, est d'une fécondité qui étonne le voyageur. Les diverses Russies Blanche et Rouge, &c. sont aussi très-fertiles. Cet empire possède dans son territoire toutes les ressources qu'un peuple peut ambitionner; mais la plus grande lui manque, celle de la population, qui, quoi qu'on en ait dit, a diminué au lieu de s'accroître: cela dut arriver nécessairement : la guerre l'affoiblit,

Les diverses peuplades qui forment la nation russe, à quelques émigrations de Tartares près, se trouvoient dans la position territoriale où elles sont aujourd'hui, lorsque Pierre-le-Grand voulut réunir les parties éparses de ce grand corps, et constituer un empire, où tous les membres fussent dirigés par les mêmes mobiles, c'est-à-dire, unis par les mêmes loix et par les mêmes intérêts. Jusqu'alors ce pays avoit représenté un amas de hordes (1), vivant chacune sous un régime particulier et indépendant, hormis dans la partie septentrionale où

___

sur-tout en Russie où les troupes combattent presque toujours dans des déserts ; et la guerre a été presque permanente sous le règne de Catherine. Dans le petit nombre de jours que Paul parut sur le trône, la population ne put s'augmenter. J'ai dit dans un autre ouvrage, en parlant de la population de ce pays, que dans certaines de ses provinces l'agriculture est dans les mains des femmes.

(1) Le fondement de la puissance russe, qui est l'époque de la première indépendance de ses Etats occidentaux, fut jeté en 1480, par le duc Jean. Ses princes, avant ce temps, étoient sujets des Kans des Tartares, qui habitoient au-delà du Volga. Ce duc secoua leur joug, et s'agrandit au nord et à l'ouest, en faisant la conquête de plusieurs villes sur les ducs de Lithuanie, telles que Novogorod, Moscou, &c.

il existoit une apparence de législation. Pierre les attacha toutes au même trône, et le commencement du dernier siècle fut l'instant où la Russie prit naissance, puisque dès ce moment elle eut un système uniforme, et un grand but social et politique.

Gouvernés par ce prince, qui avoit adopté les plans de civilisation européenne quant à ses moyens secondaires, les Russes sortirent de la fange de la barbarie. Le législateur n'enfanta point cet œuvre sans danger : il éprouva qu'on s'expose souvent à être victime en travaillant au bonheur des hommes (1). Il heurta les préjugés enracinés de son peuple; il dut exciter les passions, les haines; et chez des barbares qui déposoient ou décimoient leurs rois, comme le font les janissaires de Constantinople, Pierre ne marcha qu'à travers les périls (2). Son courage, son opiniâtreté l'em-

---

(1) Ce bonheur peut être donné par un ambitieux, même, lorsqu'il civilise son pays. Un peuple qui est éclairé a le moyen de maîtriser l'ambition de ses successeurs : son opinion peut arrêter l'essor du plus extravagant : il n'a qu'à la manifester énergiquement pour opérer cet effet.

(2) Les strélitz, qui étoient les janissaires russes, disposèrent de la vie des monarques de cet Etat jusqu'à

portèrent. La Russie prit alors une face nouvelle : elle commença à connoître les loix, quoique toujours courbée sous le joug du despotisme, que l'Europe, en accusant la gloire de Pierre, lui reprochera en tout temps de n'avoir point détruit ; un centre d'unité fut formé, et les divers peuples qui composoient l'empire ne reconnurent bientôt qu'un même maître.

Pierre, né avec un génie vaste, avoit apperçu l'immensité de ses ressources, et surtout l'avantage de la position de son territoire, qui enceint l'Europe en partie. Ayant porté sa vue sur ses voisins, il découvrit à l'orient de l'Allemagne une puissance colossale, mais qui

---

son avénement. Ce fut cette milice, dont Pierre changea le nom, borna les rapports et les prérogatives ; mais dont il n'anéantit pas entièrement l'existence, (le corps des gardes hérita de son esprit et de sa puissance.) qui, sous les règnes suivans, soutint l'usurpation d'Anne au détriment du légitime héritier : ce fut elle qui donna le sceptre à Elisabeth, et qui renversa ensuite Pierre III du trône pour y placer Catherine : Paul, malgré les réformes et les changemens d'individus qu'il fit dans ses cohortes, lui dut sa perte qu'au moins elle auroit pu éviter. Pierre I fut le seul qu'elle épargna, après l'avoir menacé dans l'enfance et à l'époque où il s'empara du trône.

ne possédoit point une force réelle : l'empire ottoman avoit perdu, en effet, cette force transcendante qui le rendit la terreur de l'univers : dès-lors Pierre espéra de lui dicter la loi. Jaloux d'établir une marine, voyant dans la mer de Zabache, qui borde aujourd'hui le midi de ses Etats, les ports qu'il devoit occuper, et la source d'un commerce précieux, il voulut en ravir la domination aux Turcs qui en étoient les seuls maîtres. Bientôt il s'ouvrit, par la négociation, des ports dans cette mer, et son ambition, arrêtée par la barrière des Dardanelles (1), lui montra Constantinople comme une conquête nécessaire. La possession de la Turquie entière parut être une amorce nouvelle et séductrice pour lui : enfin, il forma le système que devoit suivre constamment la Russie, et qui devoit tendre à l'envahisse-

---

(1) Dès l'instant que Pierre se fut assuré d'un port sur la mer de Zabache par le traité de Pruth, et lorsque le projet maritime méridional fut entré dans sa pensée, l'occupation de Constantinople dut devenir le fondement du système de son cabinet. Le libre passage du Bosphore pouvoit seul favoriser son dessein maritime ; et il ne pouvoit espérer alors d'obtenir l'entrée du port de Constantinople, comme l'a fait Alexandre dans ces derniers temps.

ment du grand Etat oriental. Pierre crut que, maître de Constantinople, qui lui assureroit la suprématie dans les deux petites mers méridionales, et pouvant commander un jour dans la Baltique, il affameroit l'Europe, et empêcheroit l'extension de la puissance anglaise et française. Il n'avoit point à redouter la Suède ni la Pologne, qu'il avoit déjà abaissées: il comptoit dompter l'Autriche sur le continent: la Prusse n'ayant point acquis une force imposante à cette époque, fut rangée par lui dans le nombre des Etats qu'il croyoit devoir être maîtrisés par ses successeurs: ceux-ci bornèrent, en effet, la puissance de l'Autriche et ensuite celle de la Prusse.

Ce système, qui favorisoit l'ambition des monarques russes, ne fut point perdu de vue, ni même négligé, au milieu des convulsions diverses qui agitèrent différentes fois leurs Etats, et de l'abandon où on laissa les institutions principales de Pierre sous le règne d'Anne et d'Elisabeth. On voit combien l'obstination de cette puissance est forte et redoutable, puisque l'apathie des souverains et les renversemens politiques ne peuvent lui faire renoncer à ce dessein, ni suspendre les mesures qui y ont rapport.

J'observerai ici, qu'il paroît que le plan de la destruction de la Pologne, et celui relatif à l'abaissement de la Suède furent l'ouvrage de Pierre 1. Ces plans dûrent nécessairement exister dès que ce prince eut formé le dessein de commander dans la Baltique et dans la mer Noire : les actions qu'ils déterminèrent sous les règnes suivans, sur-tout sous celui d'Elisabeth, furent les conséquences naturelles de ces vues dominatrices.

C'étoit à Catherine qu'il étoit réservé de donner à ce système tout son développement ; elle sembloit destinée à commander la perte de la puissance Ottomane, et des autres États dont la Russie, en naissant, avoit proscrit l'existence. Il falloit pour porter le dernier coup et le plus efficace, un souverain qui possédât, outre l'ambition de Pierre 1, quelques étincelles de son génie, qui eût son extrême audace : Catherine, on l'a déjà vu, étoit à cet égard sa digne héritière.

Les plus grands événemens militaires et politiques furent préparés par cette impératrice. Elle envahit peu à peu les possessions turques, placées au midi de son empire, en ne faisant que de simples suspensions d'armes avec la puissance qu'elle devoit opprimer ; elle ne lui donna de relâche que celui nécessaire à elle-même pour réparer ses forces. Alors les ports de la mer Noire et de la Crimée passèrent sous le joug (1); et la Porte n'eut plus de sujets sur les vastes territoires qui bordent les Palus-Méotides et jusqu'au Danube, au-delà duquel ses troupes et sa domination furent rejetées.

Catherine ne borna point ses desirs à la conquête future de Constantinople, elle porta ses prétentions jusque sur les provinces persannes auxquelles touchoit la Russie par le Caucase, et elle s'en empara. Elle avoit dessein d'y établir un centre de force propre à fermer la grande Asie au Turc, et à faire triompher les desseins que son imagination, toujours gigantesque, lui avoit fait former jusque sur l'Inde, dont elle crut pouvoir former un jour l'invasion : projet funeste, qui amèneroit la perte

---

(1) Catherine voulut couvrir par un prétexte l'envahissement de la Crimée et des autres provinces turques limitrophes de ses Etats. Elle annonça qu'elle ne vouloit déposséder que les Tartares, qu'elle nommoit usurpateurs eux-mêmes : elle avoit pour but, disoit-elle, qu'ils ne nuisissent aux Turcs et à ses sujets. L'on voit que l'astuce et la perfidie de cette souveraine se manifestent par-tout.

de la Russie s'il étoit reproduit! Si ses forces et sa position territoriale favorisoient son envahissement, elle épuiseroit sa population pour effectuer ce dessein ; et cet épuisement devanceroit l'anéantissement de sa puissance. J'ai dit que Catherine avoit, en outre, porté ses regards vers la Méditerranée et la Grèce, et qu'elle avoit cherché à conquérir cette presqu'île (1); elle fut toujours la proie dont la Russie voulut s'assurer avant d'occuper Constantinople.

La révolution française servit de voile aux tentatives que fit Paul I pour s'y établir, et pour déterminer l'effet de la grande entreprise de Catherine, qu'il avoit adoptée pleinement: Corfou fut envahi; Malte devoit l'être à son tour. Ces divers desseins auroient été peut-être exécutés à cette époque, si la pré-

---

(1) La bataille navale de Tchesmé, gagnée par Alexis Orlof sur les Turcs, dans l'Archipel, sembla devoir préparer cet envahissement. L'effet manqua par la négligence de l'amiral, qui ne profita point de sa victoire, dirigé par une politique particulière, ou par l'intérêt seul de ses plaisirs, qui l'entraînoient en Italie. Il y donna le spectacle du luxe oriental réuni à l'occidental, et sembla s'y endormir au sein des voluptés, comme le fit Annibal à Capoue.

pondérance étonnante et imprévue qu'avoit prise la France sur le continent, n'eût forcé la cour de Russie de maîtriser tout-à-coup son audace et de marcher d'une manière plus mesurée.

L'ambition de cet État dut s'accroître à mesure qu'il étendoit ses frontières, que sa civilisation se formoit au-dedans, et que son commerce recevoit une nouvelle extension. Le renversement de la Pologne, si long-temps desiré par Catherine, et qui sembloit, à ses yeux, devoir précéder de peu la chute du trône Ottoman, donna à cette impératrice tout l'orgueil et toute l'audace qui naissent de la victoire: la politique de son cabinet prit enfin une direction plus hardie. Ses opérations contre les Turcs devenoient alors moins coûteuses et moins dangereuses : elles la forçoient, avant cette époque, à tenir sur pied de doubles forces, puisqu'elle étoit obligée de contenir, par une armée d'observation, les Polonais, alliés naturels du Turc, qui avoient prouvé à la Russie, dans diverses circonstances, qu'ils pouvoient opposer des obstacles à sa marche. Lorsque ceux-ci furent vaincus, la Russie commandant jusqu'au Danube, et n'ayant plus à faire d'aussi grands sacrifices d'argent et de troupes pour porter le théâtre de la guerre sur le territoire ottoman, se vit affranchie de toute crainte. Catherine donna cours à ses prétentions; sa confiance en ses forces fut augmentée; enfin elle traita d'une manière plus audacieuse ses autres voisins, envers lesquels elle avoit gardé encore quelques ménagemens. On vit la preuve de cette dernière assertion lorsque Gustave attaqua ses États : elle l'auroit écrasé après sa retraite, si elle n'eût écouté que son desir, et si sa situation propre eût été la même qu'en 1795. La révolution française, et sa mort inopinée, l'empêchèrent de signaler le despotisme que sa prospérité militaire avoit enfanté, envers le Danemarck et la Prusse même, puissances que Catherine adoptant le systême d'Elisabeth, avoit eu le dessein d'abaisser depuis qu'elle avoit occupé le trône.

Je ne reviendrai point sur les actions politiques de Paul; l'on a vu qu'il marchoit dans la route des envahissemens d'un pas encore plus gigantesque et plus effrayant que sa mère.

Je ne me reporterai pas non plus sur les maux que la Russie a faits ou a voulu faire à la France depuis quinze ans; j'en ai assez parlé dans les articles relatifs à ces deux derniers souverains. C'est le grand intérêt des nations continentales qu'il a fallu montrer violé par elle; c'est son usurpation constante que l'écrivain devoit sur-tout signaler. Puisse l'Europe, qui a paru jusqu'ici dans un aveuglement absolu sur cette puissance, et qui a trop compté elle-même sur la force que peut lui donner sa civilisation (elle n'a qu'une influence bornée lorsqu'il s'agit de combats), surveiller cet Etat qui, à l'appui de son isolement, braveroit ses efforts, et mépriseroit sa politique si ses moyens de résistance contre lui n'étoient point formidables, bien combinés, et enfin unanimes: c'est à son égard que la fédération générale est principalement nécessaire (1). Puisse-t-elle se rappeler que des peuples barbares et indisciplinés opérèrent en son sein les plus grands bouleversemens, même lorsque ses trônes furent occupés par des rois puissans et les plus belliqueux!

La Russie devient redoutable aux nations sous le rapport maritime seul. Cette puissance augmente chaque jour de force de ce côté: tout semble devoir l'entraîner à l'avenir

---

(1) Le Russe est encore, à beaucoup d'égards, aussi éloigné des penchans et des sentimens des Européens que le sont les Turcs et les Persans.

sur les traces de l'Angleterre. Peut-on croire qu'elle ne portera point son ambition plus loin lorsqu'elle se verra prépondérante sur la mer ? Sous un monarque sage (j'ai dit qu'Alexandre avoit donné d'heureuses espérances), les desseins et l'ambition d'un Etat peuvent être suspendus ; mais existe-t-il une garantie de sagesse constante dans les souverains qui succéderont au monarque pacifique ? Peut-on sans imprudence, soit en politique, soit en législation, établir un système qui n'ait pour objet qu'un seul règne ? La Russie pourra acquérir une influence plus réelle et plus solide que celle de l'Angleterre, puisqu'elle réunira la triple puissance territoriale, commerciale et maritime : elle a les sources du commerce dans ses États, et elle possède déjà ce qui constitue la puissance matérielle sur la mer. Que les nations s'arrêtent sur cette dernière idée ; elle est effrayante pour la Russie même, puisque tous les efforts qu'elle fera, si elle ne renonce à ses desseins d'agrandissement, et si elle donne à ses moyens une direction contraire au but général, tendront à sa destruction. Alors elle finira par armer contre elle l'Europe, et elle sera replongée dans son premier néant.

Cette puissance se présente sous l'aspect le plus imposant, le plus redoutable; et cependant, on peut la voir sous une face différente, si l'on considère avec soin les effets de ses premières entreprises, sa situation intérieure; si l'on envisage enfin ce qui fait la force des empires et détermine leur durée.

Sa constitution, la moins stable parmi celles qui servent de fondement aux monarchies, et celle qui donne aux souverains une existence aussi incertaine que leur pouvoir est vaste; son administration, fondée sur l'ignorance d'un peuple privé en général des lumières qui dirigent les nations vers la gloire, et leur apprennent ce qui enfante la stabilité des Etats; l'immensité de son territoire qui énerve sa force; la foiblesse de sa population, que ses longues guerres contre les Turcs et contre les Persans ont préparée; l'épuisement de ses trésors qu'ont occasionné ces mêmes guerres et ses profusions, qui lui impose la plus sévère économie; l'impuissance d'une marine naissante, qui n'a pour ainsi dire ni officiers habiles ni matelots expérimentés; la difficulté que trouve le souverain pour se faire obéir à de grandes distances; l'existence d'autres nations formidables sur la mer et sur le continent, et intéressées à ce que la Russie reste enfermée dans les détroits (1), où la nature paroît avoir voulu arrêter son ambition en opposant devant elle leur barrière; telles seront les causes fondamentales de l'abaissement de son influence.

On peut dire, relativement à son système d'invasion orientale, que, sous aucun rapport, il n'a une base solide : le peu de civilisation de l'Etat qui veut usurper offre le plus grand obstacle à la conservation de ses conquêtes, et l'opposition du système religieux en présente un qui semble ne pouvoir être surmonté. La Russie peut incontestablement renverser le trône Ottoman ; mais elle ne peut se flatter de conserver celui qu'elle élevera sur ses débris ; et elle ne peut prétendre à d'autres envahissemens sans s'exposer à détruire sa propre puissance (2).

---

(1) L'Angleterre, elle-même, en immolant ses intérêts secondaires à l'intérêt principal, finiroit, sans doute, par se déclarer contre la Russie si celle-ci persistoit dans ses desseins.

(2) Pierre, en créant son système d'usurpation, travailla à la prospérité momentanée de la Russie ; mais il détermina sa courte existence. Si

Enfin, quelle que soit cette situation et les dangers auxquels elle s'exposeroit, il est constant que cette puissance peut faire un grand effort momentané, qui peut être funeste à l'Europe.

Suite de l'article Russie.

Je vais indiquer en deux mots les causes de l'ancien éloignement que montra la Russie envers la France.

Celle-ci, étant la protectrice des Turcs et des Polonais, fut à ses yeux son ennemie née,

---

l'on s'arrête sur cette réflexion, on voit le grand homme disparoître, puisque le but principal d'un monarque politique est de donner une longue durée à l'Etat qu'il gouverne. On trouve la conviction de ceci lorsqu'on envisage qu'il créa ce projet avant que la civilisation de son empire fût effectuée, et lorsque divers Etats européens prenoient une supériorité immense sur la mer. Il auroit dû voir que son isolement n'existeroit plus lorsque la marine des grandes puissances continentales, notamment celle de la France, auroient pris toute leur extension. Le grand pouvoir d'une nation maritime est celui d'atteindre jusqu'aux bouts du monde les peuples qu'elle regarde comme ennemis, si leurs Etats sont placés au bord des mers. Elle peut faire transmigrer ainsi, non-seulement des et ce motif seul étoit propre à l'écarter de nous ; mais elle en vit un plus important, et qui devoit lui faire regarder en tout temps la France avec jalousie et même avec crainte ; ce motif reposa sur la prépondérance naturelle de cette dernière ; elle la vit, comme la puissance essentiellement redoutable et la seule, parmi celles de l'Europe, qui possédât comme elle le double moyen territorial et maritime. En effet, la France et la Russie sont les deux seuls États qui réunissent en ce moment ces deux grands moyens (1) ; et ils semblent avoir ainsi un même degré de

---

armées mais des peuplades entières, et les établir sur les territoires étrangers dans le moment le plus inattendu. Cette idée, si long temps démontrée par l'expérience, et que les politiques ont perdue trop souvent de vue, doit être retracée, puisqu'elle tend à détruire la sécurité funeste de certains peuples, à les rendre plus prévoyans, et à les convaincre tous que les nations maritimes sont voisines de tous les pays de l'univers.

La Russie prouva elle-même cette vérité, lorsque Catherine transporta tout-à-coup du fond du Nord ses forces au sein de l'Archipel, où elle crut établir sa domination, dans le temps même que le passage des Dardanelles lui étoit fermé.

(1) La Russie doit être considérée dans un état

puissance. La France, d'après les nouvelles limites de son territoire, où se trouvent presque toutes les productions utiles, compense l'immense étendue de celui de la Russie ; elle balance sa richesse intérieure, et a sur elle l'avantage de la population.

On vit par la conduite que tint la Russie envers notre cour, lors de la quadruple alliance, sur quoi devoit compter la France à son égard. Tout annonce que lorsque cette première se rapprocha d'elle, ce fut pour l'aveugler sur ses desseins; pour la détacher ou, au moins, l'éloigner de ses alliés, qu'elle-même vouloit opprimer, et pour l'empêcher, enfin, d'agir en leur faveur.

Les deux obstacles que j'ai signalés, et qui sembloient devoir être invincibles, se sont opposés long-temps à la réunion fédérative de ces deux Etats. On peut prédire que si jamais un rapprochement véritablement diplomatique se forme entre eux, ce ne

---

beaucoup plus réel de force maritime que la Prusse et l'Autriche : sa marine militaire détermine seule sa suprématie à leur égard. Le Turc pourroit faire une exclusion à ce que j'ai dit; mais la foiblesse de sa marine militaire le met, en quelque sorte, au rang des puissances qui n'en ont point.

sera que lorsque les systêmes de Pierre et de Catherine seront entièrement abandonnés.

Je vais faire entrevoir les rapports qu'eut la Russie avec la Grèce, et les motifs qui concoururent, sans doute, à affermir dans l'esprit du cabinet de Pétersbourg son dessein sur cette péninsule méditerranéenne.

Lorsque les Grecs eurent connu le dessein de Catherine d'envahir Constantinople, ils formèrent le desir de s'affranchir du joug des Turcs, qu'ils détestent comme les destructeurs de leur ancienne puissance et comme leurs oppresseurs actuels ; et ils annoncèrent, par l'organe de leurs ambassadeurs secrets, envoyés à diverses époques auprès de l'impératrice, que la population entière de leur pays étoit prête à se soulever contre ses maîtres, et disposée à passer sous sa domination. L'on sait que les promesses de cette souveraine furent analogues à leur vœu d'être protégés. Depuis ce moment, la Russie a tendu à l'accomplir en servant sa propre ambition.

Le renversement politique, occasionné par la révolution française, parut à la Russie propre à favoriser cette entreprise : en effet, son association avec le Turc, que cet événement seul pouvoit enfanter ; association qui ouvroit les ports des Ottomans à ses flottes, et qui faisoit passer ceux-ci sous sa protection immédiate (1), servoit ses vues à cet égard. Elle trouvoit un prétexte puissant pour justifier son usurpation : il reposoit sur la nécessité de ravir à la France cette future conquête qu'on supposa qu'elle méditoit. On sait que ce qui parut dans ces temps devoir croiser nos vues et nuire à nos intérêts fut légitime aux yeux de tous.

---

(1) La preuve irrécusable que le système d'envahissement oriental exista dans les époques qui précédèrent le règne actuel, et que le plan du cabinet russe étoit toujours le même, se trouve dans la conduite qu'il tint lorsqu'il voulut s'assurer de Malte par les négociations. Les promesses, les menaces, les flatteries, tout fut employé par lui envers les divers Etats pour qu'ils favorisassent l'occupation qu'il vouloit faire de cette place. Cette conduite eût pu servir à donner une connoissance profonde de ses projets ultérieurs : une puissance, aussi vaine que la Russie, sur-tout sous le règne de l'altier Paul, qui suivoit une route opposée à celle de sa nation, à qui la flatterie et les promesses ne coûtent rien lorsqu'il faut atteindre à un but quelconque, sembloit ne devoir se montrer ainsi que lorsqu'un avantage important, lié à un grand intérêt, seroit l'effet de ses démarches.

Mais les sentimens et les intentions des Grecs semblèrent avoir changé : ils furent prêts à se jeter dans nos bras, préférant alors passer sous le joug d'un peuple libre, plutôt que sous celui d'un autocrate, malgré qu'une même religion dût les unir particulièrement aux Russes, ainsi que divers rapports relatifs aux mœurs. Il paroît que la cour de Pétersbourg redouta de favoriser l'insurrection grecque dans les temps qui succédèrent, et qu'elle craignit d'anéantir tous ses desseins en s'y prêtant, sur-tout lorsqu'elle vit la république française affermie : elle pensa que les Grecs s'uniroient à elle après avoir secoué le joug des Turcs et le sien même. Ce danger, redoutable pour son ambition, pouvoit exister en effet. Si sa crainte s'étoit effectuée, il est certain qu'il se seroit opéré une étonnante transformation en Europe.

Revenant sur les vues de la Russie à l'égard de ce pays, j'observerai qu'elle crut se servir de la main de ces peuples pour renverser le trône de Constantinople.

L'on ne peut dépeindre à quel point les puissances méconnurent leurs intérêts, lorsqu'elles n'attaquèrent point Catherine dans l'instant où elle fit sa tentative sur l'Archipel. L'intention de l'envahissement étoit prouvée: c'étoit alors qu'elles auroient dû manifester que la leur étoit de maintenir l'Empire turc. J'oserai dire que cette apathie des puissances, surtout de la France, qui étoit la plus intéressée à maintenir l'indépendance ottomane, et la liberté du commerce méditerranéen, est aussi inexplicable qu'incompréhensible. Jamais l'occasion de se déclarer ne s'étoit montrée si nécessaire : l'on vanta cependant à cette époque la conduite de notre cabinet. Cet oubli de la diplomatie sembleroit prouver, à son tour, qu'elle n'existoit point chez certaines puissances dans les temps dont je parle.

J'appuyerai ici par quelques rapprochemens, ce que j'ai dit ailleurs sur le dessein formé par la Russie relatif à l'occupation de l'Inde par elle, et à l'expulsion des Turcs de la grande Asie. Quel autre but pourroit avoir eu l'envahissement de la Perse par ses troupes et ses guerres constantes avec cet Etat ? Le politique n'en peut découvrir aucun. Il est hors de vraisemblance que la Russie ait voulu faire la simple acquisition de quelques provinces, au prix de tant de sang et de trésors qu'elle a répandus sur les frontières de ce royaume. Aucun intérêt de commerce, étranger au projet sur l'Inde, n'a pu la porter à conquérir ces provinces, et elles ne lui étoient point nécessaires pour couvrir ou protéger aucune de ses possessions.

Si l'on croyoit voir son but dans la nécessité d'assurer la liberté de son commerce sur la mer Caspienne, je ferois entrevoir que cette liberté existe presque exclusivement. Mais, dans ce cas, la domination même qu'elle établiroit sur cette mer prouveroit qu'elle veut commander un jour à la Perse entière, et les tentatives sur l'Inde seroient dès-lors la seconde conséquence. Peut-on supposer que la Russie verroit devant elle une si brillante source de fortune sans ne pas chercher à y puiser ? Ce qui démontre que la liberté de la mer Caspienne ne peut avoir déterminé ses entreprises, c'est la certitude qu'on a qu'elle pouvoit l'assurer sans opérer les envahissemens dont je parle : dès qu'elle eut un port sur cette mer elle en tint le sceptre. N'existe-t-il pas déjà à Astrakhan une marine respectable ? Enfin, la Russie ne peut-elle l'agrandir à volonté, et commander, par elle, sur toutes les côtes Caspiennes ? D'après ces observations, on voit que d'autres motifs ont dirigé cette puissance.

On ne peut penser qu'une grande mesure

d'administration, comme celle de faire émigrer sur son territoire la surabondance de la population de la partie du pays envahi, l'ait décidée: on sait que les provinces dont il s'agit sont peu fécondes en hommes : d'ailleurs, quelle seroit la politique qui pour accroître la population d'un Etat dépeupleroit cet Etat lui-même ? On ne peut dire encore que le dessein de transplanter le commerce où l'industrie des Persans sur son territoire ait dirigé la Russie : le commerce est plus florissant chez elle que chez ces premiers, et son industrie a surpassé la leur sous le plus grand nombre des rapports.

Enfin, toutes les inductions annoncent que les invasions des Etats persans sont liées à un vaste projet, et qu'il ne peut en exister d'autres que celui que j'ai exposé.

Je remarquerai, à l'égard de ces envahissemens, que la politique européenne eût dû, ne les perdant point de vue, s'opposer à ce qu'ils s'effectuassent, et arrêter l'élan des prédécesseurs d'Alexandre lorsqu'ils commencèrent à s'ouvrir la route de la Perse par les armes. L'indifférence des cabinets dans cette circonstance est encore inexplicable. Ils savoient pourtant que tous les points de la terre ont
des

des rapports avec l'harmonie générale, et que l'occupation des Etats les plus éloignés par une grande puissance influe sur l'équilibre européen. L'Inde et l'Amérique n'ont-elles pas donné la suprématie à l'Angleterre ? La Perse ne peut-elle accroître, à son tour, celle de la Russie ? L'Europe n'a pas toujours montré la même indifférence sur les invasions lointaines : on la vit, sous Charles-Quint, redouter que l'Espagne ne s'affermît en Afrique. Les cabinets auroient dû sortir de leur léthargie, en voyant une puissance isolée comme la Russie embrasser un si grand nombre d'Etats.

La lenteur de ces envahissemens a pu contribuer à faire naître une fausse confiance. Mais on n'envisage point que les premiers obstacles, qui sont dans le cas d'une invasion quelconque les plus difficiles à surmonter, n'existent plus pour la Russie. La guerre des Monts, c'est-à-dire du Caucase, est transportée dans les plaines de l'Asie ; le conquérant commande aujourd'hui à la tête de l'Euphrate. On peut trouver une cause des lenteurs de ces opérations dans la situation même où se vit la Russie à l'égard de ses voisins d'Europe. On ne peut dire que les sentimens des monarques russes les enfantèrent ; il est constant que le dessein qu'ils avoient sur la Perse ne fut pas abandonné un seul instant par aucun d'eux. L'on découvre cette cause dans la nécessité où fut la Russie d'entretenir des forces nombreuses en-deçà du Caucase et dans le Nord, pour contenir les Turcs, les Polonais, les Suédois et les Prussiens. Aujourd'hui que cette nécessité n'existe plus à l'égard de presqu'aucune de ces puissances, puisque les Turcs sont rejetés derrière leurs lignes les plus reculées, puisque la Pologne n'est plus, et que la Suède se trouve totalement impuissante, en la considérant sous le rapport de forces avec la Russie, sur-tout depuis qu'elle a perdu dans la Pologne un auxiliaire indirect, et qu'elle ne peut compter sur la diversion favorable du Turc, la Russie n'a plus, dis-je, de barrière devant elle.

Enfin je dois observer, quant à ses rapports directs avec les nations, et au système de ses alliances nécessaires, que si sa situation isolée et la grandeur de sa puissance lui donnent peu de fédérations naturelles continentales, elle en a de maritimes : il lui faut des débouchés pour ses productions, et elle a besoin de protection sur la mer, n'étant pas encore assez formidable de ce côté pour imposer la loi du respect. On vit, par ses rapprochemens avec l'Angleterre en divers temps, qu'elle envisagea ce dernier motif, et qu'elle crut devoir se tourner vers la puissance maritime la plus transcendante. Cette politique, qui parut d'abord tendre au but diplomatique, fut cependant fausse, lorsque la Russie s'isola des autres peuples navigateurs pour s'attacher uniquement à l'Anglais. Elle ne considéra point qu'elle concouroit à épouvanter ces premiers, en supposant même qu'aucun motif d'ambition n'existât entre elle et la Grande-Bretagne. N'auroit-il pas été plus politique de sa part, de former des alliances particulières et commerciales avec toutes les nations maritimes dont elle a évidemment besoin? Rien ne la contraignoit à contracter des alliances exclusives. L'Anglais, intéressé à se conserver l'entrée de ses ports, puisqu'il ne peut se passer des objets de son commerce, n'eût point exercé de long-temps son despotisme envers elle. Aucun ménagement relatif à des possessions lointaines, ne porta la Russie à des condescendances particulières à l'égard de ce premier, puisqu'elle n'a point eu encore d'établissemens dans les deux Indes:

en outre, les rapports continentaux, qui forcent les puissances, quelles qu'elles soient, à des ménagemens envers les autres grands Etats, auroient dû empêcher le Russe de se détacher entièrement de la France. J'ai dit que son éloignement avoit été un indice de la permanence du plan oriental jusqu'au règne présent. Dans ce cas seul la France fut l'ennemie de la Russie aux yeux de celle-ci; dans tout autre, aucun motif d'intérêt ne les divisoit, puisqu'elles n'avoient aucune prétention mutuelle.

J'ai fait remarquer qu'Alexandre étoit prudent et éclairé : en considérant la conduite de ses prédécesseurs, il sentira la nécessité de suivre une autre route et de modifier son systême. C'est en contemplant les tableaux de l'histoire de leur pays que les souverains s'instruisent; ils évitent ainsi les écarts, sur-tout lorsqu'ils s'arrêtent sur l'expérience de la politique qui a dirigé leurs cabinets.

Que le nouveau monarque russe envisage les fautes graves que firent Catherine et son père : qu'il voie cette première s'exposer à liguer éternellement l'Europe contre elle, et à être écrasée lorsqu'elle découvrit son dessein sur la Grèce et sur l'Empire ottoman : qu'il la voie accroître ce péril, ou le reproduire, en cherchant à renverser la Pologne ; qu'il la voie se réduire au plus grand état d'épuisement pour n'avoir pas combiné assez bien la résistance des Turcs, et près d'être détrônée par Gustave, parce qu'elle avoit négligé de s'assurer de ce prince par les négociations, ou parce qu'elle avoit porté toutes ses forces sur des territoires étrangers en se livrant à une fausse confiance. (Je suis forcé de circonscrire la longue série de ses erreurs politiques et guerrières.) Qu'Alexandre observe encore le danger auquel Catherine exposa sa propre ambition, en voulant favoriser les envahissemens de l'Autriche sur les Turcs : si Joseph II les eût vaincus en 1788, il occupoit la Grèce, et dès-lors tous les desseins de la Russie avortoient. Enfin, que le nouvel empereur marche guidé par sa seule impulsion, et qu'il ne prenne point pour modèle Catherine à l'égard de sa politique extérieure. On peut prédire qu'il nuiroit à sa gloire s'il adoptoit son plan de diplomatie secondaire que j'ai déjà signalé : les prétextes par lesquels cette impératrice voulut couvrir toutes ses actions (1), ne peuvent plus aveugler l'Eu-

---

(1) Je ne puis passer sous silence le prétexte

rope, et les intrigues dans les Etats doivent avoir désormais d'autres effets. J'ajouterai que la loyauté et la franchise sont les sentimens propres à l'homme fort et au monarque puissant ; et que l'hypocrisie signale l'ame foible et décèle l'impuissance d'un souverain.

Je crois devoir signaler ici, en envisageant le but de l'ambition des puissances russe et allemandes, l'avantage qu'auroit la Russie sur ces dernières, dans leurs diverses entreprises, en supposant l'égalité de forces et de succès militaires. Celles-ci, en s'étendant vers le Nord, c'est-à-dire en envahissant les possessions russes, trouveroient une barrière qu'elles ne pourroient surmonter, même après avoir fait la conquête de la partie septentrionale de

qu'employa Catherine pour aveugler son peuple et l'Europe sur ses motifs. Il montrera de plus en plus, combien elle immoloit tout à la politique de l'ambition. Il fera encore voir son imprudence, et l'erreur de l'Europe qui, après qu'elle l'eut manifesté, lui conserva le titre de philosophe. Ce prétexte fut celui de la religion. Cette autocratrice, jouant le rôle hypocrite et audacieux de Mahomet, lorsqu'au nom de l'islamisme il voulut justifier ses rapines, annonça que le triomphe de la religion grecque étoit le motif de l'usurpation qu'elle méditoit en Orient.

la Moscovie : ce sont les mœurs, l'esprit, le caractère et la religion des habitans qui la leur présentent. L'entière opposition qui existe, sous ces rapports fondamentaux, entre le peuple russe et les Allemands, écartera éternellement celui-ci d'eux, et ils ne pourront jamais s'établir avec stabilité dans ses contrées.

La Russie, au contraire, peut s'étendre dans le Midi, sans rencontrer les mêmes difficultés : elle trouve dans les Grecs identité de religion, de langage et de mœurs ; et le caractère et l'esprit sont, d'après cela, peu différens. Les habitans de l'Archipel ne lui offriront aucun obstacle réel lorsqu'elle voudra établir sa domination chez eux. Si la religion des Turcs étoit la même que celle des Grecs, le triomphe complet de la Russie sur leur Etat (c'est-à-dire son affermissement à Constantinople si elle la conquiert) seroit assuré, puisque les mœurs et les penchans asiatiques ont les plus grands rapports avec les siens. Mais j'ai déjà fait envisager que la religion offriroit une difficulté insurmontable à l'égard de l'Empire ottoman.

SÉLIM III,

EMPEREUR DES TURCS.

Je ne ferai connoître qu'imparfaitement cet empereur de Constantinople. Les sultans sont hors de la vue de la politique même, et l'on ne peut prononcer sans témérité que sur ceux qui, comme Soliman, Mahomet II, Amurath ou Sélim, se sont montrés à découvert, en signalant leurs règnes par des actes d'autorité ou de politique émanant de leurs seuls caractères; l'on n'a pu juger les autres que d'après les opérations du divan, c'est-à-dire la conduite de leur ministère. Comment apprécier des hommes qui ne se communiquent aux agens étrangers que dans des réceptions de cérémonie, où ils ne leur parlent que par leurs drogmans, et qui sont enfermés dans leur sérail tout le reste du temps, d'où rien ne transpire au-dehors? Si l'on peut former quelques rapprochemens sur leur caractère politique, ce n'est que par pressentiment, et le plus souvent ils sont faux, parce que l'on confond les sentimens du divan avec les leurs.

Sélim III, fils de Mustapha III, fut élevé par Abdul-Hamet, son oncle, et il reçut une meilleure éducation que celle qu'on donne ordinairement aux sultans, sous les auspices de ce premier, qui l'admit de bonne heure aux confidences politiques, et le porta à s'occuper des sciences militaire et navale (1).

---

(1) Cette conduite d'Abdul-Hamet indiqueroit qu'il s'opère une métamorphose dans les mœurs des grands de la Turquie. Le sérail paroît devoir prendre un autre aspect, depuis que l'apathie et la mollesse n'y règnent point seules : dès l'instant que les sciences y auront entièrement pénétré, il se fera évidemment un changement dans le systême et dans les vues du divan. Abdul-Hamet sembla avoir pressenti que la Turquie ne pourroit se soutenir désormais qu'en unissant les forces factices (ce sont celles de l'art) aux forces réelles de son pays. Ce sultan, en voulant faire de l'héritier du trône un militaire, un marin et un politique, travailloit efficacement au bonheur de la Turquie. Mais il étoit trop tard, sans doute ; d'ailleurs, les moyens que le sultan employa étoient infiniment bornés : quand même ils ne l'auroient point été, ils étoient trop isolés du systême d'instruction générale pour qu'il en résultât un avantage décisif : toutes les connoissances ont un rapport nécessaire entre elles ; les sciences sont sans

On vit que le nouveau sultan avoit profité des leçons et des instructions d'Abdul-Hamet, lors de son avénement. Il fit fortifier le Bosphore, et s'occupa de la marine avec un soin qui parut nouveau : il étendit ses relations au-dehors, et sembla vouloir établir un systême diplomatique secondaire plus régulier, lorsque, par la permanence de ses agens dans les autres cours, il chercha à rendre ses communications plus fréquentes avec certains États. Cette résolution auroit eu des effets heureux, sans doute, si les usages des Turcs, leur isolement et leur ton social, n'en eussent, en partie, détruit l'effet (1).

---

effet sur le génie de l'homme s'il nourrit en lui l'ignorance qu'enfantent les préjugés.

(1) Les ambassadeurs de la Porte dans les Etats où ils résident, vivant généralement isolés, n'ayant, par-là même, que de foibles rapports sociaux, étant privés de la connoisance des mœurs des peuples, ne communiquant presque point avec le reste du corps diplomatique, et étant presque tous forcés de se servir de drogmans, qui les trompent le plus souvent, entraînés par la séduction, ne peuvent guère découvrir les trames des cabinets, et les déjouer par leur opposition ou leurs réclamations. On voit, d'après ces idées, que quand même Constantinople auroit sur son

Ce sultan montra, en 1788, qu'il envisageoit le véritable intérêt diplomatique de son État, lorsqu'il s'arma contre la Russie, à l'instigation de la Prusse et de l'Angleterre : mais il fit voir, en même temps, que sa politique n'étoit pas éclairée sous les autres rapports, et qu'il ne savoit point éviter les piéges qu'on lui tendoit ; sans cela, il auroit, avant d'éclater, demandé une autre garantie à la Prusse, et il ne seroit pas entré si imprudemment dans la carrière des combats ; il auroit prévu que les résultats pouvoient être désastreux pour son pouvoir. Il donna maladroitement le prétexte à Catherine et à Joseph II, d'envahir

---

trône un sultan éclairé, l'aspect administratif et politique de la Turquie ne pourroit changer tout-à-coup ; un prince éclairé est impuissant lorsqu'il est entouré de sujets ignorans, sur-tout lorsqu'il se trouve, comme les empereurs de Constantinople, en butte aux intrigues continuelles de plusieurs Gouvernemens, qui ont devers eux toutes les ressources qu'offrent les lumières, l'habitude et l'expérience. S'il eût existé à l'égard de la Russie les mêmes prétentions qu'envers l'Empire ottoman, lorsque Pierre I voulut fonder sa puissance, et si les puissances européennes eussent employé les mêmes moyens qu'elles ont mis en jeu pour arrêter la civilisation des Turcs, Pierre eût évidemment échoué dans son entreprise.

son territoire, et il ne se sauva, peut-être, que parce que Potemkin, qui dirigeoit tout du côté de la Russie, ne mit point dans ses opérations toute l'activité nécessaire pour l'envahissement général. On pourroit dire qu'il ne dut son trône qu'à l'indolente lenteur de ce généralissime, qui arrêta l'élan des autres généraux, dont la marche offroit une progression et une rapidité étonnantes.

Ce qui peut faire tirer une conséquence avantageuse à l'égard des vues pacifiques de Sélim dans la dernière guerre, et de son inclination pour la France, c'est la faveur constante dont jouit l'ancien capitan pacha, qu'on sut n'avoir embrassé qu'avec peine les desseins de nos ennemis. La rupture de l'alliance de la Turquie avec nous ne prouveroit point en défaveur de ce sultan; il étoit entraîné par son système; un despote sembloit ne pouvoir être l'allié d'un peuple libre. Sa liaison avec les Polonais, et son amitié constante pour eux, ne détruit point cette assertion; ce peuple ne possédoit pas une liberté dangereuse pour les autocraties (1). L'igno-

---

(1) La république de Pologne, dans sa première institution, étoit de tous les gouvernemens le plus

rance dans laquelle les sultans sont élevés, le peu de connoissance qu'ils ont des loix politiques et de la législation des empires (j'ai dit que l'éducation scientifique de Sélim avoit été très-bornée), l'idée de la liberté française qu'on lui montra comme ne pouvant se concilier avec aucun gouvernement monarchique, l'aliénèrent de la France : enfin, la crainte de voir révolutionner l'Archipel de la Grèce, les démarches faites par les Maniotes auprès de notre gouvernement, l'occupation de Malte, la transformation politique des îles vénitiennes, et l'envahissement de l'Egypte par nos troupes, concoururent encore à l'entraîner loin de nous, et à le faire jeter dans les bras de nos ennemis. Les événemens que je viens de citer servirent, à des époques diverses, de moyens aux puissances pour exciter ou nourrir les

---

rapproché des états despotiques, puisque l'esclavage existoit en son sein, et étoit autorisé par la loi fondamentale. La seule différence peut-être qui existoit entre ces états, se trouvoit dans la concentration de la puissance dans les mains du monarque, dans les autocraties, tandis qu'en Pologne elle étoit dans celles des seigneurs.

craintes de cet empereur, et il céda à leurs insinuations, qu'il crut fondées sur son intérêt, quoique au fond elles préparassent la destruction de sa puissance.

Malgré cela, on observa que lors de l'envahissement de l'Egypte, le sultan ne sortit pas entièrement de la ligne politique, ce que sembloit devoir déterminer cette occupation ; et l'on vit qu'il savoit vaincre le ressentiment et la crainte même. Ici un Turc (l'on n'auroit pas dû s'y attendre) donna une leçon aux souverains des Etats les mieux gouvernés, qui avoient agi en sens opposé. Peu après, sa conduite prouva qu'il s'appercevoit de l'erreur où il étoit tombé envers la France: il se rapprocha d'elle dès que l'occasion lui en fut offerte, et en s'affranchissant du joug étranger. Enfin ce monarque tendit mieux en ce moment au but diplomatique que les autres rois, puisqu'il servit son intérêt en renouant ses liens avec son allié naturel.

La France lui reprochera quelques attentats envers ses propres sujets ; mais l'on doit dire qu'ils n'eurent lieu que dans l'effervescence de la passion excitée par la terreur que les événemens désastreux de la révolution inspirèrent, sur-tout dans les Etats éloignés où la renommée se plut à les montrer sous l'aspect le plus effrayant.

Sélim sera de tous les monarques ligués contre la France celui que la postérité justifiera davantage, quoiqu'il semble qu'un monarque ne puisse être excusé lorsqu'il néglige ce que la raison et la prudence le forcent d'employer pour conserver l'existence de son Etat, pour être juste envers les autres nations, et notamment envers ses alliés (1).

---

(1) Nombre des actions de ce sultan pourroient être justifiées politiquement d'après la situation où se trouvoit son Empire, qui étoit non-seulement menacé par l'étranger, mais par ses sujets mêmes ; Passwan-Oglou avoit déjà ébranlé son trône. Je le répète, sa confiance envers le capitan pacha, qui étoit l'un de ces Turcs amis de la paix et de l'harmonie, qui ne diffèrent point, par leurs facultés et leurs sentimens, des hommes les mieux civilisés des autres Etats, offre une forte prévention en faveur de la politique et du caractère de cet empereur. On m'opposera, pour montrer qu'il ne diffère point de ses prédécesseurs, sa conduite dernière envers Dgezzar qu'il appela à soumettre l'Egypte. Cet appel porte un caractère barbare, d'après la connoissance qu'on a de l'humeur sanguinaire de ce pacha ; je l'ai dit à l'article Dgezzar: mais je crois qu'il est une chose que nous n'envisageons pas assez lorsque nous prononçons sur les chefs des Etats ; c'est que les mœurs

Sélim sera justifié, parce qu'il fut constamment victime de la perfidie de ses voisins, de celle de l'Angleterre, et de nombre de ses pachas; parce qu'il ne connut point sa véritable situation ni la nôtre, et que ses Etats furent plus menacés que ceux de ces autres puissances, de l'Autriche même lorsqu'elle étoit envahie.

---

des peuples et la nature des gouvernemens déterminent les actions politiques des souverains, et l'influence qu'elles doivent avoir sur l'opinion. Elles ont des mobiles et des effets différens dans les autocraties et dans les autres États. Ce qui paroît un acte de barbarie dans une monarchie ordinaire, n'est qu'une action presque sans conséquence, soit en Russie, soit à Constantinople. Celui qui a le droit de faire décimer à son gré ses sujets, et de faire tout rentrer dans la poussière devant lui, ne sera pas regardé dans ces pays comme un tyran, lorsqu'il saura mettre une borne au carnage ou à la punition; et il obtiendra le titre de bon gouvernant, s'il y est autorisé par le grand motif politique des autocraties, celui de prévenir la révolte par l'épouvante. Telle est la fatalité attachée à cette espèce de gouvernement, que la rigueur est le fondement de sa stabilité. Ce principe sembleroit devoir être étranger à l'Europe depuis qu'elle vise à la civilisation. L'écrivain répète avec douleur qu'on y verra des actions semblables, tant qu'il s'y trouvera des gouvernemens absolus.

STANISLAS-

STANISLAS-AUGUSTE,

ROI DE POLOGNE.

Le règne de ce prince a montré à l'univers la vérité que nombre de rois, même des derniers temps, avoient démontrée, et que Voltaire consacra dans un vers de sa Henriade, que celui qui peut briller dans la classe ordinaire, s'honorer lui-même et honorer son siècle, est souvent déplacé sur le trône; et qu'il fait le malheur d'un peuple, parce que la nature ne lui a pas donné le caractère fort, l'étendue du génie et le coup-d'œil vaste que doit posséder un roi. Le règne de Stanislas démontra encore combien les circonstances contribuent à diriger les actions des hommes, influencent leurs sentimens, et les font souvent marcher en sens inverse de leur propre cœur.

Stanislas fut doué d'excellentes qualités; avant de monter sur le trône il fut bon citoyen, et sur le trône même il fut bon ami. Il auroit pu être l'un des plus respectables seigneurs de la Pologne s'il n'eût été roi; et il auroit illustré son pays par sa bravoure, puisqu'il possédoit cette faculté. Il portoit une intention pure et droite ; il avoit des lumières, de l'esprit naturel ; mais il manquoit, je le répète, de cette force d'ame qui fait élever au-dessus des événemens, qui isole le grand roi des penchans contraires à sa gloire et à celle de son état (1) ; force nécessaire dans la situation où son pays se trouvoit, où le

―――――――――――――――――――――――

(1) Stanislas avoit montré la véhémence des sentimens et une apparente fermeté dans les diverses diètes qui précédèrent son élévation, et l'on crut découvrir en lui les signes d'un grand caractère. L'on oublia, en ce cas, que la foiblesse peut s'élever quelquefois jusqu'à l'enthousiasme, et prendre même l'aspect de la fermeté. La mollesse à laquelle s'abandonna ce roi eût affoibli son énergie naturelle, quand elle eût été plus forte. Il marcha sur les traces de Louis xv et de Frédéric-Guillaume ii dans la route des voluptés ; et il leur ressembla sous une infinité de rapports. Mais Stanislas, placé sur un trône aussi vacillant que le sien, ne pouvoit imiter les deux monarques étrangers, sans s'exposer aux plus grands périls. J'observerai qu'un roi polonais, d'après les rapports relatifs à son peuple, et sa situation diplomatique avec les Etats qui l'environnoient, devoit ne s'occuper que d'art militaire, et vivre pour ainsi dire sous la tente, pour être prêt à opposer la résistance nécessaire à chaque instant, et que l'ambition de ses voisins forçoit malheureusement ce peuple de faire.

monarque ne pouvoit surmonter les obstacles et enchaîner les événemens qu'en la portant au plus haut période. On lui a prêté de la prévoyance : mais l'acceptation du trône polonais, son ignorance sur les véritables intentions de Catherine, les diverses actions de son règne, en général, indiquent plutôt que ce sentiment n'exista point en lui : je le prouverai ailleurs par des rapprochemens. N'étant point issu directement d'une des familles illustres qui avoient droit d'aspirer au trône, et ne possédant qu'une médiocre fortune, Stanislas ne reçut point la couronne des mains de ses concitoyens ; son élévation fut l'effet d'un de ces phénomènes politiques dont la Russie a donné les exemples. La faveur de Catherine, qui portoit le despotisme au point de disposer du sceptre de ses voisins, le plaça inopinément sur le trône.

Il y monta, on peut dire, au sein des tempêtes, et il perdit, en acceptant ce droit, l'estime des Polonais, qu'il avoit acquise en défendant les droits de son pays dans les diètes. Je ne dirai point qu'elle l'avoit appelé au rang d'ambassadeur à Pétersbourg (1), mission im-

(1) La famille Czartoriski, à laquelle tenoit Ponia-

portante, vu les ménagemens que cet Etat, avoit à garder avec l'altière souveraine; il dut ce rang à la politique d'Auguste III, qui le nomma son ministre saxon pour complaire à Catherine.

Ce peuple regarda dès-lors Poniatowski comme l'instrument des desseins de la czarine; il lui prêta la bassesse de l'ambition, le desir même de tyrannie : l'association de ce prince à un oppresseur comme Catherine sembloit justifier ces préventions. Enfin, il crut que Stanislas alloit abaisser la dignité de l'état, et sacrifier ses intérêts à cette impératrice.

Ces idées, que la situation des choses contribuoit à faire naître, durent soulever des esprits aussi ennemis de la tyrannie étrangère que ceux des Polonais. La paix entre le nouveau monarque et une partie de ce peuple fut rompue. Les soulèvemens et la guerre intestine régnèrent, et ce dernier fléau ne fut sus-

---

towski par sa mère, ayant l'intention de faire couronner l'un des siens (le prince Adam) roi de Pologne, avoit envoyé Stanislas à Pétersbourg pour négocier cette affaire. Ses rapports avec l'impératrice dans ce premier voyage, déterminèrent sa nomination comme ambassadeur, et lui donnèrent ensuite le trône polonais.

pendu que lorsque Stanislas fut affermi, après sept ans de lutte, par la force imposante que déploya la Russie.

Les intrigues et l'oppression agirent presque aussi-tôt à l'égard de Stanislas : il passa, en quelque sorte, sous la tutèle de l'ambassadeur russe à sa cour, qui lui dicta toutes ses volontés. La chaîne des Russes s'appesantit chaque jour davantage sur son trône : enfin, ce roi fût convaincu que la Russie vouloit régner, en son nom, sur son pays, et qu'il n'étoit qu'un esclave couronné. Stanislas vit le piége où une fausse confiance l'avoit précipité ; et son sort fut déplorable à ses yeux, lorsqu'il reconnut son impuissance pour soutenir son trône menacé de toutes parts. La reconnoissance pour Catherine s'éclipsa, sans doute, de son cœur. L'adhésion qu'il donna à la constitution du 3 mai, et l'énergie qu'il montra lorsqu'il réclama, aux yeux de l'Europe, les droits de sa Patrie, semblèrent indiquer qu'il changeoit de système et de route. Il prit, un instant, la place de roi, se montra vrai polonais ; et ce moment enfanta sa gloire, si l'on peut dire qu'un seul instant de grandeur peut jeter l'éclat de la gloire sur un monarque.

Alors Stanislas obtint l'estime et l'amour de

la nation, et il put trouver quelque douceur sur le trône malgré sa situation critique ; enfin, on crut voir triompher en ce moment la bonté du cœur de ce roi.

Cet événement souleva la haine et l'indignation de Catherine ; Stanislas parut l'avoir prévu, et s'être résigné à cet égard : il sembla même prendre un nouveau caractère, et être disposé à la braver. Trop heureux, s'il eût pu conserver cette fermeté ! Son trône et lui-même existeroient peut-être encore ; et la Pologne n'auroit pas offert à l'univers l'un des spectacles les plus effrayans qu'ait jamais présenté un Etat.

Bientôt la foiblesse reprit sur lui son empire, ou, plutôt, sa politique enchaîna ses sentimens, lorsqu'elle lui montra les effets de la vengeance de Catherine. Il change de route ; il veut arrêter l'élan qu'il a donné à son peuple, en paralysant ses propres mesures (1). Ce moyen devoit lui être doublement funeste ; il excite l'indignation des Polonais, dont il

_____

(1) Ce monarque paralysa ces mesures, en adhérant à la confédération de Targowitz, qui favorisoit les desseins de la Russie, après avoir promis au peuple polonais de périr avec lui, plutôt que de transiger avec ses ennemis. Il avoit annoncé qu'il se mettroit à

perd de nouveau la confiance et l'amitié, et il ne désarme point Catherine.

Ce roi va montrer encore mieux, que l'homme qui n'est mu que par une volonté mal affermie, ne peut opposer que momentanément un front impassible à l'orage, et qu'il se jette d'abîmes en abîmes lorsqu'il est dirigé par la terreur ou la foiblesse. Il ne sait point défendre ses propres desseins. Cédant au vœu de la diète, il adhère, malgré lui, à l'alliance de la Pologne avec la Prusse. Dès-lors son naufrage est déterminé ; il ne lui reste pas une planche pour se sauver lui-même.

La politique qui gouvernoit l'ame de Catherine plus que ses sentimens, y étouffa toute bienveillance pour celui dont elle avoit paru vouloir faire son égal ; et elle dévoua Stanislas à sa perte, ou à l'humiliation de céder son trône à son gré. Tous les ressorts politiques furent mis en jeu à la fois pour opérer son entière dépossession. La Russie né-

---

la tête de l'armée, et la diète avoit été suspendue d'après ce dessein. Stanislas ne couvrit point, même par un simulacre réel, sa conduite. Il fit reculer ses troupes jusqu'à vingt lieues de Varsovie, et déclara alors que le salut de l'Etat le forçoit de se réunir à la confédération.

gocia l'acte du troisième partage avec les deux puissances qui avoient pris part aux deux premiers ; Stanislas reçut d'elles l'ordre de quitter le trône, et le sort de la Pologne fut déterminé.

J'ai dit que le peuple polonais, voyant sa perte assurée, et découvrant l'impuissance des négociations, voulut se soulever tout entier pour se soustraire au joug étranger. Stanislas, quels qu'eussent alors été ses sentimens, n'eût pu partager cette action héroïque: la méfiance qu'il avoit si constamment nourrie dans l'esprit des Polonais par ses désastreuses imprudences, qui les exposèrent à être déshonorés à jamais par la faction étrangère qui préparoit tous les crimes dans Varsovie (1), les éloi-

――――――――――――――――

(1) J'observerai ici, pour qu'on n'interprète pas à faux ce que j'ai dit, dans l'article Kosciuszko, sur la faction qui vouloit livrer Varsovie à l'étranger, que je n'ai point envisagé cette faction comme prise généralement parmi le peuple ; il n'en fut que l'instrument lors des massacres qui eurent lieu. La faction fut composée, je ne dirai point par le parti de Stanislas, mais par le petit nombre de Polonais qui furent vendus à la Russie. Il n'exista jamais d'Etat où il n'y eût des traîtres ; Sparte en trouva jusque dans Pausanias, son roi. Ce que j'expose ne doit donc point offusquer un peuple qui a mérité l'estime commune.

gna de lui; et il fut fait prisonnier au sein de sa capitale pendant tout le temps que dura la révolution.

Ici, j'aurai encore occasion de donner un tribut d'éloges à ce peuple et à son chef suprême. Stanislas fut prisonnier, mais ne fut pas livré à l'outrage. Kosciuszko n'oublia point l'intérêt que doit inspirer le malheur : le sort de Stanislas fut respecté comme il eût pu l'être dans les jours de sa puissance. Cette conduite dut exciter les plus vifs regrets dans le cœur de ce prince, lorsqu'il vit quelle étoit la magnanimité du peuple qu'il avoit trahi.

Le peuple polonais, malgré son extrême résistance, ayant succombé dans l'instant où il croyoit, en développant toutes ses forces, ce qu'il n'avoit pu faire jusqu'alors, assurer sa victoire (1), Stanislas fut condamné au

---

(1) Nombre de provinces n'étoient point insurgées, sur-tout les plus fécondes en hommes, lorsque le grand choc eut lieu entre l'armée de Kosciuszko et celle des ennemis. Sans doute ce premier eût opposé une autre résistance lorsque la nation entière eût été sur pied : alors les armées étrangères auroient pu se trouver dans l'extrémité où se vit celle du roi de Prusse lorsque la grande Pologne s'insurgea derrière lui. Elles s'exposoient à être cernées en-

même sort par ses ennemis, et il tendit les mains aux chaînes qu'on lui présenta. Des pleurs furent les seules armes qu'il employa en ce moment : armes impuissantes, depuis que la férocité s'est emparée des cœurs, et qu'un roi ne doit verser que lorsqu'il exerce les actes de la bienfaisance : alors ce sont ceux de la nature, et ils signalent sa grandeur!

Stanislas reparut à la cour de Russie après la mort de Catherine, comme pour offrir l'exemple de ces rois qui servoient de marche-pied au trône de leurs vainqueurs, et pour y éprouver les mépris et les humiliations des

---

tièrement par ce peuple, et à trouver leur tombeau sur son territoire, si elles s'obstinoient à ne point l'évacuer.

J'ai dit ailleurs que les espérances des Polonais étoient détruites lors de la bataille de Maceïowice ; cependant il étoit possible que Kosciuszko pût attendre l'effet de l'insurrection qui lui étoit annoncée, s'il eût battu isolément, comme il s'en étoit flatté, Fersen et Suwarow. La résistance qu'avoient opposée ses troupes dans les diverses affaires, tant contre les Russes que contre les Prussiens, où elles avoient toujours combattu avec la moitié, et même le tiers des forces, sembloit indiquer qu'il pourroit forcer l'évacuation du territoire polonais, s'il ne parvenoit pas à vaincre entièrement ces premiers.

courtisans. Si le malheur eût exercé sur l'ame de ce prince son effet ordinaire, qui est de rendre à l'homme sa dignité, il eût préféré sans doute la mort ou la nuit la plus obscure des cachots, à la vie qu'il traîna dans cette cour jusqu'à sa mort.

On pourroit dire, en embrassant d'un coup-d'œil la conduite politique de ce monarque, qu'entraîné par sa fatale étoile, il fut trompé par Catherine; qu'il trompa à son tour les Polonais, sans avoir le dessein réel de leur nuire; qu'il adopta une politique que l'état de son royaume, les sentimens de son peuple et ceux des rois ses ennemis, devoient rendre impuissante, et funeste à sa propre destinée ainsi qu'à sa gloire; que, livré à la crédulité qui égala sa foiblesse, il suivit sa route désastreuse jusqu'à ce qu'il eût perdu l'estime des siens, celle de l'étranger et de lui-même, et qu'il n'abandonna enfin l'espérance que lorsque son trône fut renversé.

Stanislas parut être victime de la fausse opinion de l'Europe, qui regarda Catherine comme un héros de magnanimité en s'aveuglant sur les grands faits politiques de son règne. Peut-être pourroit-on avancer, que la confiance qui le gouverna, eut sa source dans l'amour-propre qui lui persuada qu'il ne seroit jamais abandonné par celle dont il avoit été l'amant (1). Telle est l'impression de la faveur dans l'esprit du général des hommes ; ils croient la posséder après l'avoir perdue ; les nombreux exemples, sur-tout à l'égard des monarques dont on a vu transformer d'une manière étonnante les sentimens, n'ont pu les corriger.

Je ne puis m'empêcher de faire entrevoir ici combien Stanislas Auguste fut différent de Stanislas Lezinski, surnommé le Bienfaisant, et de rappeler à l'Europe le souvenir de ce roi, digne de servir de modèle par ses vertus et sa fermeté. L'éloge est dû en tous les temps à de tels princes ; il forme la plus douce jouis-

---

(1) La conduite de Catherine envers Stanislas servira plus qu'aucun autre motif, à faire juger le cœur de cette souveraine, et elle sera le fondement de l'un des reproches les plus graves que lui fera la postérité. Stanislas n'eut d'autres torts envers elle que d'avoir voulu conserver le trône sur lequel elle l'avoit placé. Les actions de cette impératrice à l'égard de ce roi sembleroient prouver encore, qu'elle ne connut point la véritable amitié, et qu'elle ne fut dirigée envers ses favoris que par la passion des sens.

sance pour l'écrivain; et son droit le plus précieux est celui de le retracer.

Le vieux Stanislas se trouva, comme le nouveau, entouré d'ennemis, de périls et de dangers, et il fut écrasé à son tour par le despotisme russe. Ce despotisme mérita l'exécration de la postérité lorsqu'il agit envers ce premier : quant au second, il s'étoit chargé lui-même de sa chaîne; il avoit adoré sa loi; il devoit être sa victime. Lezinski employa tous les moyens pour sauver son peuple et la gloire de son trône ; les champs de Dantzic montrent encore les monumens qui attestent sa résistance. Il se résout à la fuite, sans espoir de pouvoir joindre la France; il s'expose à périr sous le fer des Cosaques, avides de son sang, auquel étoit attaché le prix de sa proscription par les Russes, plutôt que de fléchir devant le vainqueur en capitulant avec lui.

Stanislas le Bienfaisant conserva sa gloire; il vit encore dans le cœur des Polonais; et Stanislas Auguste, quoiqu'il ne les ait point écrasés du poids de son propre pouvoir, ne se retracera à l'esprit de ce peuple, que pour réveiller en son ame les sentimens que doivent y faire naître éternellement la perte de sa gloire, de son indépendance et le sacrifice des siens, que la guerre, dont son roi fut l'instrument lui ravit.

Suite de Stanislas.

Je vais envisager de plus près les sentimens, les motifs et les facultés politiques du monarque détrôné, et tâcher de fixer l'opinion, à son égard, par des rapprochemens.

L'on peut dire, en justifiant Stanislas, que jamais situation ne fut aussi critique que la sienne. Il dut ménager un peuple susceptible, irritable, et idolâtre de son indépendance, et deux voisins aussi prévoyans et aussi ambitieux que Frédéric et Catherine, dont les ministères étoient occupés par des boute-feux. La politique du monarque polonais dut, d'après sa situation, être vacillante. Ce qui contribua sur-tout à la rendre telle, ce fut l'incertitude où il se trouva sur les véritables sentimens de la Czarine. Stanislas ne connut pas le but de sa nomination : il ne vit point qu'il étoit l'instrument de l'ambition de cette princesse. Il oublia que, depuis Pierre I, tous les souverains russes avoient cherché à soumettre son pays ; que son asservissement étoit lié à leur projet oriental ; et il ne considéra point que Catherine, plus ambitieuse que ses prédécesseurs, étoit par conséquent plus attachée à ce grand dessein. Enfin, ce prince ne découvrit point, dans l'acte despotique par lequel cette souveraine lui donna la royauté, le signe évident de sa prétention sur la Pologne. Il fut trompé, ainsi que l'Europe, par la participation de Catherine à la triple alliance. Il auroit dû observer que le but de l'impératrice étoit de prévenir l'envahissement par la Prusse (je l'ai déjà fait remarquer), et qu'elle ne faisoit que suspendre son entreprise, ou, plutôt, qu'elle vouloit opérer le bouleversement de la Pologne par son peuple lui-même, en l'opposant sans cesse à son monarque. Dans ce cas, Poniatowski eût dû se regarder comme l'agent principal de la diplomatie turbulente de la Russie, ou comme le surveillant de Catherine, destiné à empêcher que la nation polonaise ne se jetât, par un mouvement spontané, dans les bras de la Prusse.

Tout annonce que ce monarque manqua de la véritable appréciation politique. Quel que fût son aveuglement et sa confiance dans les promesses de la Czarine, il eût dû penser qu'elle l'immoleroit tôt ou tard à Potemkin : Stanislas ne pouvoit s'empêcher de voir que le grand favori avoit, dès long-temps, des vues sur la Pologne ; et il ne pouvoit supposer qu'il pourroit balancer l'influence de ce premier à qui Catherine avoit sacrifié jusqu'à sa gloire.

En adhérant à la constitution du 3 mai, et en se persuadant qu'en atténuant l'effet de cette mesure il désarmeroit la Russie, il manqua de réflexion et de prévoyance. Il avoit résisté au vœu de Catherine ; il avoit heurté son orgueil ; il étoit devenu son éternel ennemi. Stanislas eût dû savoir que ce sentiment étoit souverain dans l'ame de cette impératrice.

Il est resté un doute, dans certains esprits, si ce prince ne chercha point à justifier les mesures violentes de Catherine, en encourageant son peuple au soulèvement lorsqu'il accepta la constitution. Tout ce qu'il fit pour éviter le combat de ses troupes avec les Russes sembleroit en donner la certitude : je crois, cependant, que ce seroit méconnoître le cœur de ce roi, que de penser qu'il médita froidement le massacre des siens, et qu'il est plus vrai de penser qu'il crut, par ses ménagemens, satisfaire l'orgueil de Catherine, et la faire consentir, sinon à l'acceptation entière de la nouvelle constitution, du moins à des modifications

fications avantageuses à l'indépendance de la Pologne. Ce prince fit tout pour satisfaire la Russie ; on le vit lors de l'alliance avec la Prusse. Il ne se prêta qu'avec effort au vœu de la diète, qui regarda ce traité comme l'égide des destins de la Pologne. Avant cette époque, la famille du monarque, et lui-même, avoient manifesté dans l'assemblée de la nation, leur desir de ne contracter de fédération qu'avec les Russes.

Je vais m'arrêter ici sur la conduite de la diète à l'égard de la Prusse, puisque ce fut le comité, pris en son sein, plutôt que Stanislas qui dirigea les opérations diplomatiques lors de l'alliance. Ses membres manquèrent en ce moment de prudence et d'appréciation politique. Ils se fondèrent sur les promesses que leur avoit faites Hertzberg, avant cette époque ; ils n'apperçurent point le but de ce ministre, et que la protection qu'il leur annonça devoit être trompeuse (1). Ils crurent que

(1) Hertzberg, en formant des intrigues en Pologne, avoit eu pour but de soulever le peuple de cet État contre les Russes, et de le contraindre à réclamer l'appui direct de la Prusse, ce qui veut dire à passer sous sa domination. Il espéroit forcer ensuite la Russie, par les armes, à renoncer à ses prétentions sur ce pays. L'on

l'intérêt de la Prusse la forçoit de les protéger efficacement, et les sentimens de Frédéric-Guillaume leur parurent un garant de ses vues. La conduite de ce prince à l'égard de l'Autriche laissoit supposer qu'il eût pu agir de même envers la Pologne; son intérêt d'accabler l'Autriche étoit plus grand que celui qui l'armoit contre cette première, puisque l'Autriche menaçoit toujours son sort : cependant on peut croire que Frédéric-Guillaume, entraîné par ses penchans vers la vie paisible (j'ai déjà produit cette idée), et craignant, s'il contrarioit Catherine, d'enfanter une lutte sans fin, eût sacrifié la Pologne quelque tentative qu'on eût faite auprès de lui. Je dois faire considérer encore qu'à l'époque de la destruction de cette république, les idées, les vues et l'énergie du monarque prussien n'étoient plus les mêmes que lorsqu'il traita avec Léopold.

J'ajouterai, quant à Stanislas, qu'il n'eût

___

retrouve, dans ce projet, toute l'audace et toute l'ambition de ce ministre. Il paroît certain que s'il eût dirigé exclusivement le cabinet de Berlin à l'époque du second partage, et s'il eût eu son ancienne influence lors du dernier, il n'auroit point eu lieu, ou ce n'auroit été qu'après une longue et désastreuse guerre, ou lorsqu'enfin la Prusse auroit été impuissante.

point accepté la couronne de Pologne, s'il eût eu plus de prévoyance et plus de lumières politiques ; alors il eût su que la haine invincible de son peuple pour les Russes, le forceroit de s'écarter en tous temps de ceux-ci ; et il eût dû présager, d'après cela, sa perte comme infaillible.

On peut dire que sa conduite envers son peuple fût la conséquence du faux système qu'il embrassa, qui le porta à faire sans cesse une balance entre lui et la Russie.

SUÈDE.

Cet ancien État est situé à-la-fois sur la Baltique et sur la mer du Nord, où il tient, avec le Danemarck, l'important passage du Sund, qui est la porte de la Baltique, et le lieu favorable où semble s'établir l'indépendance maritime pour empêcher les efforts de l'ambition qui tend à régner sur le trône des mers. Ce sont les Thermopyles du nord de l'Europe; les Dardanelles et Malte sont celles du midi.

La Suède qui fut, avec le Danemarck, la terreur du Nord, dans les temps qui précédèrent l'invasion de l'Empire romain et lui succédèrent; agitée par l'inquiétude naturelle à son peuple, forcé par la situation où est réduit son territoire composé de rochers ou d'immenses marais, de s'étendre au-dehors par la voie des armes, pour y chercher la richesse et même ses besoins, fut long-temps redoutable pour ses voisins, qu'elle maîtrisa et abaissa en divers temps. La Pologne, le Danemarck, reçurent sa loi, tout en lui imposant la leur à d'autres époques (1).

---

(1) J'ai dit à l'article *Danemarck*, que la Suède

Cet État, après nombre de siècles de bouleversemens intérieurs, de succès et de revers au-dehors, vit fixer sa monarchie par Gustave-Vasa, qui l'avoit régénéré et qui avoit rétabli sa gloire militaire. Gustave-Adolphe, ce digne successeur de l'ardent et intrépide Vasa, et qui l'éclipsa sous le rapport des talens militaires, s'éleva bientôt comme un second phénomène pour protéger et illustrer la Suède. Il fixa les regards de l'Europe entière, qu'il sembla vouloir et pouvoir asservir. Le Nord trembla à son aspect (1); l'Allemagne passa

---

fut long-temps la rivale de ce dernier; cela dut être : leur position les mit dans le même état de rivalité et de jalousie que la France et l'Angleterre lorsque les deux nations furent égales en puissance. La Suède fut souvent opprimée. L'on vit Christiern sur le point d'entraîner sa chute : les deux premiers Gustaves la sauvèrent, et déterminèrent sa prépondérance sur le Danemarck.

(1) Nul monarque ne se montra en Europe pendant nombre de siècles sous l'aspect de Gustave-Adolphe. Ce prince, né pour être conquérant, et peut-être législateur politique, qui réunit en lui la prudence, le courage, et une grandeur de génie étrangère à son siècle, c'est-à-dire aux rois ses contemporains, dut maîtriser un instant l'Europe par l'ascendant que lui donnoient ces facultés; ascendant qui trouvoit une

presque sous son joug ; sa mort prématurée, à la bataille de Lutzen, arrêta les efforts de la puissance suédoise, qui, sous un tel prince, sembloit devoir étouffer la Russie et la Prusse à leur berceau, et maîtriser à jamais la maison d'Autriche. Gustave prouva, comme le fit dans la suite Frédéric II, ce que peut un grand courage avec les plus petits moyens: l'une des nations les moins populeuses du continent (je l'ai fait entrevoir ailleurs) fut sur le point de dicter la loi aux peuples les plus nombreux. Tel est l'ascendant suprême que donnent le

force nouvelle dans ses vertus privées. Il porta en un instant très-haut la gloire de la Suède. Il paroît qu'il avoit formé le plan d'établir une autre balance dans le nord de l'Europe, pour éviter ainsi les renversemens successifs qu'on y avoit vus jusqu'alors; peut-être aussi voulut-il s'en arroger la domination exclusive, puisqu'il ne fut point exempt d'ambition. Enfin ce prince fut un instant le régulateur et l'arbitre des nations septentrionales. Tout annonce que si la mort ne l'avoit surpris dans ses premiers travaux, il auroit exécuté sa grande entreprise, en donnant au Nord une face nouvelle. On diroit qu'il avoit présagé quelle seroit la puissance de la Russie si cet Etat se civilisoit, et il sembloit vouloir l'empêcher de naître en élevant à côté de lui un colosse que rien ne pût ébranler.

génie et la valeur; ils semblent ne trouver aucun obstacle. On vit dans des siècles plus reculés ce que put un petit roi de Macédoine (Alexandre). Il dompta les invincibles Grecs, et soumit à sa puissance, on pourroit dire par la seule force de son génie, par sa valeur et son audace, les empires les plus formidables, les mieux affermis, et fit passer sous son joug la moitié habitée du monde connu.

Ce royaume se soutint, à l'abri de sa gloire, après la mort de Gustave-Adolphe ; mais sa politique changea de direction : Charles XII parut ; la gloire de la Suède qui s'effaçoit reprit tout son éclat, et l'Europe trembla de nouveau pour la sienne.

Les Suédois, quoique possédant les facultés propres à en faire l'un des peuples les plus sages du Nord, avoient trop de penchant pour les combats, et étoient trop habitués aux conquêtes, pour qu'ils pussent immoler l'amour de la guerre à la paix, sur-tout après un règne aussi florissant, sous le rapport militaire, que celui de Gustave-Adolphe. Le double appât de la fortune et des triomphes guerriers, et l'orgueil de cette gloire, les entraîna sur les pas de Charles XII, qui voulut terminer l'ouvrage commencé par ce grand roi en suivant une route nouvelle. Son ambition lui montra le territoire de la Russie comme le lieu où il devoit transporter une partie de son peuple. Ce vaste empire auroit peut-être subi le joug de ce monarque, si Pierre n'eût point existé à cette époque, et si cet empereur, digne de résister à Charles par sa valeur et par l'ascendant de son génie, qui l'élevoit même au-dessus de lui, ne fût entré dans la route des combats pour arrêter ses succès. Charles XII porta bientôt ses soldats sur le territoire du czar; et, semblables à un torrent qui renverse tout, ils inondèrent le nord et le centre de la Moscovie. Après diverses victoires sur les troupes de Pierre, cet empereur leur éleva une digue insurmontable à Pultawa; et, là, il creusa pour la puissance suédoise le gouffre dans lequel elle devoit s'engloutir et disparoître à jamais. Charles perdit sa gloire, les fruits de ses travaux : la Suède fut abaissée, la Russie affermie ; et l'Europe n'eut plus à redouter que cette dernière, dans les mains de laquelle venoit de passer le sceptre du Nord, qu'elle ne devoit point quitter, et qui sembla ne devoir lui être arraché que lorsqu'elle auroit ravi celui de l'Orient.

L'idée de l'ancienne rivalité, la haine que

se vouoient les deux Etats, le desir de la Russie d'usurper la puissance maritime de la Suède, firent naître chez les successeurs de Pierre le dessein d'asservissement de ce royaume. Elisabeth chercha à l'écraser par ses forces, pendant qu'elle enfantoit ses commotions intérieures à l'appui de la cabale et de l'intrigue. Catherine marcha au même but, et prépara de plus en plus son affoiblissement et sa chute.

La Suède, tombée dans un état d'impuissance réelle avant l'époque de la révolution française, prit cependant une part directe aux événemens qui la précédèrent. Après avoir eu naguère à combattre dans son propre sein, ce peuple, qui n'avoit point de constitution fixe, qui vouloit reconquérir sa liberté, que l'intrigue, la révolte, l'or de l'étranger et l'abaissement, qui est la suite des défaites, avoient contribué à détruire chez lui, sembloit devoir rester entièrement impassible lors de la guerre des Turcs, et sa politique, même, lui en faisoit une loi. La Suède devoit laisser épuiser la Russie ; elle perpétuoit ainsi son existence : son énergie, les espérances que lui donnoit Gustave-Adolphe III, et le soutien de la France qui devoit tôt ou tard s'armer pour elle, tout lui annonçoit qu'elle pourroit rompre un jour le joug sous lequel la Russie l'accabloit, enchaîner à jamais les factions en son sein, et fonder enfin un système de gouvernement invariable, analogue à la nature de ses mœurs, à l'esprit et au caractère de ses peuples et à sa position physique ; objet sans lequel les victoires du dehors auroient été sans fruit pour elle. La plus puissante égide d'un peuple, quels que soient ses dangers et la nullité de sa force, est toujours sa constitution : il a droit de tout attendre si elle est bonne : les grandes puissances mêmes, qui semblent par leur force naturelle au-dessus de tout danger, doivent trouver dans les leurs, les bases de la stabilité de leur puissance.

Les Suédois semblèrent avoir envisagé cette vérité, et avoir tiré de leurs malheurs passés et continus cette grande leçon de l'expérience ; et lorsque Gustave leur eut donné une constitution, ils désirèrent voir transformer leur système extérieur (1). Malgré l'attache-

---

(1) Le peuple suédois manifesta, sous Gustave III, le vif desir d'établir dans ses Etats un système plus stable que celui qui avoit existé jusqu'alors ; et il voulut donner à sa politique un fondement plus solide au-dehors. Il inclinoit pour un rapprochement plus

ment qu'ils portoient à leur roi, qu'ils avoient regardé, avec l'Europe, comme le régénérateur de leur patrie, et en qui ils avoient découvert un défenseur intrépide, lorsqu'il avoit lutté avec vigueur contre la Russie (1); ils improuvèrent la conduite de Gustave lorsqu'il forma le vœu de les armer contre la France, et ils n'y cédoient qu'avec effort, prévoyant les fâcheux résultats qui pouvoient naître de cette démarche. Ceci contribua peut-être à les consoler de la perte de ce monarque qu'ils chérissoiènt. Sa mort prévint la lutte qui eût pu s'élever entre lui et son peuple. J'ai dit quelle réserve le duc de Suder-

---

direct avec la France, en qui il voyoit sa principale sauve-garde, sur-tout depuis l'accroissement de la Russie. Notre révolution ne pouvoit anéantir cette attention, ni déranger l'intérêt qui lui servoit de base; et Gustave devoit s'attacher à la France, s'il se dirigeoit sur les sentimens de son peuple.

(1) J'ai déjà indiqué le combat qui se livra dans le golfe de Finlande, où Gustave et son frère commandoient contre le prince de Nassau, amiral des Russes; il offre l'un des plus beaux faits d'armes dont l'histoire moderne fasse mention. Gustave montra la même valeur et la même audace que Charles XII dans ses divers combats : le duc de Sudermanie s'y couvrit de gloire à son tour.

manie montra dans les événemens qui succédèrent.

L'Etat suédois n'éprouva aucun choc depuis la mort de Gustave; cependant un imminent danger parut exister pour lui, lorsque les Anglais formèrent l'attaque de Copenhague. La conduite du cabinet de Stockholm écarta ce danger; ce fut sa neutralité, qu'on regarda comme contraire à sa politique, ou comme un effet de sa haine pour le Danemarck, qui sauva son pays à cette époque. L'alliance avec ce dernier Etat eût été nulle; il n'étoit plus temps de la former, et de compter sur l'espoir de la rendre avantageuse. Le gouvernement suédois dut penser, comme l'ont fait tous ceux qui ont entrevu le but des liaisons de la Russie et de l'Angleterre, et qui ont réfléchi sur l'inconséquence de ces deux puissances lorsque l'ambition les dirige, qu'elles avoient médité de s'emparer entièrement du Sund, dès l'instant que la Suède se seroit déclarée, et de s'arranger ensuite entre elles pour l'occupation. Ce plan ne fut pas, peut-être, négocié; mais son existence étoit vraisemblable: du moins étoit-il certain, et la Suède pouvoit en avoir la conviction plus que toute autre, d'après les tentatives continuelles de la Russie pour affoiblir sa puissance et bouleverser ses Etats, il étoit certain, dis-je, que celle-ci auroit profité du moment de la guerre pour faire une invasion sur le territoire suédois, ou pour établir diplomatiquement des prétentions nouvelles, qui auroient été le germe d'une guerre future et destructive. La Russie ne cherchoit que le prétexte depuis la chute de la Pologne; le soin de conquérir cet Etat l'avoit portée à retarder momentanément l'entière oppression de la Suède. L'intérêt de cette dernière la força donc à ne point s'armer tandis que son allié naturel étoit attaqué. Elle étoit impuissante, d'ailleurs, pour lui offrir un secours assez formidable pour balancer la force des Anglais.

Si la Suède ne garda sa neutralité dans cette occasion, que dirigée par une condescendance pour la Russie, et même pour l'Anglais, et non par la crainte de l'envahissement dont je parle; si d'autres intérêts secondaires gouvernèrent sa politique; si même sa conduite fut l'effet de son indifférence sur le sort de son ancien ennemi, cette neutralité n'en fut pas moins favorable à elle-même et au Danemarck; elle sauva évidemment leur sort commun en restant dans une inaction complète.

Suite de la Suède.

Avant Gustave-Vasa, le peuple suédois, belliqueux par le besoin, n'eut point d'autre politique que celle qui favorisoit la victoire. Dès-lors la Suède dut rester isolée des autres nations, et ses alliances ne durent avoir pour fondement que les convenances attachées aux événemens, et qui tendoient à ses vues.

L'union première de la Suède avec la France fut formée par le monarque cité. Ce prince, que j'ai montré comme possédant les facultés politiques, voyant que son royaume n'étoit point affermi, forma une alliance avec cette première, qu'il regarda comme la seule puissance du continent qui eût des rapports directs avec la Suède, d'après leur position mutuelle et leur situation maritime. Cette alliance, qui reposoit sur l'intérêt des deux Etats, eût dû subsister en tout temps ; mais lorsque la Suède eut pris de la supériorité sous le même Gustave, et lorsque sous Gustave-Adolphe elle fut devenue, pour ainsi dire, la dispensatrice des droits de l'Europe, elle tomba dans l'erreur familière aux puissances à qui la victoire a donné un instant la suprématie, qui leur persuade qu'elles pourront toujours la conserver; elle abandonna ses amis (1), et regarda comme inutiles les alliances fondées sur la conservation réciproque.

On vit la Suède, entraînée par cette grande erreur politique, se réunir, contre la France, à la triple alliance en 1668, et arrêter le traité de Westphalie qu'elle vouloit elle-même dicter. Après la mort de Gustave-Adolphe, et avant le traité de Nimègue, les liens entre les deux royaumes se rétablirent : mais ils furent encore foibles ; la Suède, fière de sa prépondérance, regardoit toujours la France comme subalterne. Si cet État se rapprocha bientôt plus directement du

---

(1) Cet isolement fut toujours familier aux puissances victorieuses : elles crurent éterniser leur prospérité, et l'orgueil de la suprématie les anima. Elles négligèrent les rapprochemens utiles, et le plus souvent elles furent obligées de s'abaisser devant ceux qu'elles avoient humiliés. L'on ne peut trop répéter aux monarques et aux peuples qu'il n'est point de stabilité de fortune réelle ; l'histoire entière l'a prouvé : que sont devenus la gloire et le pouvoir des Grecs et des Romains ? La Chine, tout en conservant son existence, a reconnu et éprouvé l'instabilité de la fortune. La prospérité des nations tient à tant de circonstances et à de si foibles liens, que celle qui paroît la mieux affermie peut être en un instant renversée.

nôtre, ce fut la nécessité de la protection qui détermina cette mesure. Il avoit perdu toutes ses conquêtes en Allemagne ; ses provinces suédoises étoient menacées ; l'appui de la France lui devenoit indispensable. En effet, notre cabinet sauva son trône, en imposant la loi à l'électeur de Brandebourg et au Danemarck qui étoient sur le point de le renverser.

Lors de la ligue de l'Europe contre la France, la Suède l'abandonna ; et, à Riswick, elle inclina pour nos ennemis. Si Charles XII se fût réuni à Louis XIV, ces deux princes, par l'ascendant de leur valeur et par leurs forces, eussent maîtrisé l'Europe, et ils eussent pu en partager la domination. Le monarque suédois, en suivant une route contraire, prépara l'abaissement de son Etat et sa propre perte.

La Suède, sachant que la France avoit besoin d'un allié dans le Nord, abusa trop longtemps de cette notion. On doit dire aussi que Richelieu, et ensuite Louvois, ne voyant point sans effroi et sans jalousie les succès prodigieux de cette puissance, s'éloignèrent, à leur tour, de son cabinet ; enfin, l'on peut conclure que l'orgueil et l'ambition rompirent des deux côtés les liens qui unirent diverses fois les deux États.

La

La Suède, trompée encore par la victoire, et ayant passé au rang de puissance du second ordre; voyant la Russie, non contente d'avoir détruit son influence militaire, chercher à l'écraser du poids de son vaste pouvoir, brigua de nouveau l'amitié de la France, qu'elle avoit dédaignée; et, dès ce moment, une alliance plus vraie et plus solide exista entre les deux royaumes. La France, ayant le plus grand intérêt de voir la barrière du Sund, on pourroit dire, sous la garde de la Suède, se prêta à ses vues, en immolant le ressentiment de l'orgueil.

J'ai fait connoître, dans les articles *Gustave* et *Russie,* une partie des motifs qui portèrent l'autocratie du Nord à détruire la Suède, ou à la rendre sa tributaire absolue. J'observerai ici que la Russie ayant tout à redouter pour son ambition, si cet état passoit sous la protection directe d'une grande puissance, ou s'il lui étoit réuni, il est indubitable qu'elle aura toujours le dessein de l'asservir. J'ajouterai que depuis que la Prusse a pris une influence plus grande dans la Baltique, la Russie, craignant que celle-ci n'y acquière un jour la prépondérance, puisqu'elle peut lui disputer à elle-même, avec avantage et presque égalité de forces, la domination de cette mer, a eu plus directement en vue la possession de la Suède. Les raisons que j'expose sont fondées sur l'intérêt de la puissance qu'on vit toujours ambitieuse; d'après cela, elles ne peuvent être révoquées.

La cour de Pétersbourg doit redouter, en effet, que la Suède ne se réunisse un jour à la Prusse, comme elle le fut autrefois à la Pologne: si la Suède, le Danemarck et la Prusse formoient une fédération solide et fondée sur le dévouement commun, que l'ambition de la Russie, et de nouveaux dangers pourroient leur montrer indispensable, celle-ci seroit rejetée dans son golfe, et ses prétentions du côté du Nord seroient entièrement bornées.

La Russie a le libre passage du détroit ; mais ce passage peut lui être fermé si son ambition devient plus redoutable. De ce point, qui seroit ouvert aux flottes de la France et des autres nations maritimes, on pourroit l'attaquer jusque dans son centre ; et si l'on gardoit le détroit avec soin, sans même employer d'autres moyens hostiles, on l'affoibliroit et l'appauvriroit même, puisqu'on lui fermeroit les sources des débouchés pour ses productions. On n'a pas assez senti de quelle importance il étoit de conserver à l'Europe cette position. Les deux côtés du détroit sont deux postes qui lui appartiennent naturellement, et que chaque peuple doit défendre comme s'ils faisoient partie de son territoire. En laissant long-temps sans appui la Suède et le Danemarck, l'Europe a compromis un intérêt précieux.

Je ferai encore envisager que si la Russie nécessite jamais des mesures contre elle, la France et la Prusse pourront occuper le Sund. Cette première est aujourd'hui à portée d'y jeter en peu de temps ses troupes par la Hollande et l'Hanovre. Je regarde l'occupation de cet électorat par elle, d'après la position guerrière qu'il lui donne, comme un garant contre les tentatives de la Russie, comme une cause préservatrice de l'existence de la Suède et du Danemarck, et sur-tout du passage qui peut arrêter à-la-fois les Russes et les Anglais, et empêcher leur réunion. Si les nations prennent, à l'égard des Dardanelles, des mesures équivalentes, ce qu'elles peuvent faire en soutenant le Turc, et le forçant à rompre la chaîne des ménagemens, le sort de l'Europe peut être fixé pour long-temps. Alors la Russie sera circonscrite sur son territoire ; l'équilibre existant subsistera et même prendra plus d'aplomb.

Depuis la mort de Gustave, l'Etat suédois a été assez paisible du côté de la Russie. Il le doit, sans doute, à la mort prématurée de Paul 1, sur-tout à l'opposition que ce prince mettoit entre tous les desseins de sa mère et les siens, et au système pacifique qu'a montré Alexandre à son avènement. Je ne parle point de l'alliance de famille qui existe entre les deux princes qui gouvernent la Russie et la Suède; j'ai déjà observé que ces liens avoient, par leur nature, la plus foible consistance. On pourroit préjuger que la conduite de la Russie à l'égard de la Suède, repose, aujourd'hui, sur l'assurance tacite qu'elle a de la gouverner désormais; et si l'on portoit le rapprochement plus loin, on verroit celle-ci sous le joug russe comme le fut long-temps le Danemarck. On peut ajouter que depuis la destruction de la Pologne, la Suède, étant plus menacée par la Russie, s'est vue forcée de recourir à sa protection, et d'opter entre la Prusse et sa propre ennemie; et qu'elle paroît avoir adopté cette dernière (1).

---

(1) La Russie se reporta vers la Suède en 1791,

parce qu'elle redoutoit le rapprochement de l'Autriche et de la Prusse. Elle crut alors devoir se confédérer avec les deux puissances qui tiennent le Sund, pour s'opposer aux tentatives qu'elle supposa devoir être faites par ces premières : mais depuis cette époque ces vues diplomatiques ont été détruites; la Russie a regardé la Suède comme si elle étoit sous son joug. Je dois dire encore, que l'un des motifs qui ont déterminé en ces derniers temps le rapprochement direct de la Russie avec la Suède, semble se trouver dans la crainte qu'a eue le cabinet de Pétersbourg de voir cet Etat se livrer à la France. J'observe de nouveau, que ce cabinet ne redoute en Europe que la force et l'influence de notre patrie.

SUISSES (République des).

La Suisse, nommée autrefois l'Helvétie, a long-temps étonné l'Europe par la force que lui donnoit sa position au sein des Alpes, où elle paroissoit invincible ; par celle de son union qui fut immuable, et celle qui naissoit de la bravoure de ses peuples, pendant nombre de siècles indomptables pour l'Europe, et que César seul put soumettre aux Romains (1). Cet Etat, malgré qu'il soit divisé en treize parties, malgré la différence des religions, qui sembloit devoir armer sans cesse ses peuples l'un contre l'autre, a donné un long

---

(1) Les Suisses n'étoient que des paysans lorsqu'ils osèrent se mesurer contre César, qui les défit en bataille rangée, et réunit leur pays à l'Empire romain sous le nom de Gaule celtique. Ils furent réunis au royaume de Bourgogne au cinquième siècle, et soumis à la France dans le neuvième. La Suisse fut donnée à Rodolphe II, roi de la Bourgogne transjurane, et passa sous la domination des empereurs, sous Rodolphe III, qui laissa ses Etats à Conrad le Salique.

exemple de pacification à ce continent. Les mœurs simples et pures de ses habitans et leurs vertus, furent les moteurs de cet œuvre social et politique qu'on ne peut trop admirer. L'absence de la fortune du sein de leur pays en fut une seconde cause : elle enfante les rivalités, attache les regards de l'ambition, et produit les guerres.

Ce peuple, qui avoit passé, tour à tour, sous la domination des rois de Bourgogne, de la France et de l'Autriche, depuis la destruction de l'Empire romain, prit successivement les armes contre ces deux dernières Puissances et contre les ducs de Bourgogne, lorsqu'ayant brisé avec éclat le joug de l'Autriche qui l'écrasoit (1), il eut proclamé

---

(1) L'oppression qu'exerça envers ces peuples l'empereur Albert, en n'imitant point à leur égard la conduite de Rodolphe, son père, et en oubliant qu'ils s'étoient seulement reconnus tributaires de ce premier, prépara l'entière indépendance des Suisses. L'un de ses gouverneurs, Gesler, devint le tyran de l'Helvétie, et causa le soulèvement, qui s'effectua à la voix de douze illustres conjurés. La brillante victoire de Morgarten par les Suisses, dissipa l'orage affreux que la vengeance autrichienne élevoit sur leur tête. Dès ce moment fut formée la ligue perpétuelle

son indépendance, et lorsque les grands Etats, ses ennemis, tentèrent encore de l'asservir.

Les Suisses élevèrent un monument terrible à cette valeur et à leur liberté, dans les plaines de Morat (1), et ils annoncèrent ainsi à l'Europe, qu'il faudroit ou les immoler ou les laisser seuls arbitres de leur destinée.

Après avoir affermi par les armes leur liberté, et avoir contraint l'Autriche à faire avec eux une paix perpétuelle ; après avoir pris enfin leur place parmi les nations européennes, ils s'armèrent en faveur des Etats méridionaux menacés par la France. On les vit, unis aux ducs de Milan et aux Vénitiens,

---

des Treize-Cantons. La bataille de Sempach, où Léopold fut tué, les montre de nouveau redoutables, et affermit de plus en plus leur liberté. Ils la rendent respectable à la France dans celles de Basle et de Granson.

(1) La bataille de Morat contre Charles le Hardi, duc de Bourgogne, où ce prince, aussi imprudent que belliqueux, fut tué avec les siens, signala le dernier effort des Puissances dont les Suisses avoient refusé la domination, contre leur indépendance. L'exemple que donna cette victoire fut terrible. Depuis lors, ces peuples ne prirent part aux guerres que pour des intérêts généraux ou relatifs à d'autres Etats.

défendre avec vigueur et constance l'indépendance italienne, à laquelle ils voyoient sagement la leur attachée ; et, par leur valeur et leur discipline, ils empêchèrent l'entière oppression de ces Etats par l'ambitieux et redoutable Louis XII, qu'ils osèrent braver ; mais ils ne purent sauver Venise, leur alliée, de l'abaissement, étant vaincus, avec ses autres troupes, par ce monarque, à Aignadel.

Il étoit réservé à François 1er d'attacher les Suisses à notre patrie, et d'être le premier défenseur du corps helvétique, dans le même temps où sa politique, désarmant le redoutable Soliman II, formoit au sein de l'Orient le lien qui devoit unir si long-temps la Turquie à la France (1). Ce monarque jeta les fondemens de cette union, que cimenta Henri IV. L'analogie qui se trouvoit entre les sentimens de ce dernier roi et ceux des Suisses; ses rapports de religion avec la majorité de ceux-ci ; la reconnoissance, enfantée par le dévouement exclusif des habitans des Cantons auxquels il dut en partie son trône,

---

(1) Je montrerai à l'article *Turquie* sous quel point de vue peut être envisagé l'acte politique de François 1er envers la nation ottomane.

furent les divers mobiles des actions politiques d'Henri envers eux. Cette union devoit subsister jusqu'au moment où la France renverseroit son antique Gouvernement.

L'époque de l'affermissement de l'indépendance du peuple helvétien étoit, d'après son vœu, celle de l'établissement de son systême de pacification absolue.

Tel fut le but glorieux de cette nation respectable, et digne par-là même de la liberté, qui ne vit que par les vertus : mais un grand motif politique, auquel les Suisses crurent leur conservation attachée, les avoit entraînés aux combats. Dès l'instant qu'ils reconnurent leur impuissance pour sauver entièrement l'indépendance italienne (le soin de sauver l'Italie du joug étranger leur avoit fait prendre les armes); dès qu'ils virent la maison d'Autriche, sous Charles-Quint, régner à la fois à Milan, en Toscane et à Naples même, ils connurent l'inutilité de leurs tentatives au-dehors; ils ne virent enfin la sûreté de leur existence que dans la concentration et l'inertie de leurs forces, et, pour ainsi dire, dans leur éloignement total du corps politique. Alors, adoptant le systême d'isolement des Vénitiens, ils formèrent ce pacte de neutralité de Gouvernement qu'on peut regarder comme le conservateur de leur destinée, et qui leur donna, avec leurs vertus, cette influence d'estime qui étonna l'Europe. En considérant la transcendance inexprimable d'opinion qu'ils obtinrent, qui empêcha Charles-Quint de les écraser, et maîtrisa, dans la suite, les tentatives de l'Autriche, toujours encline à les faire rentrer sous sa domination, on pourroit juger quel est le pouvoir suprême de la vertu dans un peuple.... Elle désarme l'ambition même, et produit des effets plus réels que le courage, et que la terreur enfantée par la supériorité des forces.

La révolution française vint changer cet état de choses. Elle sembla réservée à transformer les vues, le système et la conduite de ces peuples, et il parut qu'elle seule pouvoit détruire l'illusion qui avoit fait regarder, par les Européens et les indigènes, les rochers de la Suisse comme impénétrables, et ses forces comme invincibles.

Je ne m'arrêterai point sur la fausse politique adoptée par les gouvernans de ce pays (1),

---

(1) Les Suisses, en s'alliant momentanément à nos ennemis, mirent leur République sur le penchant

et qui prit la place de ce système sage qui, dans les temps qui précédèrent le bouleversement de l'Etat français, les avoit portés à maintenir leur alliance avec nous. Ces gouvernans expièrent leur imprudence. Le peuple suisse ne perdit rien aux yeux des Français, qui avoient distingué qu'il inclinoit pour eux, même au milieu des chocs de la guerre. Ceux-ci évitèrent de les rendre victimes lorsque la victoire leur eut donné le droit de commander, et leur eut assuré l'impunité en sévissant (1).

---

de sa ruine. Si la France eût été vaincue, ils passoient de nouveau sous le joug autrichien. La cour de Vienne auroit-elle laissé échapper l'occasion d'exercer sa vengeance, de s'assurer à jamais d'un pays si utile à sa domination, et n'auroit-elle pas voulu ravir à jamais à la France cet allié qui pouvoit lui être si utile ?

(1) C'est comme écrivain cosmopolite que je parle ; si j'étois Suisse je m'exprimerois de même. Tout avoit contribué à fomenter la discorde entre les deux Etats ; le flambeau de la vengeance étoit allumé, et la France l'éteignit. Dirigée par une appréciation politique dont on ne l'auroit pas crue susceptible en ces momens, elle ne confondit point la nation avec quelques hommes séduits ou abusés, qui, en ouvrant le sein de la Suisse à nos ennemis, et y laissant présider l'Angleterre, avoient préparé ses propres malheurs, et exposé diverses fois sa destinée. Cet événement doit

La France, après avoir conquis cet Etat, respecta son existence : mais elle voulut lui faire adopter une constitution analogue à la sienne. Ici se trouve l'erreur du Directoire français, et un écart politique funeste à ce peuple. L'aristocratie avoit enfanté sa prospérité depuis l'établissement des Cantons en

servir de leçon aux peuples, et les écarter des pièges où les précipitent les intrigans et les ambitieux, en les portant à s'immiscer dans les débats des autres nations, lorsque leurs intérêts ne sont ni lésés ni menacés : ceux de la Suisse ne l'étoient nullement à cette époque par la France.

Les Suisses donnèrent un grand exemple de leur bonne-foi, et prouvèrent qu'ils inclinoient pour la France et qu'ils lui avoient immolé tous leurs ressentimens, lors de la double occupation de leur territoire par Suwarow et le prince Charles. L'occasion s'offroit pour eux de se soulever contre nos troupes, et de s'unir aux vainqueurs de Macdonald. Notre défaite sembloit décisive, et l'invasion du territoire français assurée aux yeux du grand nombre de ces premiers. Les Suisses en s'associant aux Russes et aux Allemands, en ce moment auroient pu croiser nos vues, compromettre le sort de notre armée, et nous ravir peut-être la victoire : ils restèrent impassibles. L'éloge leur est dû. Cette circonstance, à laquelle on ne fit pas assez d'attention, montra mieux qu'aucun autre événement le signe manifeste de leur sentiment pour les Français.

République ; il étoit imprudent de lui donner un Gouvernement qui n'avoit pas la même garantie. Elle n'existoit point, quoique les Suisses fussent de tous les peuples de notre hémisphère les plus propres à être régis par une démocratie ; leurs mœurs et leur situation physique avoient plus de rapport avec ce système que ceux d'aucun autre peuple européen.

Ce changement, qui détruisoit dans l'esprit des Suisses le vieux préjugé, si puissant en politique, celui de l'excellence de leur constitution ; qui renversoit les habitudes sociales et politiques même, dut déplaire à la majorité des habitans des Cantons, et dès ce moment ils aspirèrent à voir renaître leur premier système. Les transformations qui s'opérèrent dans le Gouvernement de la France favorisèrent leur desir ; leur constitution leur fut rendue. Puissent aujourd'hui les Suisses, que les événemens survenus dans le grand corps politique de l'Europe a attachés aux destins des Français, ne pas oublier que leur intérêt les unit à eux à jamais ! Puissent-ils, enfin, reprenant leurs mœurs et leurs habitudes premières, donner encore à l'Europe l'exemple de leurs vertus, et se montrer aux siècles reculés comme les Spartiates de ce continent ! La philosophie, à qui la gloire et le bonheur de ce peuple sont chers, dicte ce vœu à tous les amis de l'humanité et de la prospérité sociale.

Suite de la Suisse.

La Suisse, avant notre révolution, présentoit un autre aspect diplomatique. Ses fédérations n'avoient point le même fondement, ses intérêts un si fort appui, et ses liaisons étoient moins naturelles. Placée entre la France et l'Autriche, dont l'une la menaçoit sans cesse de la remettre sous le joug, et protégée foiblement par l'autre, n'étant pas, même, sans danger du côté de la France lorsqu'elle auroit sur son trône un prince ambitieux, sa politique devoit être incertaine. Malgré son alliance avec Louis XIV, malgré la garantie que ce prince avoit exigée en sa faveur à Munster, il paroît certain que la Suisse eût été réunie à notre territoire, si le dessein de Louis sur l'Italie se fût effectué. A cette époque, la France, quoique favorisée long-temps par la victoire, n'ayant point acquis la grande extension de sol qu'elle a aujourd'hui, et voulant régner à tout prix en Italie, n'auroit point sans doute laissé exister une barrière entre elle et ses nouvelles pos-

sessions. La Suisse dut supposer cette vue, avec d'autant plus de raison qu'elle sembloit reposer sur l'intérêt de la France ambitieuse. L'exemple de la Savoie, incorporée aux provinces de cette dernière, et celui du Piémont menacé à son tour par elle lui offrirent le tableau de sa destinée future. Ces craintes hypothétiques, mais vraisemblables, durent affoiblir son alliance avec nous, et lui faire voir même un protecteur dans l'Autriche si la France prenoit une transcendance trop marquée. L'intérêt de commerce et celui de recrutement, par lesquels nous tenions à cet Etat d'une manière secondaire, ne parurent point au corps helvétique propres à déterminer, en ce cas, la sûreté de sa fédération avec nous, et assez puissant pour maîtriser notre politique. Lorsque cette crainte s'évanouit avec la suprématie de Louis XIV, la Suisse redouta d'être sacrifiée à l'Autriche, ou, du moins, de voir la France impuissante pour la protéger si cette première parvenoit à s'emparer du sceptre italique. Ce danger s'agrandit à ses yeux, et son alliance reçut une véritable atteinte, lorsque le cabinet de Versailles se rapprocha diverses fois de l'Autriche, dont son intérêt et celui de ses alliés, notamment des Suisses, l'écartoit; sur-tout lorsque
la

la cour de Vienne manifesta ouvertement ses vues d'agrandissement en Italie et en Allemagne, sous Marie-Thérèse et Joseph II. La Suisse fut directement menacée, lors de la guerre de Bavière, sous ce dernier prince ; si l'Autriche eût obtenu cet électorat, le sort de la première paroissoit fixé. Elle se trouvoit alors limitrophe de son ennemie sur la plus grande partie de son territoire. Tout portoit enfin le Corps helvétique à croire que l'Autriche avoit pour but de s'assurer de nouveau de son pays, qui étoit, à ses yeux, la véritable forteresse qui devoit couvrir l'Italie, occupée par elle, contre les agressions de la France.

L'alliance de la Suisse avec nous a aujourd'hui non-seulement une consistance plus forte, mais même une base diplomatique plus naturelle. La France possédant Genève, le Piémont, et étant la protectrice née de l'Etat cisalpin, cerne presque entièrement le territoire helvétien. Elle a avec ses habitans tous les rapports de voisinage : ceux du commerce à son égard sont presque exclusifs. Les avantages réciproques des deux Etats, et le principe du grand système politique de la France, qui tend à la conservation des cinq républiques qui l'entourent, et à la garantie de l'intégrité de leur territoire contre toute puissance ambitieuse, principe qui repose sur la nécessité d'opposer une grande balance républicaine à celle des monarchies du Nord ; ces avantages et ce principe donnent, dis-je, un nouvel appui à la fédération helvétique avec la France, que l'intérêt même de cette grande puissance doit rendre invariable.

Les changemens opérés en Italie ont écarté entièrement l'Autriche du territoire helvétien. Les causes des condescendances, qui existèrent malgré l'ancienne inimitié des deux Etats, ne subsistent plus ; le système de neutralité absolue, imposé par la loi des ménagemens, ou le danger des invasions, n'enchaîne point, relativement à cette première, les sentimens ni la politique des Suisses. Ils ne voyent, en outre, auprès d'eux aucun autre grand Etat qu'ils doivent ménager, et dont ils aient à redouter l'influence : cette république, purement agricole, n'a point de rapports extérieurs qui l'entraînent vers les puissances maritimes : enfin son commerce trouve dans la France et dans l'Italie son écoulement nécessaire. L'on peut dire que la Suisse n'a aujourd'hui de véritables liens qu'avec nous. Sous ce point de vue sa situation s'est améliorée, et sa destinée a plus de stabilité que n'eurent celles des divers Etats pendant plusieurs siècles : la complication des rapports et des intérêts a déterminé la perte ou l'abaissement de nombre d'entre eux.

On peut ajouter que, parmi toutes les anciennes souverainetés, la Suisse et la Hollande sont celles à qui la révolution française ait été, diplomatiquement, plus avantageuse.

M'arrêtant sur l'habitude qu'eut la Suisse de vendre ses soldats aux Puissances, habitude que Raynal a regardée comme barbare, en avouant qu'elle a maintenu l'équilibre de population dans les Cantons, empêché les émigrations forcées, et fait renoncer ce peuple aux conquêtes, j'observerai que cet écrivain eût dû montrer la longue existence de cette république comme un effet de ce système : quoique ayant des alliances avec divers Etats, elle ne put compter sur la protection constante et efficace d'aucun d'entre eux. Non-seulement elle dégagea ses Cantons du superflu de leur population ; mais elle nourrit ainsi une partie de ses sujets, et les forma pour l'art militaire aux dépens des Puissances. Les Suisses furent ménagés en nombre d'occasions, parce qu'on craignit le soulèvement de leurs troupes dans les armées étrangères : enfin on peut dire que cette mesure identifia, en quelque sorte, les Suisses au grand nombre des nations européennes.

Raynal eût dû faire entrevoir qu'ils ne sont pas seuls dans le cas dont il parle, et il n'eût point dû particulariser l'application. Les divers Etats de l'Europe ne se sont-ils pas vendus successivement leurs guerriers ? En quoi diffèrent donc les auxiliaires livrés pour des subsides ? Toutes les nations ont été des marchandes d'hommes ; toutes ont adopté cet usage, dont l'amour des combats a justifié à leurs yeux la barbarie; et elles n'ont différé des Suisses que dans la manière de faire la vente. L'on doit faire encore envisager que nombre de celles-ci n'eurent pas un but politique relatif à elles-mêmes aussi fondé.

J'ajouterai en faveur des habitans des Cantons, ce qu'eût dû dire encore l'historien, que leurs soldats eurent un avantage moral sur toutes les troupes achetées ; c'est qu'ils conservèrent au milieu des armées, et dans les Etats les plus dépravés, une espèce de sagesse, heureux fruit des mœurs de ce peuple.... Aujourd'hui ce système doit être abandonné. L'état de la Suisse le lui rend moins néaire, et celui de l'Europe semble en interdire l'existence, depuis, sur-tout, que les Puissances du centre du continent ont suppléé à la difficulté des recrutemens par la conscription militaire.

SUWAROW, Général russe.

Vouloir peindre cet homme, qui réunissoit en lui toutes les nuances des caractères de l'ancien Vandale, du Tartare de nos jours, et toute la crapule des mœurs russes ; vouloir joindre à ces traits tout ce que la démence offre de violent, de ridicule et de bizarre, seroit une entreprise, je crois, au-dessus de la portée de tout écrivain ; un Protée moral comme Suwarow ne peut être montré qu'imparfaitement. Cet homme, que l'Europe a regardé un instant comme les nations asiatiques regardèrent Pompée et César, montra l'ignorance d'un simple soldat dans le commandement; et il se crut lui-même plus grand que Scipion. Il s'accoloit à ce général romain par l'idée des facultés militaires, non par la comparaison du nom ; Suwarow n'a jamais su s'il avoit existé un grand homme qui s'appelât ainsi. Suwarow pleure comme un enfant à l'aspect d'un malheureux, et il passe au fil de l'épée les habitans de la ville d'Ismaël et de Praga qui ne résistent point. On le voit préférer l'habit du Cosaque à l'uniforme brodé du général, et dans d'autres momens s'humilier auprès de son maître pour obtenir la plus futile des décorations. Esclave de ses soldats, il fait toutes leurs volontés; et dans le même instant, prenant la place de l'autocrate, qui représente le juge sur son tribunal, il les condamne à la mort. Tantôt on le voit, comme l'empereur de Maroc, les décimer de sa main, et tantôt, remplissant l'emploi de bourreau, il leur donne lui-même le knout (1).

Suwarow montra la pusillanimité du lâche en cent occasions, et dans cent autres il présenta l'audace et la fermeté du héros (2). On le vit affranchi de tous les devoirs, de tous les préjugés, et asservi à tous à la fois. Aujourd'hui, il outrage Potemkin, alors maître de sa destinée comme arbitre de l'empire;

---

(1) Le knout est l'instrument du supplice des Russes. C'est une lanière de cuir, épaisse d'un demi-pouce, avec laquelle le bourreau met en lambeaux le dos des condamnés.

(2) On ne sait comment définir la bravoure lorsqu'on la rencontre dans de tels hommes. Ce sentiment semble l'effet de la grandeur d'ame, et par-là même ne devoir se rencontrer que dans l'être humain et vertueux : on peut regarder, je crois, ce qu'on a

demain, sans motif il s'abaisse devant lui. Parlerai-je de sa superstition? Il viole sa religion, et pleure en même temps aux pieds d'un Pope. Il néglige, oublie et confond tout, et il place à son chevet un chat et un coq comme les emblêmes de l'adresse et de la vigilance.

M'arrêterai-je sur ses manies? Ici se trouve un contraste non moins bizarre. Suwarow s'amuse après le combat, et assis sur les membres palpitans de ses victimes, à lancer des épigrammes contre les autres généraux. Cet homme, digne par son ignorance d'exécuter les ordres du barbare Omar brûlant le dépôt des lumières à Alexandrie, jouit en voyant ce qu'il nomme ses bons mots répétés, et aspire à la gloire de l'esprit.

On vit son extravagance lorsque, voulant

---

nommé bravoure dans les individus de la trempe de Suwarow, comme un effet irrésistible de leur penchant à la férocité, de leur caractère irritable, ou de leur folie. Ce qui semble le prouver, c'est que Suwarow n'a jamais été au combat sans être dans l'ivresse ou dans la fureur : cette espèce d'hommes ne verroit point sans doute la mort d'un esprit calme; il faut que l'ardeur du sang leur commande, et les transforme en lions.

combattre jusqu'aux élémens, il traversa en chemise les glaciers de la Suisse. (Le Russe comme tous les autres hommes s'arme de vêtemens contre les aquilons.) Parlerai-je de son respect pour la bravoure désarmée, de ce qu'on peut nommer la religion du vainqueur, qui consiste à épargner son ennemi soumis ? Suwarow ne la connut point : l'humanité qui dicte cette loi favorable, qui a jeté le voile de la consolation sur le char funèbre de la guerre, ne pouvoit faire entendre sa voix dans une ame naturellement féroce, et qu'on eût pu comparer, pour le conflit des sentimens, à un océan agité par les tempêtes.

Tel fut l'homme que Catherine choisit pour soumettre les Polonais, et Paul pour conquérir la France. Ce choix seul ne jette-t-il pas une lumière vive sur le caractère, le génie et les projets de ces souverains ? Il falloit bouleverser, hacher, renverser; Suwarow étoit l'homme propre à exécuter cette horrible et déplorable entreprise ! Paul lui donne une puissance absolue, et lui immole dix généraux habiles qu'il a dans son Empire.

Ainsi se montra ce chef de guerre (on peut l'assimiler à ceux qui mènent les Sauvages au combat), que les cabinets et l'Europe entière ont redouté et proclamé : il eût mieux valu vanter Attila. Est-ce dans le dix-neuvième siècle, chez des nations qui s'enorgueillissoient de leur jugement, qu'on a pu voir un pareil exemple d'erreur générale ? Europe ! l'idée que la mémoire de Suwarow donnera de toi à la postérité sera funeste à ta gloire. Ne vante plus tes lumières, tes talens, ou désormais ne confonds point l'héroïsme et la valeur avec l'extravagance et la rage !

Nombre de faits relatifs aux bizarreries et aux extravagances de Suwarow ont été cités ; il est inutile qu'on les reproduise ici : mais l'on ne peut passer sous silence les actions qui doivent lui attirer l'exécration des siècles. C'est la vengeance de l'humanité que l'écrivain doit proclamer, en citant les massacres d'Otchacow, d'Ismaël, par ce barbare ; et sur-tout celui du faubourg de Praga, à Varsovie, où il immola dix-huit mille individus de la nation polonaise, qui étoit devenue vénérable pour l'ami de la justice et pour le guerrier généreux. Ce massacre fut d'autant plus odieux, qu'il ne porta, principalement, que sur les vieillards, les femmes, les enfans, tous êtres sans défense, et qui ont toujours eu des droits aux yeux du vainqueur le plus effréné.

TIPOO-SAÏB ET HYDER-ALI,

ROIS DE MYSORE

ET SULTANS DE L'INDE.

Avant de retracer la conduite et le triste sort de Tipoo-Sultan, je dois faire connoître Hyder-Ali, son père (1), qui fut le guide de sa valeur et de sa politique, et qui lui transmit le dessein d'affranchir à jamais l'Indostan de la domination étrangère, ainsi que sa haine implacable pour les Anglais ; haine que l'oppression et l'audace de ceux-ci avoient fait naître dans le cœur de tous les véritables Indous, lorsqu'ils avoient dépossédé par la force leurs princes, et s'étoient érigés en dépositaires

---

(1) Le rôle que joua Hyder fut trop important ; son système et ses vues s'unirent trop bien à ceux de son fils, sa destinée fut trop liée à celle de l'Inde ; enfin il influa trop sur le sort de ce pays, pour que je ne fasse point connoître en détail ce personnage. Il n'est pas, en outre, inutile de montrer aux Européens des exemples dans les princes qu'ils ont nommés barbares : Hyder peut leur servir de modèle à beaucoup d'égards.

de leur fortuné et en arbitres de leurs destinées.

Hyder, commandant des troupes du roi de Mysore, après avoir hérité de son trône, range divers États sous sa domination. Il devient le chef de la ligue des princes de l'Indostan, soulevés à sa voix contre les Anglais leurs oppresseurs ; et, en empêchant long-temps ces derniers d'étendre leur puissance dans son pays, il prend le titre de sauveur de l'Inde.

Ce prince, appréciant l'esprit et le caractère de sa nation, et pénétrant les causes de sa longue oppression par l'étranger de tous les climats, découvrit que la foiblesse que le peuple indien avoit montrée, avoit tenu moins à son caractère de douceur, qui l'écartoit de la guerre, qu'au manque de chefs intrépides et éclairés qui eussent su exciter en lui d'autres sentimens, lorsque leur pays fut menacé, en rappelant à ce peuple que la paix qui fait son bonheur étoit liée à son indépendance, et qu'elle ne peut être conservée à une nation que par la force des armes, depuis que le système d'usurpation est adopté en tous lieux, et que l'ambition a transporté les Européens dans toutes les contrées.

Hyder avoit reconnu cette nécessité effrayante : et il jugea que l'Indou pouvoit devenir belliqueux (1), même sans changer entièrement ses mœurs, en pensant que la bravoure n'est point étrangère à la vertu, et que, même, celle-ci est le mobile de la véritable. Enfin il forma le vaste plan, qu'il employa sa vie entière à exécuter, qui tendoit à renverser le colosse de la puissance despotique que les Anglais avoient élevé sur le sol de l'Inde, et dont les bras, armés de foudres, s'étendant sur son immense territoire, y commandoient l'oppression et la plus affreuse tyrannie, en même temps qu'ils dépouilloient les monarques et les sujets de leurs trésors et de leur subsistance. Hyder vouloit réduire à l'humble état qu'ils avoient d'abord exercé, ces marchands, qui gouvernoient sous le nom de compagnie, et qui, s'affranchissant du joug de leur gouvernement, étoient plus puissans que lui-même : anéantissant enfin le com-

---

(1) Il avoit devant lui l'exemple des Marattes; mais il ne les considéroit point comme des Indiens. En effet, les mœurs et le caractère des Marattes sont ceux des Tartares : d'après cela, l'humeur belliqueuse doit être la leur, et ils ne doivent pas ressembler aux autres peuples de cette péninsule.

merce conquérant, le prince de Mysore eut pour but de le remplacer par le commerce d'amitié et d'utilité réciproques.

Le peuple de l'Inde, en passant entièrement sous le joug d'Hyder, eût trouvé son salut. Il eût pu jouir de la paix qui lui étoit chère, conserver sa fortune ; et l'expérience a prouvé que sous celui des Anglais, dont les tyrans se remplaçoient sans cesse, et vouloient tour-à-tour dominer et s'enrichir de ses dépouilles, une guerre et une spoliation permanentes étoient réservées à son pays. Hyder l'eût préservé de tous les maux de l'esclavage et de la plus extrême misère : ils étoient l'apanage que les oppresseurs gardoient à ses habitans.

Ce prince eut les plus brillans succès sur les Anglais. Il lutta constamment contre eux, souvent avec des forces moindres, et toujours avec une infériorité réelle de moyens, puisque, malgré ses efforts multipliés pour former sa tactique, elle fut impuissante auprès de celle de ses ennemis. S'il se fût réuni aux Marattes, dont l'écartèrent l'ancienne haine qu'avoient vouée ceux-ci à son père, Nadim-Saïb, qui les avoit vaincus, et la jalousie que ce peuple guerrier lui portoit à lui-même, sentiment que peut-être il partagea à leur égard, comme guerrier, la domination des Anglais étoit sans effet dans l'Inde, et ils passoient eux-mêmes sous le joug. Il est probable que cette réunion se seroit tôt ou tard opérée ; la nécessité de la conservation commune eût rapproché Hyder et les Marattes. Mais la mort surprit ce premier dans l'instant où il paroissoit préparer les plus vastes mesures politiques, et où l'Indostan entier étoit prêt à se réunir à lui pour sauver sa destinée.

Hyder régna véritablement sur ce pays, puisqu'il entraîna sous ses drapeaux le plus grand nombre de ses princes. L'empereur du Mogol avoit perdu toute sa puissance, que, depuis l'invasion de Thamas-Kouli-Khan, lui avoient ravie ses Subacks (ou Vice-rois), et à leur exemple les Nababs, Rajahs et Nirzas qui s'étoient déclarés indépendans. Hyder, en commandant à ces derniers, prit la place d'empereur lui-même, et il soutint les droits de l'Empire indien comme s'il en eût été l'unique arbitre.

Enfin Hyder fut de tous les princes de cette riche région le plus valeureux, et le plus capable de lui donner l'éclat militaire, qui eût pu la faire paroître à son tour avec dignité sur la scène du monde : il est trop vrai, que la dignité d'un peuple repose, malheureusement aujourd'hui, sur son influence guerrière. Hyder eut des talens distingués dans cette partie : il posséda toute l'activité qu'on trouve dans le grand capitaine, et qui semble devoir être étrangère à ceux qui sont nés sous ces climats. La prévoyance et la prudence le dirigèrent; elles lui firent toujours éviter les embûches de ses ennemis, et l'empêchèrent vingt fois de succomber, lorsqu'à la tête d'une foible armée il affronta seul toutes les forces de la compagnie.

On le vit à la fois intrépide, calme dans les revers et constant dans ses entreprises. Par son adresse, il divisa ses ennemis, et sut les faire tomber dans les piéges qu'il leur tendit lui-même. Il ne conçut que de grandes mesures; la confédération des Etats de l'Inde étoit, sans doute, la plus vaste qu'il pût embrasser. Sans ses usurpations, qu'il fit par la ruse et quelquefois par la perfidie, on auroit pu le montrer comme un modèle d'équité, et l'on n'auroit pu lui prêter l'ambition; sans la vengeance qu'il exerça envers Canero (1), et

---

(1) Hyder fit enfermer Canero, ministre et favori du roi de Mysore, dont il posséda lui-même le trône,

les

les ravages du Carnate auxquels les Anglais l'avoient forcé, on l'auroit regardé comme le plus doux et le plus humain des princes : le plus grand nombre des actions de sa vie, signalèrent ces sentimens. On peut lui donner, sans s'aventurer, le titre de grand politique, puisqu'il sut toujours prévoir les événemens, en éviter les effets, et les préparer, de son côté, avec art et sagesse. Il avoit formé le projet de rétablir la grande monarchie indienne, conservatrice à la fois de l'Inde et de l'Europe : Hyder, en rétablissant la balance entre les deux continens, auroit mis ainsi une borne à l'ambition et à nos propres désastres. J'ai dit à l'article *Inde*, que l'équilibre européen avoit été détruit par la conquête de cette pénin-

dans une cage de fer, et l'exposa aux outrages de la populace sur la place de Banguelor, où cet infortuné resta deux ans et périt. Canero, par sa haine implacable contre Hyder, par ses tentatives multipliées pour le perdre, avoit fait naître la haine dans son cœur, et avoit préparé son courroux et sa vengeance ; mais cette vengeance, qui eût été justifiée, peut-être, si la prompte mort de Canero en eût été l'effet, puisqu'on l'auroit regardée comme celui du délire de la passion, ne put l'être lorsqu'on vit Hyder sembler ne pouvoir se rassasier des douleurs de son ennemi.

sule, et j'ai indiqué les maux qui devoient en être la suite.

Hyder, ayant fait peu de taches à sa gloire, a plus de droits au titre de grand homme que la plupart des princes à qui on le prodigua. J'envisage ici la qualité qui sert de fondement à ce titre, comme la réunion des vertus privées, politiques et guerrières. On peut dire que la situation de l'Indostan a justifié le grand nombre de ses usurpations. Les princes qu'il déposséda étoient vendus aux Anglais et traîtres à la cause commune; il fut équitable envers les autres, et ne chercha leur appui que dans les alliances qu'il contracta avec eux. La politique de sa patrie vouloit qu'il affoiblît les Anglais par tous les moyens.

Quant à son dessein de régner sur l'Inde entière, que signalèrent ses diverses actions, et qui rendit son ambition manifeste, Hyder peut être encore justifié par le besoin où il se trouvoit de soustraire son pays au joug étranger. Qu'on observe les droits que donne la défense d'une cause juste, lors même qu'il s'y mêle des motifs intéressés : l'usurpateur peut trouver une portion de gloire en la faisant triompher. Enfin la popularité d'Hyder, qui, si l'on considère sa puissance et la transcendance d'opinion dont il jouit, ne put être regardée comme un effet de la dissimulation ou de l'hypocrisie, annonçoit qu'il sauroit mettre un frein au despotisme. J'ajouterai que l'un des plus beaux traits de la vie de ce roi, relativement à lui-même, se trouve dans sa conduite diplomatique avec la compagnie anglaise. Il ne s'arma contre elle qu'après avoir épuisé en vain toutes les mesures de la négociation, lorsqu'il revendiqua les droits de ses alliés ou de ses tributaires usurpés par cette première.

TIPOO-SAEB.

Tipoo hérita de la fortune, de la gloire, des sentimens et des qualités de son père, surtout de sa valeur et de son activité. Si ses talens parurent plus bornés, s'il ne posséda point cette étonnante réputation qu'avoit acquise Hyder dans toutes les parties, tout annonce qu'il ne fut pas moins politique; cependant il parut différer des principes du vieux héros de Mysore, qui, malgré sa condescendance et son amitié pour les Français, sembloit les redouter eux-mêmes, et craindre, en s'unissant trop étroitement à eux, de rempla-

2

cer un despotisme étranger par un autre non moins funeste.

Tipoo monte sur le trône de Mysore en 1783, époque de la mort d'Hyder, et il hérite de ses divers royaumes, dans l'instant de sa plus grande lutte avec les Anglais.

Ce jeune prince, qui prit le titre de sultan, qui avoit suivi d'une manière brillante la carrière militaire d'Hyder, en se signalant, à peine sorti de l'âge de l'adolescence, lors de l'invasion du Carnate, de la diversion sur Madras qu'il rançonna, et dans d'autres occasions où il avoit souvent déterminé la victoire en faveur des siens, ou empêché les effets désastreux de leurs défaites, annonça aux Anglais qu'avec Hyder l'Inde n'avoit point perdu toute espérance de salut. Bientôt il montra de nouveau son courage et son énergie, en délivrant son royaume de Canara, que les Anglais, voulant profiter de la stupeur excitée par la mort d'Hyder, avoient envahi (1), en y portant le meurtre, la désolation et le ravage. Il com-

―――

(1) Les Anglais envahirent le royaume de Canara, et prirent Bednore, la capitale de ce riche Etat, qui étoit la résidence d'Hyder : mais ils n'en gardèrent qu'un instant la conquête. Tipoo vola du Carnate sur

mence son règne par un acte éclatant de valeur et de justice ; il venge dans le sang du général anglais, Mathews, celui des siens immolés avec barbarie. Ici l'on ne peut accuser de cruauté de cœur du sultan : les forfaits de la ville d'Onore et les horreurs commises à Aumanpore par ses ennemis, exigeoient une vengeance terrible, et sembloient demander un supplice proportionné aux attentats, qui furent portés à la dernière borne de l'infamie et du crime.

Tipoo, agrandissant le plan d'Hyder sous le rapport des unions politiques, et semblant s'affranchir de la crainte que j'ai dit avoir dirigé son père à l'égard des Français, ne vit point dans l'Inde seule des appuis ; il voulût, pour ainsi dire, forcer notre gouvernement à le seconder. Sa confiance en notre patrie parut si grande, qu'on alla jusqu'à dire qu'il étoit né Français. Il employa tout pour décider le cabinet de Versailles à seconder sa vengeance contre les Anglais (1) : mais ce fut

---

la côte de Malabar, et fit prisonnier le général Mathews après un succès brillant, dans lequel il fut secondé par un petit nombre de Français.

(1) On vit à l'époque où il envoya en France son

en vain ; la France, tout en formant des vues et des espérances sur l'Inde, refusa de lui prêter des secours ; et ce fut par une de ces contradictions familières à notre ancien cabinet, qui le portoit à se refuser à tout ce qui pouvoit être utile à ses intérêts. Si, même, il eût renoncé à tout dessein de fortune ou d'agrandissement dans cette contrée, l'équilibre de puissance européenne eût dû le décider, et sur-tout sa rivalité maritime avec l'Anglais, que la France ne pouvoit soutenir dès que celui-ci seroit possesseur de l'Inde.

Le sultan ne reçut que des promesses de notre cour, et il resta seul dans la lice avec les Anglais, où il se vit non-seulement exposé à combattre leurs forces, mais à repousser leur haine et leur vengeance. Sa conduite et celle de son père avoient fait naître ces sentimens en

ambassade, en 1787, le but politique de ce sultan. Tipoo prévoyoit la chute de l'Inde ; il vouloit l'éviter, et sauver à la fois, en formant une liaison plus étroite avec les Français, son trône et son existence qu'il voyoit menacés. Notre Gouvernement n'écouta point ses envoyés, qui venoient plaider sa propre cause à son tribunal ; et nos ministres donnèrent la plus grande preuve de leur ineptie et de leur démence, en réduisant les effets de cette ambassade à un simple cérémonial.

leurs cœurs, et sa résistance les rendoit chaque jour plus forts. Ses ennemis ne pouvoient le voir, sans méditer sans cesse sa perte, arrêter leurs desseins, et priver leur avarice et leur ambition de la proie qu'elles s'étoient depuis si long-temps promise.

On avoit cru d'abord que la certitude de l'appui de la France, que l'espoir de recevoir à chaque instant des secours, et enfin que la valeur du petit nombre de Français qui agirent dans l'armée du sultan et dans celle d'Hyder, avoient seuls maintenu le courage et l'énergie de Tipoo, et avoient dirigé sa conduite et sa politique : la révolution française vint prouver le contraire. Pendant tout l'intervalle que remplit ce grand événement, on le vit lutter seul contre ses terribles ennemis. Il montra la même vigueur, la même constance, jusqu'au moment où, victime de la jalousie de plusieurs princes indiens, de la séduction que l'Anglais exerça envers nombre d'entre eux, et abandonné des autres, qu'on entraîna loin de lui par la terreur, en leur montrant la France comme hors d'état de les protéger désormais, il fut renversé de son trône et livré à une mort cruelle.

L'on peut dire que la révolution française

au milieu de tous les événemens dont elle a été la source, fut la cause directe de la perte de ce sultan. Sans elle, notre gouvernement, malgré son apathie, auroit maintenu des forces dans l'Indostan, et auroit protégé, sinon les desseins de Tipoo, du moins sa destinée : il auroit évidemment forcé l'Angleterre par les négociations, et même par une diversion en Europe, à renoncer à la domination exclusive des côtes indiennes, et à respecter la souveraineté de leurs princes.

Tipoo se trouva dans une situation semblable à celle de Montezuma, et la même flétrissure qui s'attacha à la cour d'Espagne, sous Ferdinand, est réservée au Gouvernement anglais. Les deux puissances, non contentes d'envahir les trésors, les territoires et le pouvoir de ces rois, jouèrent le rôle de bourreaux, et voulurent sceller la honte de l'usurpation, que la seule ambition avoit déterminée, par le sang des légitimes possesseurs des trônes indien et américain. Alexandre fut un usurpateur; mais il sut pardonner à Porus vaincu. Lumières de la philosophie, éteignez-vous pour certains peuples ; vous n'avez pu faire des hommes de leurs monarques !

Je dois ajouter que ce généreux et trop infortuné sultan n'a pas été assez regretté des Français ; et ce reproche est aussi légitime, que sa cause ordinaire. Leur frivolité, qui embrassa jusqu'à la politique, rendit presque toujours leur amitié sans consistance. Il semble, cependant, qu'ils doivent, s'ils veulent jouir à leur tour des bienfaits de l'amitié des peuples, montrer plus de constance dans leurs liaisons. Ils eurent dans Tipoo un ami fidèle, qui leur conserva long-temps un asyle dans l'Inde, et qui défendit, à la fois, en maîtrisant l'ambition de l'Angleterre, leur fortune, leur gloire, et même leur indépendance, à laquelle cette dernière voulut évidemment attenter (1).

Me reportant sur les causes qui préparèrent cette terrible et longue lutte entre Hyder, Tipoo et les Anglais, j'observerai que ces derniers firent de grandes imprudences en se déclarant contre Hyder. Ils auroient dû envisager que la généralité des princes indiens étoit pour lui. Ils l'avoient vu s'allier avec ses

---

(1) Tipoo fut massacré, non dans le combat, mais dans un cachot où il étoit sous la sauve-garde de l'humanité, par l'ordre d'un général, digne exécuteur des ordres du Gouvernement anglais, et la famille du malheureux sultan fut livrée au plus triste sort.

propres ennemis ; l'intérêt national et celui de la défense réciproque les unissoit naturellement. Cela existera toujours, lorsque l'étranger se portera dans un pays pour en ravir la domination : les partis, ou les Etats qui le composent, se réuniront contre lui, quoiqu'en se disposant à s'entre-déchirer ensuite eux-mêmes. Quelle que soit la force des Anglais, s'il naît dans l'Inde un homme énergique, ils seront exposés à y trouver leur tombeau. Cela peut arriver aussi en Turquie si la Russie la conquiert. Cet événement fut sur le point de se montrer en Pologne : si Kosciuszko eût pu attendre le soulèvement de toutes les provinces de cet Etat, la Russie voyoit son sort menacé à jamais : les rapports des Polonais avec les Cosaques, l'analogie d'humeur, de caractère, et de mœurs même, existante entre ces deux peuples, les réunissoient ; ils embrâsoient alors l'Empire russe dans son centre, et déterminoient son renversement.

La puissance despotique des Anglais dans l'Inde est idéale, et ne peut durer. Il ne faut, je le répète, qu'un homme comme Hyder ou Tipoo pour affranchir ce pays. D'ailleurs, la permanence de l'oppression excitera le soulèvement; c'est son effet ordinaire. Les peuples peuvent souffrir quelque temps avec calme, et porter même le joug le plus pesant ; mais le désespoir, qui prend d'abord les signes de la douleur, s'élève avec force en leur ame, nourri par elle. On peut comparer ses effets, aux nuages que les vents impétueux entassent l'un sur l'autre pour former le foyer de l'orage. Lorsqu'ils sont amoncelés au point que l'atmosphère ne peut supporter le poids de leur masse, lorsque le volcan de la tempête est allumé en son sein, ils s'ouvrent, les foudres en sortent, éclatent, et dévorent tout.

Il seroit insensé de croire qu'il ne peut renaître de nouveaux vengeurs de l'Inde. Ceux-ci auront plus de force que les premiers. Le souvenir, l'exemple et la gloire d'Hyder, et le sang de Tipoo, seront un jour les mobiles qui entraîneront le peuple indien vers l'indépendance.

TOSCANE.

La Toscane, située au centre de l'Italie, sur le même sol où se trouvoit l'ancienne et fameuse province nommée Etrurie, qui vient de reprendre son antique nom en repassant sous la domination de l'Espagne, après avoir vécu sous celle des Barbares, et ensuite des Lombards et des Francs sous Charlemagne, s'affranchit avec les autres provinces d'Italie, et s'érigea en Etat indépendant comme celles-ci, qui formèrent chacune une principauté isolée et gouvernée par ses propres loix.

La Toscane, comme tous les Etats de la péninsule, éprouva des révolutions et des crises, qui furent presque continuelles ; crises excitées par la nécessité où furent ces diverses souverainetés d'affermir leur indépendance, et de se mettre à l'abri de leurs voisins jaloux et inquiets : elle partagea aussi la splendeur maritime et commerciale de ces premières.

Cette république reçut d'abord sa gloire et sa prospérité des Médicis (1). Mais cette fa-

---

(1) Ceux-ci en firent le centre de l'urbanité, l'asyle des arts de la Grèce et de l'Empire d'Orient.

mille, après un long bannissement, soutenue par un pape guerrier et par Charles-Quint, changea de plan et d'aspect, et lui montra en elle un maître au lieu d'un protecteur. Dès lors la Toscane commença à décroître. L'événement qui changeoit la direction du commerce par la découverte de la route des Indes, anéantit bientôt sa fortune et ses espérances maritimes. Les agitations intérieures et les intrigues du dehors détruisirent l'harmonie qui régnoit en son sein : l'éclat dont les arts avoient fait briller Florence, s'éclipsa peu à peu ; enfin elle ne vit en elle que l'ombre de sa puissance et de sa grandeur.

Cet Etat fut, ensuite, comme tous ceux d'Italie, exposé aux diverses invasions de la France, de l'Espagne et de l'Autriche qui se disputèrent si long-temps ce pays, et il changea diverses fois de maîtres. L'Espagne le posséda lorsque les Médicis en furent bannis. L'Autriche, depuis qu'elle occupoit le Milanez, l'avoit considéré, ainsi que l'Italie entière, comme l'un de ses apanages. Charles-Quint avoit fixé son sort en triomphant de la France. Depuis lors, la branche espagnole y avoit régné : lorsque le duc d'Anjou monta sur le trône de Castille, il étoit sous la domination de don Carlos. Il passa à l'Autriche après la guerre malheureuse qu'excita le détrônement de Stanislas Lezinski, où cette première l'occupa, tandis que don Carlos alla régner à Naples au nom de l'Espagne.

Depuis, la Toscane, érigée en duché, est restée à l'Autriche. De-là elle crut préparer la conquête future de l'Italie entière. Ses archiducs y régnèrent, et le régime qu'ils y établirent, sur-tout Léopold, indiquoit que l'Autriche vouloit faire de cet Etat le centre de sa puissance méridionale (1). La position de Florence semble en effet devoir la rendre le centre de la politique et de la force italienne. L'on peut avancer que sans notre révolution l'Italie auroit subi le joug : la France, sous les deux derniers règnes, étoit devenue trop impuissante pour résister à l'Autriche. (J'ai fait connoître la conduite de cette dernière dans d'autres passages.) La

---

(1) Le système qu'établit Léopold dans cet Etat, entièrement opposé à celui des autres souverainetés de la péninsule, annonçoit que l'Autriche cherchoit à introduire un nouvel esprit et de nouveaux sentimens en Italie. De-là, cette maison espéroit gouverner Rome, influencer Naples, avant même de soumettre ces divers Etats ; et là, elle vouloit jeter les fondemens de sa puissance commerciale maritime.

mort prématurée de Joseph II, et l'humeur moins ambitieuse de Léopold, contribuèrent à suspendre ce projet jusqu'à l'époque où il devoit être anéanti à jamais.

L'Autriche posséda la Toscane jusqu'au moment où l'archiduc Ferdinand, successeur de Léopold, passa sous le joug français comme les autres princes d'Italie. Par le traité de Lunéville, elle fut remise à l'Espagne; et l'infant Charles-Ferdinand en prit le gouvernement. Il est resté à son épouse, qui y règne aujourd'hui. L'Espagne est ainsi rentrée en Italie, d'où la France et l'Autriche avoient concouru également à l'écarter. J'ai indiqué, à l'article *Lunéville*, quels avantages politiques pouvoient naître de cette occupation par un membre de la maison espagnole.

Cet État, habité par un peuple que Léopold avoit formé pour la prudence et les vertus, se montra, pendant la révolution de la France, sous un aspect plus avantageux que ceux qui l'entouroient. Nous n'avons pas à lui reprocher ni les mêmes intrigues ni les mêmes perfidies dont nombre d'autres donnèrent l'exemple, malgré qu'il appartint à l'Autriche (1). L'on doit faire remarquer

(1) Ce peuple avoit pris sous Léopold une conduite

qu'il fut le premier en qui se dissipa le délire qui aveugloit l'Europe, et qui se rapprocha de la France, quoique sa destinée fût mieux garantie que celle des autres Etats italiens, parce qu'il avoit pour appui invariable l'un des plus grands potentats du continent. Ce trait est distinctif ; il honore le peuple et le Gouvernement de la Toscane, et les fera distinguer, par la postérité, parmi tous ceux qui occupoient l'Italie à cette époque.

Le peuple toscan semble devoir, plus que tout autre, contribuer à la civilisation de l'Italie, et achever ainsi l'ouvrage qu'il commença si glorieusement dans le quatorzième siècle, en devenant le modèle de ses voisins. J'ai observé que les divers Etats de cette presqu'île avoient besoin d'une régénération sous le rapport des mœurs et des sentimens.

Ce royaume, aujourd'hui gouverné par l'Espagne, outre qu'il peut concourir à l'indé-

plus régulière. A l'époque de la révolution, il montra un reste des vertus que ce prince lui avoit inspirées. L'on put voir alors combien un germe heureux, semé par un prince sage, produit d'utiles fruits en politique. On en retrouve les semences long-temps après lui, et dans les situations où elles semblent devoir être étouffées.

pendance

pendance future de l'Adriatique, et couvrir la côte méditerranéenne, attache cette première puissance par un nouveau lien à la France. Il sera ainsi l'un des moteurs de l'harmonie continentale ; et deviendra, étant soutenu par les deux grands Etats garans de son sort, l'un des préservateurs de l'indépendance italienne.

J'ajouterai que l'Espagne vit toujours l'équilibre de la puissance européenne en Italie ; que ce fut un préjugé politique lorsque les grandes nations cherchèrent leur suprématie au-delà des mers : mais qu'aujourd'hui ce préjugé semble se changer en réalité. Je dirai plus ; c'est l'Italie qui doit devenir l'égide de l'Europe ; elle doit offrir la barrière qui arrêtera les nations septentrionales si elles se débordent vers l'Orient. J'ai désigné dans d'autres articles les motifs qui avoient déterminé l'Autriche à faire l'abandon de la Toscane.

TURQUIE.

Nulle nation ne s'éleva avec plus d'activité, ne prospéra avec moins de forces et aussi rapidement, et ne montra enfin un aspect aussi gigantesque et aussi redoutable que celle des Turcs. A peine quittant les déserts de l'Arabie, où ils formoient une horde, on les vit maîtres de Constantinople : ce peuple sans discipline, sans connoissance de l'art militaire, sans autres mobiles que son courage et son audace, s'empara de cette ville qui étoit naguère la capitale du plus vaste et du plus florissant Empire (1) ; qui, par sa situation, est devenue la possession la plus importante de l'univers ; et l'Europe ne fit aucun effort pour les empêcher d'en faire la conquête ou la leur ravir.

Là s'établit la puissance nommée ottomane, du nom du chef de ce peuple barbare. Là fut jeté le fondement de cet Empire si opposé à l'Europe par ses mœurs et sa religion ; d'où

(1) Elle appartenoit aux Grecs, qui avoient apprécié les avantages de cette position, et en avoient fait le centre de leur Empire d'Orient.

alloient bientôt s'élancer, comme un torrent furieux, des guerriers farouches et terribles, qui devoient subjuguer tous les pays qui formoient l'Empire d'Orient, toute la partie peuplée de l'Afrique septentrionale, s'étendre dans la Perse, et établir leur domination et leur culte jusque sur les bords de l'Indus. On devoit les voir ensuite se porter dans l'Occident de l'Europe, tâcher de ravir le double pouvoir, à l'appui duquel ils vouloient établir la religion de Mahomet sur toute la terre alors connue, la soumettre à un seul despotisme, et, étouffant les idées de grandeur, de vertu, de gloire, que les Egyptiens, les Grecs et les Romains avoient répandues, la replonger dans une barbarie plus grande, ou au moins plus funeste que celle où se trouvoient les peuples dans les premières époques de l'histoire du monde, puisqu'ils auroient réuni aux vices et aux fléaux anciens, les vices modernes et le plus redoutable fléau, celui de la guerre.

Ce fut sur-tout en Turquie que le système de monarchie universelle exista; et les Ottomans furent le seul peuple qui eût pu y prétendre. Mahomet, Sélim, Soliman et Amurath, cherchèrent tour-à-tour à l'établir. Les succès couronnèrent d'abord leur attente ; toutes les barrières de l'Asie, celles de l'Occident s'abaissèrent devant ces redoutables et audacieux sultans (1). Peut-être l'Europe et le monde entier ne durent leur salut, et la civilisation son existence, qu'à la non-succession de sultans aussi ambitieux et aussi guerriers, et à l'élévation de quelques princes en Europe, qui leur disputèrent la suprématie, soutenus par le génie et les talens guerriers qu'ils possédèrent, tels que Sigismond, Charles-Quint et Ferdinand d'Autriche. L'Europe fut sur le penchant de sa ruine, lorsque le terrible Mahomet II envahit la pointe de l'Italie. Sans sa mort, l'Europe, pressée par les Maures d'Espagne et par ce prince, qui l'attaquoit à la fois dans le midi et dans son centre, étoit asservie, et un régime semblable à celui des anciens Goths lui étoit réservé.

La puissance ottomane, qui n'avoit que le foible appui du génie ou de l'audace de ses souverains, et celui de sa religion, impuissante sur des peuples opposés de système, et

---

(1) Mahomet et Soliman soumirent toutes les places de l'Archipel, la Hongrie, une partie de l'Autriche même, &c. Amurath asservit la Grèce.

que la politique seule eût pu rendre à jamais redoutable aux Européens, changea de face. Les sultans que j'ai cités négligèrent ce mobile puissant de la sûreté et de la gloire des Etats : dans leur sabre, ils voyoient leur politique, leurs loix et leur force. Le sabre pouvoit, en effet, leur ouvrir tous les chemins et leur asservir toutes les nations ; la politique seule eût pu les affermir dans leurs conquêtes.

La constitution, les mœurs, la religion de la Turquie, et sur-tout sa prospérité, l'empêchèrent long-temps de former des alliances avec les nations qui l'entouroient. Soliman sembla vouloir créer une diplomatie lorsqu'il s'associa à la France contre Ferdinand d'Autriche, en qui il vit le destructeur de la grandeur ottomane s'il s'allioit à cette première. La politique de ce sultan étoit fondée ; l'état français pouvoit favoriser ou nuire à ses desseins : mais les résultats de cette alliance, qui sembloit annoncer la chute de Ferdinand et de l'Autriche, devoient être funestes à la France. François 1er oublia que son intérêt principal étoit d'abaisser à cette époque la suprématie des Turcs, plus que de maîtriser l'ambition de l'Autriche : il falloit sauver l'Europe du joug de Soliman et de la barbarie. L'Autriche ne pouvoit jamais la conquérir entièrement ; si elle l'eût fait, sa domination ne lui eût pas été funeste comme celle des Turcs. Ses peuples auroient pu reprendre tôt ou tard leur indépendance ; au lieu qu'en passant sous le joug ottoman leur sort étoit fixé pour jamais. On voit, d'après cela, que la politique de François 1ᵉʳ fut destructive. L'alliance avec la Turquie ne put être favorable à la France, que lorsqu'il se fut élevé sur ce continent nombre de nations formidables qui mettoient son sort à l'abri, et lorsque la Turquie vit sa puissance circonscrite. Alors la France dut chercher l'appui des Ottomans contre ses voisins. Cet exemple, auquel je pourrois en ajouter nombre d'autres, prouve qu'on a toujours cherché à rendre le système des Etats immuable, par une fausse combinaison, et qu'on a ainsi compromis le sort des peuples.

Cet Empire si avantageusement situé, si riche des productions de son sol, qui forme une partie de l'Europe et de l'Asie, qui n'a devant lui aucune barrière jusqu'à l'Indus (1),

---

(1) Les Turcs ont combattu long-temps les Persans

a dû exciter la jalousie et l'ambition des grandes nations voisines de son territoire, et des puissances maritimes, qui, je le répète ici, touchent à toutes les contrées de la terre.

La Porte, depuis que son influence affoiblie ne lui permit plus de former des vues conquérantes, eût dû envisager ce que sa propre ambition lui avoit appris, lorsqu'elle avoit conquis l'Egypte, la Perse et l'Inde ; c'est-à-dire le malheur auquel la nature a réduit certains pays en les favorisant, qui les expose à des attaques et à des envahissemens continuels. Elle auroit dû fonder un système de politique analogue à sa situation et à ses moyens, et donner à sa force militaire le développement dont ses immenses ressources la rendoient susceptible. Ses souverains auroient dû savoir qu'on ne peut bien gouverner du sein d'un sérail, loin des yeux de tous, et lorsque tout est hors de vue. S'ils eussent connu l'histoire, ils auroient vu, dans celle des Européens, ce

---

avec succès. L'opposition de ces derniers eût été nulle si la Porte eût déployé à leur égard tous les moyens qui étoient en sa puissance, ou si les armées envoyées contre eux n'eussent pas été presque toujours commandées par des traîtres.

que put Frédéric II, entouré de deux puissantes et audacieuses ennemies, et possédant les plus foibles moyens. Il sut les mettre en œuvre ; il vit tout, remédia à tout, parce qu'on ne put abuser ses yeux, et il affermit son royaume naissant. Si la Turquie, même en conservant sa constitution, eût été bien administrée, sous ses divers rapports, elle auroit présenté évidemment l'Empire le plus stable et le plus formidable de l'Europe, à l'abri de sa force de population, de ses mœurs et de sa religion (1).

La Turquie, enflée par la prospérité de la victoire, et adoptant l'erreur sur la perma-

―――――

(1) La Turquie auroit trouvé, sur-tout, son appui et la permanence de sa suprématie dans sa religion. Cet Etat, en donnant à ses moyens leur véritable direction, et en faisant un exact emploi de ses ressources, auroit pu, tout en se circonscrivant comme il l'a fait, et conservant ainsi la plénitude de sa force intérieure, faire respecter son existence au-dehors, et rendre nuls les efforts de ses voisins. La politique du divan vouloit qu'il adoptât nombre de mesures européennes, sur-tout celles qui avoient rapport à l'art de la guerre : mais le préjugé de l'innovation, qui eût été favorable si la Turquie eût été isolée comme la Chine (dans ce cas, la stabilité d'un

e des succès et de la gloire, négligea ces moyens. Sa puissance avoit été ébranlée par Charles-Quint et Ferdinand; mais elle n'avoit pas été entièrement abaissée, l'opposition qu'avoit faite la France en sa faveur ayant borné les vues de ces princes, et arrêté leurs efforts. Au commencement du dix-septième siècle, la Turquie montroit encore un aspect redoutable : mais Pierre 1er parut; et après avoir soumis dans trois campagnes les Suédois et les Polonais, il fit changer les espérances et le sort de l'Empire ottoman, sur-tout lorsqu'il eut médité l'établissement de sa puissance maritime.

Empire se trouve dans l'invariabilité de ses habitudes, de ses mœurs et de ses loix), ou si ses moyens militaires n'eussent pas offert une si grande disproportion d'avantages avec ceux des autres Etats européens, ce préjugé, dis-je, devoit lui être funeste, puisque la grande quantité de ses soldats alloit être balancée par les plus foibles armées disciplinées. Si le divan eût adopté notre tactique lorsque Bonneval le lui proposa et en fit l'essai, la Russie restoit impuissante à son égard; la Porte auroit pris sur les Persans la supériorité que les Européens ont généralement sur elle : ces Asiatiques auroient été entièrement soumis, et elle n'auroit plus eu en tête que la Russie et l'Autriche qu'elle auroit pu braver en vain.

Alors la Porte se vit en butte à deux redoutables ennemies, dont l'une étoit presque hors d'atteinte pour elle : alors commença, avec la Russie, ce choc terrible et continu qui semble ne devoir cesser que lorsque la puissance ottomane sera tout-à-fait anéantie.

La Turquie lutta avec constance et vigueur; et, malgré que ce ne fût pas toujours sans gloire, elle éprouva de grandes pertes. La mer Noire se couvrit de vaisseaux russes, et ses forteresses de la Tauride ne purent garantir son indépendance maritime ni leur propre existence. Réunie aux Polonais, elle voulut en vain arrêter l'élan de Catherine; elle épuisa ses provinces d'hommes, de trésors, et se vit peu à peu dépossédée par sa puissante et opiniâtre ennemie. Le Russe s'étaya chaque jour davantage de sa fortune : enfin l'abaissement absolu de la Turquie fut déterminé, et elle ne put sauver, malgré sa volonté et ses tentatives, la Pologne de l'envahissement. Celle-ci succomba, et sa destruction sembla l'avant-coureur de la sienne.

Sa situation devient chaque jour plus critique : tous les indices d'une chute prochaine sont offerts. Une révolte générale, quoique non apparente par-tout, existe dans l'Empire. Le centre d'unité, qui fait la force d'un Gouvernement, subsiste il est vrai ; mais tous les liens qui doivent s'y réunir sont presque détruits ; les événemens paroissent le démontrer. La Grèce a levé l'étendard de la rébellion ; les Serviens ne sont que l'avant-garde des Grecs réunis. La révolte règne quelquefois dans un Etat sans que les signes en soient manifestement sous les yeux : on peut faire cette application à l'égard de la Grèce. Elle n'attend que d'être soutenue pour pouvoir se montrer à découvert ; et l'on voit avec peine que le Gouvernement turc se montre impuissant pour réduire les rebelles. Cependant il a encore des moyens dans ses mains. Il se trouve en Turquie une force positive qui subsistera jusqu'à l'entier renversement de son trône ; c'est celle que lui donne une grande population. Mais les levées et les armemens se font avec tant de lenteur dans cet Empire, que les résultats de l'événement ont toujours devancé l'organisation des armées. Cette lenteur offre une preuve d'une administration passive ou entourée par l'intrigue et la perfidie.... Si l'Empire ottoman ne succombe point avant très-peu d'années, il le devra aux secours, ou au moins à l'intervention de certaines puissances. La France semble destinée à être son appui, et à sauver ainsi l'Europe de l'ébranlement qui pourroit compromettre à l'avenir la destinée de tous ses monarques.

Suite de la Turquie.

La Turquie n'avoit de fédération naturelle qu'avec la France et les Polonais (1). La première lui offroit la diversion territoriale et maritime. La France, d'après la situation de ses

---

(1) La politique turque se concentra, en quelque sorte, pendant long-temps dans les murs du sérail. Les insinuations de la cour de France, et les événemens qui ravirent à la Porte, par la main des Russes, nombre de ses possessions de la mer Noire, et d'autres du côté de l'Autriche, la mirent dans le cas de renouveler l'alliance de Soliman avec François 1er; et cette alliance en imposant à ses voisins, contribua à maintenir son influence. J'observerai à l'égard du premier traité avec les Français, que Soliman avoit prévu que son Empire ne pourroit point rester toujours isolé de l'Europe, et qu'il avoit pressenti qu'il auroit besoin des appuis du dehors. Je ferai enfin entrevoir que le rapport diplomatique fondamental, ou de balance générale, voulut que la France se déclarât l'alliée du Turc, pour empêcher que l'Autriche ne le fût, ou qu'elle ne s'associât tôt ou tard à lui pour envahir et démembrer l'Europe.

provinces méridionales, d'après ses rapports avec l'Espagne et l'Italie dont elle devoit protéger l'indépendance, et d'après la nécessité de conserver son commerce et son influence dans la Méditerranée, étoit contrainte par ces puissans et nombreux intérêts de défendre le Turc contre les agressions de la Russie et de l'Autriche. Le lien tenoit encore, du côté de la France, au grand système de l'équilibre. Le soin de maintenir sa suprématie la forçoit de s'opposer au projet des deux puissances citées. Si l'Autriche ou la Russie eussent envahi les possessions turques, européennes, leur force devenoit transcendante ; la prépondérance des autres Etats étoit dès-lors bornée ; ils étoient même exposés à passer sous leur joug.

Du côté de l'Autriche, le voisinage de son territoire de celui de la Porte, le desir de cette première de posséder les îles de la Morée, et celui qui a pour objet l'envahissement des provinces ottomanes, la grandeur de sa puissance et sa supériorité militaire, offroient des obstacles à toute alliance du Turc avec elle. Il vit, avec raison, dans cette puissance une rivale prête à conquérir ou à partager ses Etats avec la Russie.

La fédération naturelle de la Porte avec la

Pologne ne data pas entièrement de l'époque de l'établissement de l'Empire russe ; elle fut formée lorsque l'Autriche eut commencé à abaisser le Turc sous Ferdinand. Les Polonais maîtrisèrent l'ambition de celle-ci, comme ils contrarièrent plus tard celle de la Russie. L'alliance directe fut contractée, lorsque Pierre 1ᵉʳ eut affoibli à leur tour les Polonais. Dès-lors les deux peuples découvrirent le danger qui les menaçoit, et ils reconnurent qu'ils ne pouvoient trouver leur salut que dans une protection mutuelle.

Leur fédération et leurs liens devinrent plus forts à mesure que la Russie prit de l'accroissement. En 1788, les deux Etats semblèrent s'être apperçus qu'ils devoient triompher ou succomber ensemble.

Quant à l'alliance de la Porte avec la Suède, elle reposa sur une erreur dans les derniers temps, et cette erreur exista aussi à l'égard de la Pologne. La Porte n'envisagea point le décroissement et l'impuissance de ces deux royaumes. Ils lui avoient été utiles ; elle crut qu'ils le seroient toujours. On trouve ici l'effet de l'ignorance politique du divan, qui a entretenu ses préventions, et qui sera l'une des causes fondamentales de la perte de ses Etats.

Dès l'instant que l'Angleterre prit sa grande supériorité maritime, et que la France eut perdu la sienne, une fédération nouvelle s'établit pour la Porte avec cette première puissance. L'intérêt de la protection de son commerce en fut le fondement; et le divan ne fut pas sans espoir d'opposer un jour l'Angleterre à la Russie. Dès-lors exista la condescendance qu'il eut pour le Gouvernement de Londres, qui lui a déjà été funeste. La Porte ne s'apperçut point que l'Anglais, non plus que le Russe, n'embrasse jamais de petits intérêts, et que les avantages qu'elle a jusqu'ici offerts à ce premier, ne peuvent balancer à ses yeux ceux que lui présente la Russie. Elle n'a pas entrevu que l'Anglais tend à rester dans l'isolement des fédérations avec toutes les puissances foibles, pour ne pas être forcé à donner la protection, et à croiser ainsi ses vues de partage ou d'envahissement particulier. Ses tentatives sur l'Egypte ont démontré au divan qu'il aspiroit lui-même à l'usurpation de ses provinces. La Porte auroit dû s'appercevoir encore que l'Angleterre, en supposant même ses bonnes intentions, ne pouvoit lui offrir qu'une fédération précaire, puisqu'elle ne pouvoit agir d'une manière efficace pour elle sur le continent, où la diversion lui est sur-tout nécessaire.

L'alliance de la Turquie avec la Prusse reposoit sur le grand principe de conservation mutuelle, depuis que la Russie et l'Autriche eurent signalé leur dessein d'abaisser la Porte, et de renverser le trône de Constantinople. Aucun rapport de commerce ou d'intérêt secondaire ne rapprochoit les premières; c'est la nullité de ces rapports qui détermina la foible intervention de la Prusse sous les règnes de Frédéric II et de son successeur.

J'ai déjà fait remarquer combien les alliances de la Porte lui avoient été funestes à l'époque de la révolution française. Depuis, il semble s'être fait un changement dans le système de son cabinet, puisqu'on le voit s'écarter de la France dans le moment où il eût dû se jeter pour ainsi dire dans ses bras, et lui confier exclusivement ses destinées. L'occasion s'offroit où la France alloit développer toute la force de protection, puisque l'Empire turc étoit plus menacé. Le divan eût dû envisager que son propre danger, et la domination russe et anglaise dans la Méditerranée, porteroient notre Gouvernement à faire les plus grands efforts

efforts pour sauver son allié et pour rétablir l'indépendance de cette mer.

Tout en déplorant l'aveuglement de la Porte, qui a préparé ses désastres futurs, on doit dire qu'elle s'y croit contrainte par la nécessité. Elle voudroit, par ses condescendances, éviter d'être entièrement asservie. Elle tient, dans ce cas, la conduite des anciens Nababs et Subacks de l'Inde, qui s'armoient en faveur des Anglais contre leurs véritables protecteurs. Mais le sort actuel de ces Nababs devroit offrir un exemple effrayant aux Turcs.

Je dois faire envisager que l'une des causes de l'abaissement de l'Empire ottoman se trouve dans l'organisation individuelle de son administration. Le principe de l'art de gouverner repose sur la connoissance des hommes. Dès l'instant que le monarque la possède, il fait triompher ce principe, et il ne s'entoure que de ceux qui joignent aux talens le mérite de la vertu : il distingue les factieux et les ambitieux, et les écarte également des emplois. Les nominations des chefs militaires et civils en Turquie, émanent presque toujours de l'intrigue ou de la vénalité, qui présentent aux sultans, comme les soutiens de leur puissance, ceux qui sont le plus souvent leurs mortels ennemis, et qui n'attendent que d'avoir én main le glaive pour le tourner contre leur sein. Telle est l'histoire des trois quarts des pachas; et ce sont eux qui ont ébranlé les premiers le trône de Constantinople.

WASHINGTON,

GÉNÉRAL,

ET PREMIER PRÉSIDENT AMÉRICAIN.

La Grèce et Rome eurent des héros de la liberté dans Aristide, Thémistocle, Léonidas, Brutus, Pompée; &c. L'Europe eut les siens; Nassau en Hollande, et Tell en Suisse : l'Amérique, entrant dans la carrière de la liberté, parmi ses nombreux et respectables défenseurs, compta sur-tout Washington. C'est à lui que les Etats-Unis doivent principalement leur liberté, et la gloire et la prospérité dont ils jouissent.

Washington, né Anglais, embrassa la cause de l'indépendance avec ce noble zèle, ce dévouement absolu, et cette force d'ame qui peuvent seuls attirer les regards et la confiance d'un peuple, et l'entraîner vers les succès. Possédant un génie prévoyant et guerrier, il avoit découvert ce que peut un peuple entier lorsqu'il est mu par le sentiment de sa dignité, et il paroît qu'il avoit jugé, d'après l'histoire, que le peuple le plus foible peut triompher de la puissance la plus formidable lorsqu'il n'a qu'un sentiment et qu'une volonté.

L'écrivain impartial n'a point à reprocher à Washington, ni aux autres Américains qui partagèrent son entreprise et ses dangers, d'avoir excité sans but l'enthousiasme et le soulèvement de ce peuple. L'oppression étoit manifeste; et l'on ne pourra dire que ces premiers aient marché en sens inverse de ce que la morale des Américains et leur politique exigeoient.

Washington est justifié d'avance par la raison et la postérité. Il défendit la cause de la justice : cette cause sublime sera son égide et formera sa gloire.

Ce chef du peuple qui rompoit ses fers, lui montra l'exemple. Peines, fatigues, dangers imminens, il affronta tout; il brava jusqu'à l'infamie que lui réservoit l'Angleterre s'il eût été vaincu. Il auroit eu le sort de Sydney : mais ce sort n'est infâme qu'aux yeux de ceux dont les préjugés ont détruit la raison (1).

---

(1) Ce général arrêta dans les premiers momens les efforts des Anglais, et empêcha que la nouvelle république ne fût étouffée à son berceau, comme elle

Parmi tous les peuples qui défendirent ou conquirent leur indépendance, indistinctement, celui de l'Amérique fut le plus dénué de moyens. Le plus grand nombre de ces premiers, eurent les mêmes armes que leurs ennemis ; et plusieurs d'entre eux, comme les Grecs, lorsqu'ils combattirent contre les troupes du grand-roi, eurent pour appui cette discipline austère qui vaut les plus nombreux bataillons ; enfin les chefs de ceux-ci avoient devant eux l'image de leur antique gloire, et celle de leurs soldats. Washington, au contraire, guidoit un peuple obéissant ; mais ignorant l'art des combats, timide par nature, égal

---

en étoit menacée. La confiance que le peuple américain eut dans ses talens, soutint l'espérance de ce peuple : ses premiers succès sur les Anglais, lui firent apprécier sa force (connoissance si nécessaire à un peuple qui veut conquérir son indépendance), et le sauvèrent du découragement qui auroit pu compromettre à jamais sa destinée, en lui faisant poser les armes devant des ennemis à qui leur politique auroit montré la nécessité de l'écraser à jamais, pour le mettre hors d'état de lui résister à l'avenir. L'éloignement de la métropole auroit concouru à rendre le joug plus pesant, comme fut celui de tous les peuples soumis à des Etats éloignés.

en nombre à ses ennemis, mais non en force militaire. Sans munitions de guerre, presque sans fusils et sans canons, Washington les mena au combat, devant des phalanges protégées par ces redoutables flottes qui décuploient au moins leurs forces. Il eut des revers inévitables dans sa situation ; mais ces revers ne le découragèrent point ; l'amour de la patrie lui donna de nouvelles forces, et il maintint la confiance dans les cœurs. Ces revers furent même la source de ses succès. Enfin il dicta la loi au fier Anglais. Washington mourut comblé de gloire, et prit, avec le fondateur Penn, la première place dans les fastes de la gloire américaine.

Washington fit quelques fautes militaires ; mais sa situation justifia son talent. Le Grand Condé laissant forcer les lignes d'Arras, Eugène celles de Marchiennes, Vendôme laissant sauver Turin par ce dernier, ce prince à son tour se laissant forcer dans Denain par Villars, ne firent-ils point des fautes ? Ces guerriers n'ont-ils pas formé la gloire militaire de la France et de l'Europe ? Parlerai-je des dernières guerres ? Les plus fameux généraux du siècle passé ont-ils porté dans la tombe leur gloire intacte ? On a trop déprimé certains hommes dans les derniers temps. Qu'avant de prononcer on compare, et l'on sera plus juste lorsqu'il s'agira de talens, cas seul où la comparaison puisse être faite exactement entre les hommes de divers siècles.

Washington ne prit point part aux évènemens de l'Europe; mais il dirigeoit l'opinion des Américains à l'époque de la révolution ; voilà pourquoi j'ai inséré ici une esquisse de son portrait. Cet article peut être regardé comme une suite de celui des Etats-Unis.

VENISE (ANCIENNE RÉPUBLIQUE).

Cette République a donné au monde le plus frappant exemple. Elle a montré ce que peut une politique active et profonde, au-dedans et au-dehors ; quels bienfaits éclatans le commerce répand sur les Etats ; les avantages de l'isolement pour certains peuples ; mais elle a fait voir, aussi, quelle est l'instabilité de la puissance sur le continent européen, où l'ambition élève et renverse, tour-à-tour, les trônes. Sa chute semble avoir devancé l'instant où, après le choc le plus terrible, l'Europe doit voir changer totalement sa face, et établir pour elle une balance et un système nouveaux.

Venise, qui fut le modèle et le guide des autres nations européennes dans la carrière politique, ou, plutôt, qui créa, avec Rome, le système qui est conservateur et destructeur à la fois, suivant les sentimens de ceux qui gouvernent les Empires ; Venise, qui, malgré qu'elle fût circonscrite sur son territoire, fut regardée long-temps comme une puissance transcendante, vit un rapport direct, fondé sur le besoin, l'unir à toutes les nations européennes, dès que son port fut devenu l'entrepôt des productions de l'Orient.

Sa gloire et sa prospérité furent long-temps au comble (1). Suppléant à l'insuffisance de sa population par ses trésors, elle appela les étrangers dans son sein pour la défendre, et conquérir en son nom. Après avoir eu nombre de succès du côté des Turcs, contre lesquels elle luttoit seule alors avec Gênes, elle entra dans la lice des combats sur le continent. Elle balança long-temps, avec ses troupes soldées, et celles des petits Etats ses voisins, les forces des grandes puissances, et montra en elle un protecteur puissant à l'Italie. Après des revers qui ne purent point abattre sa constance, même lorsqu'elle eut perdu la fameuse bataille d'Aignadel contre les Français (2), elle résista à l'Autriche, perdit et

---

(1) Venise, après avoir fait son grand comptoir de l'Egypte, devint maîtresse de l'Archipel de la Grèce. Elle posséda la Morée, qui lui fut enlevée par Mahomet II. Enfin, elle régna long-temps presque seule sur la Méditerranée.

(2) On peut regarder comme une espèce de prodige la lutte que soutint Venise, réunie à quelques

reconquit la Terre-ferme. Se liguant avec le pape, dans l'instant même où elle cherchoit à maîtriser l'ambition de Rome (1), et avec l'Espagne, contre la France et l'Autriche, elle arrêta leurs efforts communs; et fit avorter les desseins de l'empereur Maximilien en Italie. Enfin elle ne céda que lorsque la puissance de la France et celle de l'Autriche se furent élevées à un tel point

---

petits Etats, en 1509, contre les puissances alors les plus formidables de l'Europe. La bataille d'Aignadel, où elle fut vaincue avec ses alliés, ne l'abaissa pas entièrement. Elle reprit Pavie, et, réunie au Pape et à l'Espagne, elle combattit les Autrichiens et les Français. En 1516, la ligue italienne reconquit Vérone, et ôta toute espérance à l'Autriche de s'établir sur la péninsule.

(1) Les Vénitiens firent souvent la guerre aux papes; et furent les premiers qui tentèrent de donner des limites à leur pouvoir temporel. Venise ne s'associa avec eux que lorsque leur sort commun fut menacé par la France, l'Espagne ou l'Autriche : dans tout autre cas, l'esprit de domination de Rome, et celui d'indépendance absolue de Venise, et de domination même de son côté, excitèrent la jalousie, la rivalité entre le sénat de cette république et le consistoire romain, et un entier éloignement exista entre les deux Etats.

ndérance qu'elles ne purent être ba-

On ne peut trop admirer la constance et l'intrépidité d'un peuple, qui n'avoit pour lui que des trésors: mais ces trésors lui donnoient des soldats et une grande influence au-dehors. Cependant Venise devoit éprouver le sort de toutes les puissances qui n'ont eu que des auxiliaires pour appuis, qui est de succomber à la fin. J'ai dit que l'ancienne Egypte avoit dû la perte de son influence et de sa liberté à ce système. Carthage, soldant vingt peuples divers, eut la même destinée. Les Romains eurent l'art de ne point se servir des étrangers lorsqu'ils furent dirigés par une sage politique. La Hollande auroit dû sa perte à ses auxiliaires si elle n'eût été long-temps inattaquable du côté du continent. L'Angleterre semble devoir être forcée de recourir bientôt à ce moyen, pour soutenir le poids de notre puissance militaire. Si cela arrive l'on peut prédire son prochain abaissement.

Venise auroit conservé sa suprématie, si un événement inopiné ne la lui eût ravie (1):

---

(1) Tout semble annoncer que sans la découverte de la route des Indes par le Cap de Bonne-Espé-

cet événement fut la découverte de la route de l'Inde par la pointe de l'Afrique. Les sources de la fortune s'ouvrirent devant toutes les nations. Le commerce de la mer Rouge, qui étoit borné dans ses moyens et dans ses développemens, fut regardé comme un commerce précaire; la route qu'on tenoit fut abandonnée : Venise, enfin, ne fut plus le seul entrepôt commercial du continent.

Alors cette puissance décrut entièrement, et fut mise au dernier rang de celles de l'Europe. Le sceptre de la Méditerranée lui ayant échappé en même temps que celui de la mer Rouge, abandonnée au fond de son golfe, cette République dut renoncer à l'ambition, et ne penser qu'à la conservation de son existence. C'est ce qu'elle fit : elle circonscrivit sa poli-

rance, qui créa, pour ainsi dire, une nouvelle destinée pour les nations européennes, la plupart de celles qui brillent aujourd'hui, par les arts, la fortune, et la puissance fondée sur la force maritime, n'auroient point une existence semblable. Cette découverte donna l'impulsion au génie, réveilla l'émulation, qui auroit peut-être été assoupie pendant nombre de siècles encore. On peut avancer que la civilisation de l'Europe auroit été même retardée ; c'est la communication avec les peuples qui la forme principalement.

tique, redoubla de prudence, en s'enfermant l'on pourroit dire dans ses lagunes. Si Venise resta indépendante jusqu'au moment où les effets de la révolution française changèrent son sort, elle le dut à cette même politique, qui la porta à ménager les grandes puissances à la fois. Certaines d'entre elles virent son existence comme absolument nulle ; d'autres la regardèrent comme nécessaire à l'harmonie générale. Celles du nord et du centre de l'Europe, notamment la France, la jugèrent utile, d'après la position de cet Etat, pour arrêter l'ambition de l'Autriche dans le midi du continent. L'espèce de vénération qu'avoient inspirée sa politique et son antique fortune, semblèrent contribuer enfin à sa conservation; et les guerres presque constantes entre la France, l'Espagne et l'Autriche en Italie, empêchèrent cette dernière de s'emparer des Etats vénitiens, quoiqu'elle les convoitât dès long-temps. L'Autriche redouta, sur-tout, depuis l'élévation de la Prusse, d'enfanter une ligue dans laquelle la France, l'Espagne, la Prusse, les petits Etats d'Italie et les Suisses même entreroient, si elle en formoit l'usurpation (1).

---

(1) Le renversement d'un Etat, avant la révolu-

Venise a prouvé combien la prospérité favorise l'ambition des Gouvernemens. Cette ville, non contente de ses trésors et d'influencer par eux l'Europe, n'envisageant point qu'elle n'avoit ni la puissance territoriale ni celle de population, qui sont les deux véritables appuis des Etats, puisque ses provinces de Terre-ferme ne lui offroient qu'un petit nombre d'habitans, eu égard à ceux que possédoient la France et l'Autriche, fut conquérante et usurpatrice des droits de ses voisins, qu'elle osa affronter. Si elle n'avoit étendu sa domination que du côté des Turcs, à qui elle ravit tant de possessions, sa puissance n'eût point été si menacée; sa prépondérance même eût paru nécessaire, puisque l'Europe regardoit comme l'objet le plus important l'éloignement du Turc de ses divers Etats et la circonscription de l'influence guerrière de ce dernier.

Venise, en montrant à quel point l'ambi-

---

tion française, ne pouvoit se faire sans donner le plus grand ébranlement au corps politique. De-là naquirent les obstacles qui maîtrisèrent les ambitieux. Dans ce cas, la diplomatie compensa, je l'observe de nouveau, les mauvais effets qui émanèrent de la politique.

tion, même impuissante, peut oser se porter, a présenté l'exemple peut-être le plus utile au monde ; c'est l'effet que produit le malheur sur les peuples. Elle le mit sous les yeux, lorsqu'elle montra la plus grande sagesse après son abaissement. J'entends ici par sagesse, la prudence et l'art qu'elle employa dans ses négociations, et non sa moralité politique: il est constant que dans les derniers temps la flatterie, la bassesse et l'humiliation furent les mobiles et les effets de sa diplomatie : elle avoit alors immolé l'orgueil de sa dignité. On peut dire qu'elle trouva son appui au sein de l'infortune, lorsque sa conduite fut réglée par la raison qui est sa compagne fidèle.

Enfin, on pourroit conclure, en contemplant le tableau de la destinée de cette cité célèbre, tableau qu'ont reproduit nombre d'autres peuples, que les nations les moins stables sont celles qui jouissent d'une plus grande prospérité.

Venise n'a perdu son existence politique que depuis la révolution française. Avec elle se sont éteints la gloire et le nom de cette République.

Cet Etat fut cédé à l'Autriche par la

France qui l'avoit conquis. Sa perte étoit inévitable depuis que les Français voulurent établir une République indépendante dans les anciennes provinces de l'Autriche. On devoit s'attendre qu'il faudroit tôt ou tard un dédommagement de ces possessions à la cour de Vienne, et Venise seule pouvoit le former, d'après sa situation et l'intérêt mutuel des deux puissances belligérantes. L'on pourroit observer qu'en employant une politique nouvelle, c'est-à-dire en réglant sa conduite sur les événemens, Venise auroit pu éviter sa perte : si elle se fût jetée à temps dans les bras de la France, dira-t-on, en prévenant ainsi la conquête, celle-ci eût pu la sauver par magnanimité : je répète que l'intérêt le plus puissant, celui de la paix, imposoit la cession à notre Gouvernement.

J'ai parlé de cette cession dans d'autres articles ; et j'ai montré quels avantages la puissance autrichienne retireroit de la possession de cette ville. J'ai montré, aussi, la borne de cette influence à l'égard de l'Italie et des autres Etats.

L'orgueilleuse Venise n'est plus qu'une ville autrichienne : ses mœurs, ses loix sont anéanties. Nations de l'Europe, qui, comme elle,

n'avez

n'avez pas, sur-tout, une puissance fondée sur le territoire et la population, que cette cité vous offre un exemple salutaire. Imitez, non son antique audace, mais sa prudence dans les derniers temps, si vous voulez conserver votre existence. Celle d'entre vous qui est la plus vaine de ses forces et de sa fortune peut avoir en un instant le même sort.

ZUBOW.

Ce personnage devroit peut-être rester dans l'oubli lorsqu'il s'agit de politique : sa nullité personnelle semble en avoir fait une loi à l'écrivain. Cependant, Zubow ayant joué un rôle très-marquant en Russie à la fin du règne de Catherine, et étant parvenu à diriger la volonté de cette impératrice et celle de son ministère, j'ai dû le mettre sur la scène. Les rapprochemens que je pourrai faire sur cet individu, serviront à montrer encore, ce que fut Catherine avant qu'elle perdît la vie et le trône.

Zubow fut élevé au rang de favori, après avoir été tiré de la classe obscure qui se trouve dans la hiérarchie des seigneurs, par un effet de la politique que Catherine et Potemkin avoient adoptée (1); et il parvint, dans l'instant où la Czarine sembloit se dépouiller

---

(1) L'impératrice et Potemkin redoutèrent toujours d'accorder des faveurs aux familles illustres de l'Empire. Leur nom, leur fortune, leurs liens avec les seigneurs puissans en crédit, tout écarta les membres

de toutes ses facultés, à une élévation de crédit où Potemkin et Orlow avoient seuls atteint. Cette élévation inopinée ne fut prévue par personne.

Le nouveau favori ne possédoit ni le génie adroit, ni l'audace, ni l'énergie de Potemkin. Il n'avoit que les foibles talens et les qualités qu'on rencontre dans nombre de seigneurs russes qui ont voyagé ; de l'affabilité, un petit esprit de société : le penchant exclusif aux plaisirs le dirigeoit comme eux. On peut dire que l'ame de Zubow n'étoit pas assez forte pour s'ouvrir avec éclat à l'ambition, et pour faire triompher ce sentiment. L'ambition dont je parle est celle qui fait concevoir de vastes entreprises, braver les plus grands dangers ; non cette manie de primer, de faire sentir son pouvoir d'une manière foible et sans but. Cette dernière n'offre que l'orgueil impuissant sous le masque de l'ambition ; et ce fut celle qui anima ce favori, que Catherine, par le talisman de sa

─────────

de celles-ci de la place de favoris qui donnoit une si forte influence dans cet état. Potemkin, sur-tout, craignit qu'ils n'attentassent à son pouvoir à l'appui d'un parti parmi la grande noblesse.

suprême volonté, qui la rendit aussi puissante en politique que Circé au physique, transforma tout-à-coup en véritable prince (1).

Zubow étoit propre à briller auprès de sa souveraine comme favori, c'est-à-dire à ajouter par sa magnificence, qui devoit au moins égaler celle de ses prédécesseurs, quoiqu'ils eussent marché sur la ligne des rois les plus fastueux, à la splendeur qui entouroit le trône de la Czarine : mais il ne pouvoit prendre en main le timon des affaires, et vouloir gouverner l'Empire après Catherine et Potemkin. Que devoit attendre l'Europe de l'influence de ce jeune homme lorsqu'elle exista, et de son administration ? Des écarts de la part du cabinet russe, et l'anéantissement de toute grande vue politique.

Le but de la Russie, avant cette époque, fut de faire triompher un vaste plan dont j'ai parlé, d'étonner, d'étourdir même l'univers, et de s'élancer, dans le moment de la stupéfaction commune, dans la route où elle croyoit

---

(1) J'entends ici non le titre, mais la prérogative de la principauté, dans toute son étendue. Catherine exerça les plus grandes métamorphoses envers ses favoris : mais le dernier et les premiers furent ceux qu'elle combla principalement de biens et d'honneurs.

trouver une grandeur sans bornes, et une influence nouvelle et inaltérable. Zubow rendit l'esprit de Catherine et son cabinet impuissans. Les faisceaux de rayons, offerts si long-temps par l'espérance aux yeux de ce peuple, qui lui montrèrent, à la fois, les barrières de l'orient et de l'occident de l'Europe s'ouvrant devant ses armées, parurent détruits. Les travaux guerriers et politiques avoient été mêlés jusqu'alors aux plaisirs ; ceux-ci régnèrent seuls. Un personnage tel que Zubow, qui ne connoissoit pas même les élémens de l'art des Gouvernemens, ni le système de son pays, dut s'écarter de la carrière épineuse où avoit couru Potemkin. Il mit les rênes de l'Etat, que l'impératrice lui avoit confiées, dans les mains de Marcow, regardant l'esprit d'intrigue de celui-ci comme le signe d'un grand talent politique.

Le génie étroit de Zubow, qui n'embrassoit que l'ombre des moyens, lui montra le nom de Catherine comme suffisant pour faire triompher sa politique et assurer ses succès. Sans doute le nom de Catherine avoit de l'influence en Europe ; mais depuis la mort de Potemkin l'Europe s'étoit apperçue de l'affoiblissement du caractère de cette souveraine, et dès-lors elle ne lui étoit plus redoutable: l'empire qu'avoit pris Zubow sur la Czarine, qui égaloit celui de Potemkin, prouvoit d'une manière manifeste cet affoiblissement. Le caractère et sur-tout les idées vastes du dernier, qui tendoient toutes à l'agrandissement de l'Etat, et devoient favoriser sa propre ambition, lui avoient donné un fort ascendant sur l'esprit de l'impératrice, qui visoit à son tour à la domination générale. Si Catherine eût été elle-même à l'époque que je décris, Zubow n'eût eu aucune influence politique, puisqu'il ne possédoit rien de ce qui avoit assuré le pouvoir de l'ambitieux et entreprenant rival d'Orlow.

Il paroît que l'impératrice, dont l'orgueil sembloit avoir accru avec l'âge, et que l'éclat de son règne, les discours des flatteurs de son Empire et de l'Europe, et la conduite des rois envers elle, avoient portée à regarder sa volonté seule comme l'arbitre des droits des nations, partagea l'erreur de son favori, ou plutôt son extravagante persuasion.

Zubow, se reposant sur un fantôme du soin de la prospérité de son pays, ne pensa qu'à séparer du laurier de la victoire avant d'avoir combattu. Les hochets furent les attributs dont

Stanislas. Bientôt Catherine voulut consommer sa perte et celle du royaume dont elle l'avoit investi.

Au même instant une révolution terrible éclata ; ce ne fut plus une simple confédération ; la nation, irritée par la tyrannie russe, et poussée par la vengeance et le désespoir, se souleva, et la partie entièrement insurgée vola au combat. J'ai fait connoître dans un autre article le dévouement, l'étonnante résistance de ce peuple, et ses brillans exploits.

Cette nation, trop foible pour soutenir le choc qu'on lui livroit, cernée sur tous les points de son territoire, et n'ayant pu développer tous ses moyens dans l'instant où elle fut assaillie ; enfin, sans autre appui que celui de sa force, puisque nulle puissance au-dehors ne faisoit diversion en sa faveur, succomba ; mais sa chute fut héroïque : la Pologne, qu'on avoit vue trop long-temps dans l'avilissement, fut réellement digne d'elle-même dans l'instant où elle fut écrasée par le malheur (1).

---

(1) L'événement arrivé à Praga ne peut altérer la gloire de ce peuple. La résistance que firent les bourgeois de Varsovie, lors du premier siége, où ils riva-

Suite de la Pologne.

Cet Etat, depuis que le Brandebourg se fut agrandi après s'être soustrait à sa domination, depuis son propre abaissement, et depuis que la Russie fut devenue prépondérante, n'avoit, du côté de l'Europe, d'allié naturel et nécessaire que la France. L'Autriche, voisine de son territoire, comme les deux autres grandes puissances du Nord, lui étoit redoutable à son tour. Les liens les plus étroits unissoient cette république à la Turquie ; leurs rapports reposoient sur la commune conservation, puisque leurs possessions étoient également menacées par la Russie et l'Autriche ; mais la Turquie, trop éloignée de la Pologne, ou

lisèrent avec les régimens les plus valeureux et les plus dévoués, avoit prouvé ce qu'ils auroient pu faire encore. La bataille de Macéïowice avoit déterminé la reddition de la capitale ; mais on auroit pu éviter le massacre des habitans du faubourg. L'impétuosité terrible de Suwarow, l'isolement et le peu d'accord qui régnoient alors parmi les généraux polonais, et le trop de confiance de certains d'entre eux en leurs moyens, furent, plus que le découragement du peuple de Varsovie, les causes de cet horrible désastre.

anglais, et il auroit fait un pacte inébranlable avec elle. J'ai dit qu'un ministre peut compromettre sa vie s'il expose le sort de son pays; l'exemple de l'amiral Binck le prouva en Angleterre : un ministre est dans un cas pareil à celui du général, puisqu'ils ont également dans leurs mains les intérêts de leur nation.

Je demanderai ici, en m'adressant à ces êtres irréfléchis, dont rien ne peut éclairer le jugement, qui prêtent à Pitt le génie, quel est l'effet principal du génie dans l'homme ? D'agrandir la sphère de la raison, d'enfanter sa propre gloire, ou celle de ceux au sort desquels il s'intéresse : Pitt n'a point rempli ces conditions suprêmes qu'impose le génie; donc on ne peut lui prêter cette faculté.

Je dois combattre une erreur relative à Chatam, celle qui lui a fait donner si souvent le titre de grand homme : c'est le mot sur lequel je me fixe. Ce titre n'est point dû au plus grand politique, excepté que ses vues et ses actions n'aient tendu au but de la conservation commune. Je crois qu'on ne peut trop s'attacher à distinguer ce mot, dont on a longtemps confondu l'attribution, ce qui a été cause des erreurs les plus graves : l'ambition même a trouvé un appui dans cette manie. Le ministre, ennemi de la paix, qui bouleverse tout, peut être reconnu pour un politique profond, on peut lui prêter même du génie (j'ai fait entrevoir dans quelles circonstances); mais il ne méritera jamais le titre de grand homme ni les éloges relatifs.

Je manifesterai aussi dans ce passage mon étonnement, de ce que Raynal, en signalant les sentimens, la politique et l'effet des desseins de lord Chatam, n'a point tonné contre le système de destruction adopté par ce ministre: l'intérêt de sa patrie, celui de l'humanité, la tâche qu'il s'étoit imposée, tout sembloit y contraindre l'historien. Il seroit né évidemment un heureux effet de sa diatribe; il auroit fait reculer l'audace du successeur de ce ministre, qui peut avoir pensé, d'après ce ménagement, qu'on ne perd point ses droits à la gloire en employant tous les attentats politiques: Chatam, mis à sa place, auroit été le juge précurseur des actions de son fils, et l'Europe n'auroit pas eu à gémir, peut-être, sur tant de malheurs enfantés par ce dernier.

Je ferai considérer encore, en parlant des deux Pitt, que leur système fondamental, quant au principe maritime, et à celui de l'isolement il entoura le trône de Catherine. Alors le vaste édifice de la grandeur russe se montra aussi peu stable que s'il étoit placé sur un fond d'arène mouvant. L'ambition de l'impératrice avoit affermi quelques-unes de ses colonnes ; mais elle avoit ébranlé sa base. Il falloit un habile et laborieux architecte, pour l'étayer au moment où il menaçoit ruine, et pour lui redonner son entière solidité. Zubow n'ayant ni prévoyance, ni activité, ni adresse, ni intelligence pour découvrir le vice, et la nécessité des opérations ; n'étant ni guerrier, ni politique ; et Catherine étant tombée, pour ainsi dire, dans l'enfance de la raison, puisqu'elle confia sa destinée à un enfant d'une autre espèce, l'Empire russe dut toucher à son abaissement : il est probable que si la mort de cette souveraine n'eût fait cesser cet état de choses, et n'eût ravi les rênes du Gouvernement à Zubow, sa ruine complète étoit déterminée (1).

―――――――――――

(1) La Russie représenta en ce moment la France lorsqu'elle fut gouvernée par la Pompadour. Zubow abandonna l'ouvrage de Pierre et de Catherine même, comme cette première avoit abandonné celui que Louis XIV avoit commencé avec tant d'éclat, et sou-

Le respect envers Zubow et sa réputation se circonscrivirent, en quelque sorte, dans le palais de l'impératrice. Dans un pays où l'homme doué des moindres facultés peut acquérir la réputation et une apparente gloire, où la foiblesse prend l'aspect de la force, et où la faveur du souverain métamorphose tout, Zubow n'obtint aucune estime. L'on pourroit dire, peut-être, qu'il fut le seul qui ne put point en imposer à sa nation. Les Russes semblèrent avoir acquis un nouveau jugement, et avoir, au moins une fois, apprécié sagement celui qui devoit être la source des biens ou des maux émanés du trône. Le contraste qu'offroit Zubow avec Potemkin avoit dû frapper la vue de tous. Une indifférence générale, qui indiquoit le mépris de la nation, eut lieu envers lui : elle montra ainsi qu'elle

tenu avec tant de constance. Cet abaissement ne se fit sentir qu'indirectement au-dehors ; ce fut sous Paul que l'Europe en connut les effets. Si cet État ne fut pas victime de son impuissance sous ce dernier monarque, il le dut aux succès des armées françaises qui détournèrent loin de lui les regards et les vues de ses ennemis. La Porte auroit pu tirer avantage de cette situation, si la Turquie n'eût pas été elle-même dans l'affoiblissement le plus absolu.

avoit découvert l'entière dégradation de Catherine.

Ce fut dans le moment où cette souveraine laissa le trône vacant, qu'on reconnut toute la foiblesse et la nullité de Zubow. Un favori, même moins affermi que Potemkin, qui sans doute n'eût point abandonné le trône s'il eût survécu à Catherine, auroit pu, tenant les richesses de l'Empire en ses mains (Zubow disposoit du trésor public comme ce premier), croiser les vues de Paul, dont le grand nombre des seigneurs redoutoient la roideur et la fougue. Tout annonce que s'il eût été audacieux, et s'il eût possédé le caractère propre à un usurpateur, il eût pu succéder au moins un instant à Catherine. Le trône russe semble être destiné par le sort au premier occupant. Menzicow fut sur le point de s'en emparer; Biren ne le manqua que par son imprévoyance : enfin, quelques régimens peuvent y placer et y maintenir le dernier des sujets russes. On avoit vu les Orlow, dignes d'être assimilés à Zubow sous le rapport de la nullité du génie, et qui n'avoient d'autres facultés que celles de grenadiers audacieux, renverser un souverain chéri de la majorité du peuple, et près de détrôner ensuite Catherine.

Zubow, en descendant du trône, courba le front devant le nouveau monarque. Il voulut acheter sa vie par son abaissement, et il réussit contre l'attente commune. Mais qui pouvoit pressentir les desseins ou les actions de Paul !

Les Français ont à reprocher à ce favori, l'oppression exercée contre eux dans les États russes pendant notre révolution. Zubow se ligua pour leur nuire après avoir semblé les estimer. Ce fut un petit tyran qui servit la passion de Catherine, et qui crut montrer ainsi sa puissance. Délirante et désastreuse conduite ! Zubow et ses pareils devroient savoir que si les hommes ont pu fermer les yeux sur les erreurs de leurs rois, ils vouent à un mépris éternel tous les subalternes qui osent afficher la tyrannie.

Je ne parlerai point de la part que prit cet ancien favori à la révolution qui renversa du trône le père d'Alexandre : mon but étoit de montrer Zubow lorsqu'il gouvernoit l'Empire russe au nom de Catherine. A la mort de Paul, il se trouvoit dans la classe vulgaire, et il ne pouvoit intéresser les peuples, puisqu'il n'avoit alors aucune influence sur leur sort.

F I N.

TABLE

DES ARTICLES

CONTENUS DANS CE SECOND VOLUME.

Kosciuszko, Chef suprême et Général
    de la Pologne............ page   1
    Suite de l'Article Kosciuszko......   7
Léopold II, Empereur d'Autriche...   19
Lunéville (Traité de)...............   32
Mack, Colonel et Général...........   37
Malte...............................   43
Naples (Royaume de)..............   51
Nelson...............................   61
Passwan-Oglou.....................   69
Paul Ier, Autocrate russe...........   80
Pie VI...............................   94
Piémont.............................   101
Pitt..................................   109
    Chatam et Pitt. — Suite..........   117
Politique............................   130
Pologne.............................   138
    Suite de la Pologne...............   148

Portugal. 158
Potemkin. 166
   Suite de Potemkin. 179
Prusse. 187
Rome. 205
Russie. 216
   Suite de l'Article Russie. 232
Sélim III, Empereur des Turcs. 248
Stanislas-Auguste, Roi de Pologne. . 257
   Suite de Stanislas. 270
Suède. 276
   Suite de la Suède. 286
Suisses (République des). 294
   Suite de la Suisse. 303
Suwarow, Général russe. 310
Tipoo-Saïb et Hyder-Ali, Rois de
   Mysore et Sultans de l'Inde. 315
   Tipoo-Saïb. 323
Toscane. 332
Turquie. 338
   Suite de la Turquie. 348
Washington, Général, et premier Président américain. 355
Venise (ancienne République). 360
Zubow. 370

FIN DE LA TABLE.

www.ingramcontent.com/pod-product-compliance
Lightning Source LLC
Chambersburg PA
CBHW050426170426
43201CB00008B/553